21世纪广播影视一体化系列教程

四川省卓越新闻传播人才教育培养计划项目

四川省2013—2016年高等教育人才培养质量和教学改革项目成果

XINWEN CAIXIE
SHIYONG JIAOCHENG

新闻采写实用教程

陈祖继 刘彤 于宁◎编著

中国传媒大学出版社
·北京·

图书在版编目(CIP)数据

新闻采写实用教程/陈祖继,刘彤,于宁编著. --北京:中国传媒大学出版社,2014.7(2019.5重印)

ISBN 978-7-5657-1216-6

Ⅰ.①新… Ⅱ.①陈… ②刘… ③于… Ⅲ.①新闻采访—教材 ②新闻写作—教材 Ⅳ.①G212

中国版本图书馆CIP数据核字(2014)第234705号

新闻采写实用教程

XINWEI CAIXIE SHIYONG JIAOCHENG

编　　著	陈祖继　刘　彤　于　宁
策划编辑	陆　薇　苑　迪
责任编辑	黄松毅
责任印制	刘　莎
封面制作	泰博瑞国际文化传媒
出版发行	中国传媒大学出版社
社　　址	北京市朝阳区定福庄东街1号　邮编:100024
电　　话	86-10-65450528　65450532　传真:65779405
网　　址	http://www.cucp.com.cn
经　　销	全国新华书店
印　　刷	三河市东方印刷有限公司
开　　本	710mm×1000mm　1/16
印　　张	17.5
字　　数	323千字
版　　次	2015年1月第1版
印　　次	2019年5月第3次印刷
书　　号	ISBN 978-7-5657-1216-6/G·1216　**定　价**　45.00元

广播影视教育“一体化”模式，是一种有益的探索(代序)

改革开放以来，人民物质生活水平极大提高，随之而来的是如何满足大众的精神领域需求，广播影视事业的蓬勃发展无疑顺应了这一趋势。但是，随着科学技术的不断进步，尤其是目前全球已经进入了信息化时代，网络、手机等新媒体的兴起，使得传统广播影视倍感压力；同时，越来越多的国外广播影视机构纷纷进军我国，也对本土的广播影视事业带来了冲击。为了应对严峻挑战，广播影视从业人员必须改变传统思维模式来适应不断变化发展的新形势。此外，高等院校影视类理论研究和实践课程一直滞后于行业发展，市场的需要、科技的发展，促使影视传媒教育必须转变思路，转换模式。

要建构起这种模式，我个人觉得，必须了解国内媒体所处的现状以及对人才的要求。

媒体大环境的转变给众多一线操作人员带来了全新的挑战。2009 年 8 月 28 日，《中国新闻出版报》发布了《中华新闻报》停刊清算公告，此前该报曾多次试图引进战略资本，但都未能如愿。作为首家因经营不善而倒闭的中央级新闻媒体，这一消息无疑对于传媒界来说犹如晴天霹雳。传统媒体的工作人员或许即将面临“被跳槽”到网站、电子杂志等新媒体的境遇，他们原有的技能又明显无法满足新媒体时代的要求，亟待升级、更新。要想培养一名优秀的影视传媒人才，传统意义上的“积累工作经验”是不够的，教育工作者还要对在校学生进行“深加工”。这就需要在平时尽量让他们多参与活动策划、社会实践，多进行拍摄和编导实际操作，融入不同的工作环境，接触不同的行业，从而积累自身的职业经验。

从事媒体管理的人都知道：人才转型是一个艰难的过程。尽管我们已经培养了大量的媒体工作者，但在新媒体、全媒体时代，一切都要从头开始。例如电子杂志，对记者的要求明显高于传统杂志，特别是技术含量、知识含量。以前记者参加一个产品发布会，写一篇文章就够了。而现在，记者在采访前首先要写一篇关于“某公司将要发布一个新产品”的新闻在网站公布；然后，记者参加新闻发布会，掌握了新闻材料和现场情况，再通过网站在网民中调查：这款新产品哪些功能是新的、哪些是旧的？功能表现怎么样？最后把网友的代表性意见在杂志中汇总，发表评论文章，有时还要链接某项社会调查和策划。

我们已经认识到这种社会转型的存在，也意识到课堂转型的必要性和紧迫性。因此，我们必须培养学生多角度的、动态的采编能力：他们不但要具备传统媒体工作者的策划能力，而且要把握新媒体受众的心理，用最合适的形式展示信息；既要学会运用网页的版式、色块、标题，提高点击率，又要善于用最精练的语言，发布最有冲击力的信息；既要具备传统的语言概括能力，又要掌握运用3D、视频、音频呈现信息的新技术。

为了培养适应新媒体时代，特别是全媒体时代要求的媒体人才，满足市场对人才动态变化的需求，作为一所新建的独立艺术学院，成都理工大学广播影视学院（现四川传媒学院）逐步改变传统的教学模式，面向市场办学，加强实践环节，极大地锻炼了广大学生的实践能力。特别是编导与戏剧影视文学系更是在学院的大力支持和精心扶持下，在各教学组织中脱颖而出，逐渐形成与广播影视事业鱼水相依的教学特色，提出了“一体化”的人才培养模式，即：“采、编、播，摄、录、演，服、化、导，音、美、照”全方位培养。“一体化”的培养模式应具备“一体化”的实践性课程体系和教学目标，具体体现在多层次、多规格、多样化、开放式的教学特色，全面培养学生掌握“镜头＋笔头＋口头＋手头”的“四种能力”，逐步探寻出一条以市场动态为导向，不断激活传统课堂的静态模式，同时注重新型师资力量培育和毕业论文设计改革的道路，适应了数字技术和网络时代发展对于影视传媒人才培养的需要，促进了教学质量的提高。

由成都理工大学广播影视学院编导与戏剧影视文学系组织编写的这套“广播影视一体化系列教程”，可以说是基于时代的需要，融会贯通了这种“一体化”的人才培养模式，试图通过研究广播影视在新媒体和全媒体时代的发展,探寻市场动态,丰富我们的教学培养模式和育人方式。

其一,以大传播的理念、全媒体的视野,植根广播影视,面向传媒界。这是"一体化"人才培养模式的应有之义,也是该丛书的首要特点。该丛书为广播、电视、电影、报刊、网络、出版及新媒体竭诚服务,在成都理工大学广播影视学院马洪奎院长提出的办学方针,即"在学生掌握专业理论知识的同时,突出实践能力的培养,努力做到在校学习专业能力与将来岗位工作能力'零距离'接近"的基础上,提炼出鲜明的特色和优势。该丛书一方面力争将自己的研究对象置于理论层面上加以审视,从传统文化传承中寻求对特定问题的解释,并以此观照中国广播影视的发展;另一方面,又十分注重用市场的需求来反观影视人才培养的历史、现状和未来。在大量的实际操作和宽阔的实习平台中,构建一个开放的、动态的、科学的、零距离接近的育人模式,这是"一体化"培养模式的内涵。

其二,培养时代需要的新型的复合型人才,既是"一体化"人才培养模式的目标,也是该丛书的立足点。很多高校都提出过培养复合型人才的目标,但多数对复合型人才的界定,仅仅体现在动手能力的多元化和技术运用的多元化方面。在新媒体和全媒体时代的今天,我们需要在直面传媒市场的基础上,实施"产学研,实践第一"的人才培养方式,对复合型人才进行重新界定。北京影视艺术家协会理事、北京华谊兄弟影业投资公司董事长王中军认为,当前影视传媒行业的现状,最缺的不是演员而是管理人才和制片人,制片人可谓是综合整个影视公司的管理人才。他说:"制片人担起了关键角色,从对电影规模的把握到选择导演,选择演员,都是制片人的任务。如冯小刚导演不光是个导演,也是制片人,从选题材、抓剧本,到最后怎么拍、怎么卖,全权负责。"如何培养具有管理素质和市场运作能力的媒体人才,一直是我们探寻的问题。目前,我国高校影视传媒类专业非常多,但是在传媒管理人才和市场运作能力培养方面却比较弱。国内总共有5000多家媒体,从业人员近百万,而实际上真正懂得媒体经营管理的人不到1%,传媒企业的管理人员大多数来自于业务岗位。国家广播电影电视总局发展与研究中心研究员李岚介绍说:"激烈的市场竞争使很多的传媒机构不得不通过猎头公司来引进传媒业之外的高级管理人才,这些人才又存在转型过程,不熟悉传媒运作特性。作为传媒经营管理人才,首先他应当熟悉中国传媒经营业务的国情,要懂得运用经营管理和传媒知识,一定要是一个职业经营管理人。传媒高级管理人才，还必须有一定的媒体经营才能并熟悉资本市场。具体而言，这些人应该有三种能力：一是要把握体制政策；二是熟悉传媒业务；三是要懂得企业经营管理方面的知识。"因此，影视传媒高校真正要培养的人才是既懂业务又懂政治和资本市场运作的新型的复合型人才。此外，川籍著名导演毛卫宁也曾经多次说过培养新型的影视人才，首先是培养学生的一种"观念"。本丛书作者就是期望能够从日常的教学过程中去努力探索一条道路，即从仅仅培养业务上的人才向具备以上三种能力的新型的复合型人才过渡，这正是"一体化"人才培养模式的最终目标。

其三，丛书的作者来自两个方面：一是具有较深学养的院校专业教师和研究人员；二是具有丰富实践经验的一线工作人员。其构成不仅仅说明了"一体化"人才培养模式理论和实践的紧密结合，理论为实践服务，重视突出实践，同时也为该丛书的可读性提供了保证。该丛书既可以作为各大院校相关专业的教材，也可以成为从业人员的进修读物。

当然，影视类人才培养的模式还在不断向前发展，丛书难免存在种种不足。但我相信，这只是一个开始，同时，也希望能有更多的年轻同志投入这项工作，因为，新媒体和全媒体时代更多是属于你们的！今时今日，或许我们还无法看清新媒体时代特别是全媒体时代的庐山真面目，但是，这肯定应该成为我们影视传媒教育努力和思考的方向！我们愿意将这种"一体化"的人才培养理念奉献给读者，抛砖引玉。

是为序。

陈祖继

2010 年 10 月 1 日

（陈祖继教授系中国作家协会、中国电视艺术家协会、中国戏剧家协会会员，四川省新闻教育学会副会长，四川传媒学院副院长）

序 言

新闻采访与写作是应用新闻学的基础，是与社会的发展紧密相连、实用性很强的学科。随着中国新闻传播事业的快速发展和改革开放力度的不断加大，新闻和新闻传播学的知识在不断更新，学科也在不断完善。不断加强新闻采访与写作的研究，意义十分重大。

四川传媒学院(原成都理工大学广播影视学院)是按照新机制、新模式建立起来的艺术类院校，学院提出了“培养宽口径、厚基础、应用性、复合型、一专多能、掌握多项高端专业能力、具有国际视野和创新精神的高素质专业人才”的人才培养目标。为此，根据新闻和新闻传播学要求，结合艺术类院校的学生教学特点，突出特色教学，这是社会需要以及行业发展趋势，要求学生“一专多能”。由此，专业教学改革势在必行。

对新闻和新闻传播学的有针对性的教改工作，首先是教材改革。如何根据媒体性质的需要，在当代新闻传播和传统的新闻采访与写作之间，拓展出适合广播电视以及网络传媒所需要的教材，是摆在艺术类院校新闻教学面前的一大课题。

陈祖继同志是一位既有丰富的新闻工作实践经验，又具有扎实的新闻理论功底的年富力强的新闻教育工作者，他根据在四川大学文学与新闻学院新闻研究生班所学的专业知识和多年积累的新闻采访与写作实践，结合目前所从事的教学工作，与他的同事们一道，为此作了可喜的探索，即将理论和实用性有效地融合在一起，突出特色教学，突出行业优势，突出在理论指导下的实践性教学环节——面向艺术类专业的学生，强化了新闻和新闻传播学的实践性教学——使学生毕业后能真正做到“一专多能”，达到“应用性、复合型、宽口径、厚基础”的教学效果。据了解，该院毕业生就业率高达

95%以上，适应了社会和市场的需求！

陈祖继同志多年来从事广播电视编导与戏剧影视文学专业的管理和教学工作，他一直强调在扎实的专业知识和理论体系的基础上，面向市场将艺术教学和新闻与新闻传播教学有效地嫁接。为此，他们提出培养学生掌控三大能力：即广播电视节目编导与制作能力、创作与策划能力、新闻采访与写作能力，从而扩大了学生的视野，培养了学生独立思考和动手的能力，增强了艺术思维和逻辑思维实训的效果，扩大了毕业生的就业专长，增强了他们的社会适应能力，融合了新闻思维和艺术思维。其所著具有创新性和实用性的教材《新闻采写实用教程》，是专为艺术类院校学生量身打造的，是一种很有意义的探索。也希望陈祖继同志和他的同事们，再接再厉，持之以恒，不断为我国新闻高等教育事业的发展作出新贡献。

是为序。

四川大学文学与新闻学院博士生导师、教授
四川省新闻教育学会会长、中国传播学会副会长
邱沛篁
2014 年 7 月

目 录

序　言　/1

绪　论　培养“卓越新闻人”　服务“全媒体时代”　/1

第一章　新闻记者的基本认知

第一节　记者的基本概念与渊源　/20

第二节　记者的个人素质与修养　/24

第三节　记者的工作类型与职责　/34

第四节　记者的从业环境与操守　/36

第二章　新闻采访的基本技能

第一节　新闻采访特性与方式　/44

第二节　新闻采访任务与步骤　/53

第三节　新闻采访提纲的写作　/67

第四节　新闻采访的查阅技能　/76

第五节　新闻采访的提问技能　/81

第六节　新闻采访的倾听技能　/87

第七节　新闻采访的观察技能　/90

第八节　新闻采访的记录技能　/97

第三章　平面媒体的新闻写作
第一节　消息的文体概述　/102
第二节　消息的标题写作　/105
第三节　消息的讯头写作　/109
第四节　消息的导语写作　/112
第五节　消息的主体写作　/117
第六节　消息的结尾写作　/121
第七节　消息的外部结构　/124
第八节　消息的基本类型　/137
第九节　新闻引语的写作　/146
第十节　新闻背景的写作　/153

第四章　广播新闻节目的创作
第一节　广播新闻现场报道　/158
第二节　广播新闻录音报道　/167
第三节　广播新闻直播报道　/170
第四节　广播新闻特写报道　/173
第五节　广播新闻趣话节目　/180
第六节　广播新闻稿的写作　/182

第五章　电视新闻节目的创作
第一节　电视新闻的基本特征　/186
第二节　电视新闻节目的类别　/189
第三节　电视新闻的采访要求　/194
第四节　电视新闻的写作要求　/201
第五节　新闻纪录片创作手法　/214
第六节　电视新闻的动画手段　/225

第六章　新兴媒体的新闻采写
第一节　从"融媒体时代"到"自媒体时代"　/232
第二节　从"新媒体记者"到"公民型记者"　/238
第三节　从"三板斧写作"到"三结合报道"　/244
第四节　从"网络轻新闻"到"手机微新闻"　/253

结　语　媒体社会责任的缺失与重建　/263

参考文献　/269

绪论 培养“卓越新闻人” 服务“全媒体时代”

为了深入贯彻党的“十八大”精神，落实《国家中长期教育改革和发展规划纲要(2010—2020年)》要求，中宣部、教育部于2013年联合启动实施“卓越新闻传播人才教育培养计划”。同年，四川省教育厅联合省委宣传部实施“省级卓越新闻传播人才教育培养计划”，确立了四川传媒学院等8所高校的10个专业实施培养计划，以期培养掌握全媒体业务技能的、强于实践的“卓越新闻人”，振兴中国新闻传播事业。

那么，具体而言，“全媒体时代”需要什么样的“卓越新闻人”呢？这是我国高等新闻传播教育综合改革进一步深化过程中亟须思考的首要问题。

新闻人，即新闻工作者，是一个很宽泛的概念，既包括在新闻一线进行采写的记者，也包括在后方汇编稿件的编辑，还包括导播、主播、解说员、评论员，以及后期技术人员等。凡是在新闻媒体从事与新闻事业有关的工作，无论你身处前方或后方的哪个岗位，都可以自豪地说：“我是一名新闻人！”

范长江同志曾感概道：“一个记者，如果能为一个伟大的理想而工作，那是很值得鞠躬尽瘁、死而后已的。”那么，对于无数的“新闻人”而言，这个“伟大的梦想”应该就是人类新闻事业的蓬勃发展。而如今，这辆满载梦想的“新闻列车”已驶入“全媒体时代”。

所谓“全媒体”，是指媒介信息传播采用文字、声音、影像、动画、网页等多种媒体表现手段(多媒体)，利用广播、电视、音像、电影、出版、报纸、杂志、网站等不同媒介形态(业务融合)，通过融合的广电网络、电信网络以及互联网络进行传播(三网融合)，最终实现用户以电视、电脑、手机等多种终端均可完成信息的融合接收(三屏合一)，实现任何人、任何时间、任何地点、以任何终端获得任何想要的信息(5W)。

于是，在“全媒体时代”，偌大的世界被压缩成了一个几乎没有时空间隔的“地球村”。我们迫切地需要培养更多的卓越新闻传播人才，从而保障这个“地球村”的消息畅通。因此，我们经常形容这些“卓越新闻人”是“与世界最近的人群”——在时间上，他们感知世界的速度最迅捷；在空间上，他们接触世界的地域最宽广；在角度上，他们观察世界的视角最全面。

一、“卓越新闻人”能在最快的时间内感知世界

古人说：“清风未动蝉先晓。”最先感知世界变化的，自然是深入现实世界的新闻工作者。身处新闻现场的他们，时刻感知着世界发展的脉搏。

2011 年 10 月 20 日，利比亚反卡扎菲武装攻陷苏尔特，该国前领导人、一代枭雄卡扎菲命丧黄泉。生于苏尔特，死于苏尔特，卡扎菲在此完成了生命的轮回。

各国新闻工作者均在第一时间报道了这一突发事件，并通过媒体播发了“反卡武装”——米苏拉塔“猛虎部队”成员擒杀卡扎菲的手机视频及截图，人们得以目睹“卡扎菲血溅苏尔特”的历史时刻。

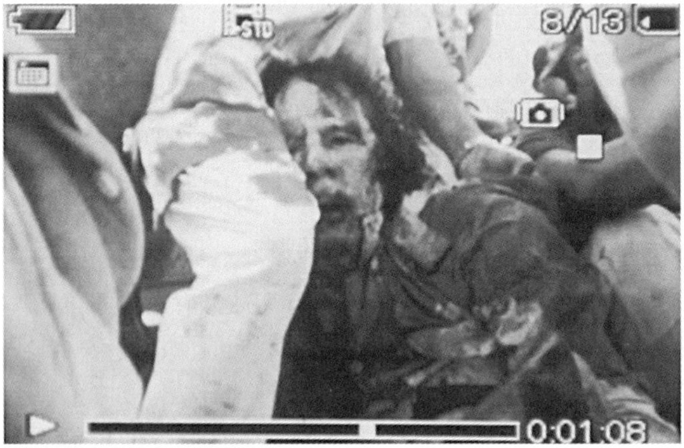

“卡扎菲血溅苏尔特”视频截图

其实，把握新闻传播的时效性，尽快将新闻信息传递给受众，对于各类媒体而言，都是永恒的重要课题，更是所有新闻工作者的重要职责。

在“全媒体时代”，传统媒体与新兴媒体交融并存，人们将其梳理划分为五大媒体，即平面媒体、广播媒体、电视媒体、网络媒体、移动媒体。在传播新闻的时效性上，五类媒体确有优劣之分；相较而言，平面媒体最为迟缓，而以手机等传播工具为媒介的移动媒体则最为迅捷。

当然，新媒体在传播新闻方面虽然迅捷，却也是“双刃剑”，须严加管控，如若被居心不良者用以传播虚假不实的信息，则将造成严重的社会问题。

可能很多观众都观看过日本系列恐怖惊悚片《鬼来电》。片中，人们通过手机

接收攸关生死的恐怖信息，恐怖感随着信息的传播而扩散开来，令人不寒而栗。作为电影故事片的《鬼来电》，只是艺术创作而已，但在2012年的印度“恐怖短信”风波中，这一切却变成了现实。

2012年7月下旬，印度东北部阿萨姆邦的土著居民与外来的穆斯林移民之间爆发了严重的暴力冲突，并酿成大规模流血事件，造成至少80人死亡。随后不久，印度南部地区的原籍为阿萨姆邦的务工者纷纷收到手机的群发短信，声称：穆斯林将在“开斋节”之日大开杀戒，对原籍为阿萨姆邦的人进行报复。

8月上旬开始，数万名阿萨姆邦人火速从南部逃离。后经查明，这些群发短信均属谣言，但这些谣言通过新媒体工具迅速传播，使恐怖情绪日渐蔓延，已造成了严重的社会动荡。为了制止蔓延不止的谣言，印度政府不得不颁发禁止短信群发15天的禁令，以扼断谣言的传播。

这一事件不仅引起了印度的国内动荡，还引发了国际冲突。印度指称，传播谣言的源头在其敌对国家——巴基斯坦，并查禁了十数家与巴基斯坦有牵连的国内网站，而巴基斯坦方面则坚决否认。任由不实信息散播的恶果，由此可见一斑。

事后，媒体界开始针对这一事件总结教训。有两点值得警醒：其一，是印度的相关政府部门保持了一贯的反应迟钝——不出大事不出手；其二，是印度媒体的职能缺失，没有及时发布权威信息来辟谣以安定民心。

作为务工者，他们孤身在外、形单影只，在生死攸关之际受到谣言蛊惑，也情有可原。可是，印度媒体却未能在第一时间发布信息、澄清谣言，让人们辨清真伪、吃下“定心丸”，这实属不该。可见，政府迟钝，再加上媒体缺失，足可酿成大祸。

当然，在印度可以“以讹传讹”，在中国也会“三人成虎”。2011年，日本“3·11”大地震发生后，中国许多大城市也曾出现过一幕幕荒唐而可笑的“抢盐风潮”。试想，当人们在不实信息的煽动和蛊惑下难辨真伪时，会多么渴望媒体向他们迅速发布权威信息。

人民群众不应成为“聋子”和“瞎子”。对于攸关自身的生活和生产信息，人民有其“知情权”，这是无可置疑的天赋之权。从这个角度上来说，新闻工作者把握新闻传播的时效性，在第一时间将新闻信息传递给群众，也可以说是在第一时间保障和捍卫人民的“知情权”。

所以说，新闻工作者尽快感知世界、传播资讯，有时也是在与虚假不实信息“赛跑”。跑赢了，就会获得人民的掌声；跑输了，则会受到人民的唾骂。

由此可见，对于新闻工作者而言，尽快感知世界，是一项意义重大的任务。但是，世界并非一切皆美妙，世界每时每刻都在发生变化，各种各样的危险往往也在变化中相伴而生。那么，当我们迅速感知世界时，是否也会最早感受危险的降临呢？

从这个角度上来说，新闻工作者——这一“与世界最近的职业人群”，也是“与危险最近的职业人群”之一。在新闻工作者群体中，论及危险性，当首推“战地记者”。

“如果你拍得不够好，是因为你离得不够近。”

这是被誉为“最勇敢的战地记者”、匈牙利裔美籍新闻摄影记者罗伯特·卡帕(1913—1954)的传世名言。

这句话言简意赅地点透了新闻工作者的使命。含义很简单：如果你感觉对现实世界的感知还不够真切，是因为你离现实世界还不够近；如果你感觉对新闻事件的感受还不够深刻，是因为你还没有深入到新闻现场。

罗伯特·卡帕的一生都活跃在世界战地报道的前线。他的新闻摄影作品中，最著名的一幅当属《阵亡的一瞬间》，可谓其传世名言的最佳诠释。

《阵亡的一瞬间》

罗伯特·卡帕

这幅照片还有多个名字：《西班牙战士》、《战场的殉难者》、《士兵之死》……而《阵亡的一瞬间》这个名字，感觉最为确切。

这幅照片拍摄于20世纪30年代“西班牙内战”期间。西班牙共和国左翼政府遭到佛朗哥叛军的进攻，包括中国在内的世界各地的共产主义者纷纷组成“国际纵队”，奔赴西班牙战场，支援左翼政府。同样奔赴西班牙的，还有世界各地的新闻工作者，罗伯特·卡帕与同为记者的女友格尔达·塔罗也在其中。

1936年，在西班牙南部科尔德巴战场，一个义勇军战士刚从战壕里跳出来，就被敌军机枪射中头部。这时卡帕距这个战士不到5米，就在战士中弹即将倒下的一瞬间，卡帕又冲向前，在距离他2米处，冒着同样中弹的危险，拍摄了这幅照片，记录下士兵中弹后身体倾斜和右手步枪即将失落的瞬间。

从这幅照片中，我们可以清晰地感知到死亡来临的瞬间。试想，在硝烟弥漫的战场上，子弹无眼，前一秒倒下的是这位战士，后一秒……可能就会是罗伯特·卡帕自己。可以说，罗伯特·卡帕是冒着生命危险从死神的手中抢下了这珍贵的一瞬间，让我们见识了战争的血腥与残酷。从此，罗伯特·卡帕名扬世界、彪炳史册。

当然，新闻工作者们无法决定战争的进程。1939 年 4 月 10 日，佛朗哥赢得全面胜利，建立了世界上最后一个法西斯政权——西班牙法西斯政权；后来又宣布西班牙为立宪王国，自任国家元首，直至 1975 年以 83 岁高龄而寿终正寝。

但是，新闻自有记录，世间自有公论。

西班牙的战火硝烟并未夺走卡帕的生命，却让他永失爱侣。在西班牙，女友格尔达在一次采访结束后搭载上一辆白色巡逻车的踏板，一辆失去控制的共和军坦克撞上小车侧面，使格尔达丧命。卡帕为之悲伤一世，但战地采访的征程从未停止。

1938 年上半年，被称为“飞行的荷兰人”的荷兰纪录片大师尤里斯·伊文思(1898－1989)来华拍摄中国抗战纪录片，沉浸在痛苦中的罗伯特·卡帕也随其来到中国。他在“九省通衢”的武汉、在战火纷飞的台儿庄都留下了采访的足迹。

之后，北非战场、意大利战场、诺曼底登陆战场……都留下了罗伯特·卡帕的足迹。他让同行们佩服不已的，不仅有卓越的新闻业绩，还有其每次采访都毫发无伤的运气，“走运卡帕”的绰号由此而生。

但是，上帝会眷顾一时，却未必会眷顾一世。1954 年 5 月 25 日，罗伯特·卡帕在越南战场触雷身亡，时年 41 岁，他死时手中还抓着那台康泰克斯相机。地雷炸响的一瞬间，卡帕按下快门，留下了人生最后一幅新闻摄影图片——同行们将之命名为《卡帕眼中最后的世界》，从此成为新闻史上永远的传奇。

在这幅照片中，我们看到的仍是一个充满战火硝烟的、并不和平安宁的世界。从 20 世纪 50 年代的印度支那战争到 70 年代结束的越南战争中，在越南的土地上，共有 135 位新闻摄影记者殉职。罗伯特·卡帕是他们中间最早死于沙场的美国记者。

作为新闻界前辈，罗伯特·卡帕距离我们或许显得遥远。但近年来的世界也并非一片欢歌，就最近的三个年代而言，每个年代、每个十年都由一场战争拉开帷幕、吹响号角：

1991 年的“海湾战争”拉开了 20 世纪最后一个十年的帷幕；

2001 年的“阿富汗战争”拉开了 21 世纪第一个十年的帷幕；

《卡帕眼中最后的世界》

2011 年的“利比亚战争”又拉开了 21 世纪第二个十年的帷幕。

而这些战争中都有新闻工作者出生入死的身影。下面让我们倾听一下近年来殒命战火的战地记者们的“心声”：

“能让我自己满意的工作是记下这个时代重要的事情，而不是追求一时的舒适和温暖。”

——知名记者蒂姆·赫瑟林顿和克里斯·洪德罗斯对于战地报道的生命感悟

利比亚反卡武装的“米苏拉塔大捷”曾被视为战争转折点。2011 年 4 月的米苏拉塔被记者形容为“死城”，卡扎菲的政府军与反卡武装在此激战正酣。4 月 20 日，坚持采访的知名记者蒂姆·赫瑟林顿和克里斯·洪德罗斯在米苏拉塔激战中遇难。

40 岁的英国著名战地摄影师蒂姆·赫瑟林顿拍摄的一幅美军驻阿富汗士兵的照片曾获 2007 年世界新闻摄影大赛(荷赛奖)年度最佳新闻照片奖，与人合导的讲述驻阿富汗美军士兵生活的纪录片《雷斯特雷波》获得 2011 年第 83 届奥斯卡最佳纪录片奖提名。

41 岁的盖蒂图片社美国摄影记者克里斯·洪德罗斯曾于 2006 年获战地摄影最高荣誉——罗伯特·卡帕金奖，还获得过普利策新闻奖提名。更让人扼腕叹息的是，他原定当年夏天与女友克里斯蒂娜·皮亚亚结婚。

与这两位记者相比，其他在利比亚采访中全身而退的记者显然幸运得多。不过，下面这两位记者刚从 2011 年利比亚战争的硝烟中走出，就在 2012 年叙利亚内战的战火中牺牲。

“我们的使命是准确客观地报道战争和灾难，我经常会问自己，我写出来的东西到底值不值得冒生命的危险？”

“几个世纪过去了，战争并未发生明显的变化。战场上依旧炮声隆隆，血肉横飞；战场外妻离子散；交战双方都不肯公开真相。所以，我的工作就是做一名战争证人。”

——美国资深战地新闻记者玛丽·科尔文

2012年2月22日，英国《星期日泰晤士报》美国籍女记者玛丽·科尔文和法国《巴黎竞赛》杂志自由摄影师雷米·奥奇力克在叙利亚中部城市霍姆斯遭炮击身亡。叙利亚政府军发射的导弹直接命中了他们所在的临时新闻中心。此外，另有数名英法记者受伤。

1956年出生的玛丽·科尔文在2001年4月16日采访斯里兰卡内战时被手榴弹炸伤，不幸失去左眼。在利比亚，她是能采访到卡扎菲的极少数西方记者之一。她与卡扎菲相识20多年，谈及卡扎菲，她一语中的：“他是一个活在自己想象王国里的人，很缺乏安全感。”与“中东疯狗”、“北非雄狮”等名号相比，科尔文的近距离观察更为确切。

1983年出生的雷米·奥奇力克丧生时只有28岁，更为可惜。他在2012年初刚以组照《为利比亚而战》荣获第55届荷赛奖普通新闻类（组照）一等奖。在其中一幅照片上，我们可以看到：一位反卡武装的战士蹲坐在地，思考人生，前路漫漫，心中茫然，背后是反卡武装的三色旗迎风飘扬。与这位战士一样对战争感到困惑和无奈的，应该还有那些同样身处战地、感知战火的记者们。

雷米·奥奇力克拍摄的组照《为利比亚而战》之一

日本早稻田大学学生:“新闻报道真能阻止战争吗?”

日本记者山本美香:“正是因为我怀有这份期待,才坚持这项工作至今。”

2012年8月20日,日本独立通讯社——日本新闻社的自由撰稿记者山本美香(1967—2012)在叙利亚的采访途中卷入枪战而身亡,年仅45岁。与她同行的是她的同事兼丈夫——56岁的日本新闻记者佐藤和孝。他们在当地时间16日跟随反政府武装从土耳其跨越国境进入叙利亚,于20日来到阿勒颇。

事发时约下午3点30分,他们正与反政府武装一起前往采访地。从她牺牲前最后的采访画面中我们可以发现,危险的降临是那么突如其来。一声枪响,画面停滞;再见之时,已是天人永隔。

山本美香在近20年里深入过各个战乱地区采写新闻报道,包括伊朗、科索沃、车臣、阿富汗、伊拉克、乌干达等。2001年,她深入阿富汗采访,是首位在塔利班统治下的阿富汗采访的日本女记者。2003年,她作为日本电视网(NTV)的特派记者,远赴巴格达战场一线报道美国发起的伊拉克战争。

这些记者为什么甘冒生命危险去战地采访呢?

山本美香在早稻田大学的“战争与媒体”主题演讲中曾回答学生有关“新闻报道是否能阻止战争”的提问,她回答道:“正是因为我怀有这份期待,才坚持这项工作至今。”

其实,新闻报道无法阻止战争,这些记者们心知肚明。可是,他们希望通过自己的工作,让人们感知真实的战争,揭露战争的残酷与恐怖,从而让人们对战争心生畏惧与厌恶;最终,在一定程度上减少战争的发生。这正是中国古代“知其不可为而为之”的无畏精神,而这种精神又是如此难能可贵!

各国新闻人在战火环境中要经受生死考验,在和平环境中也往往要不畏险阻、披荆斩棘。美国著名新闻人丹·拉瑟曾与汤姆·布罗考、彼得·詹宁斯一起,并称当今美国电视新闻界的“三大王牌主播”。不畏艰险地报道独家新闻、重要新闻,是丹·拉瑟一贯坚持的工作作风。

丹·拉瑟曾多次在战火中冒着生命危险参与越南战争、海湾战争、伊拉克战争等战事的采访报道,也曾在和平环境中报道过“肯尼迪遇刺”、“尼克松访华”、“水门事件”等重大新闻。他的座右铭就是“哪里有危险,哪里就有新闻”。

1962年,默默无闻的丹·拉瑟还在休斯敦的地方媒体——KTRH电视台工作。此时,得克萨斯州海岸遭遇特大飓风,他独自一人在加尔维斯气象大楼进行现场报道。当海水升到大楼二楼时,他仍然站在摄像机前,三天没有离开麦克风。凭借在这次灾难报道中体现出的顽强作风与出众能力,他在观众中获得了“休斯敦旋风”的美誉,并得到哥伦比亚广播公司(CBS)的聘用,迅速成为CBS的明星记者。

原新华社社长、著名记者郭超人（1934—2000）曾随队采访中国登山队征服珠穆朗玛峰的壮举。他随同登山主力一直攀登到素有“珠峰大门”之称的、海拔6600米的北坳冰墙下，在世界新闻史上创造了奇迹。他克服风雪、严寒、缺氧、冻伤等种种困难，奉献出了《英雄登上地球之巅》等一系列优秀新闻作品。

近年来，在北京奥运会、上海世博会、汶川大地震、芦山大地震等重大活动和事件的报道中，中国新闻人都表现出了不畏艰苦、甘于奉献的精神。原《人民日报》总编辑范敬宜（1931—2010）曾动情地说：“我喜欢记者这个职业，至死不悔，乐此不疲；如有来生，我还会选择这个职业。”①

综合以上这些新闻人可歌可泣的经历，我们可以说：那些“卓越新闻人”为了尽快感知世界、传播新闻，往往需要付出极大的辛劳，有时甚至是生命的代价。

二、“卓越新闻人”能在最广的空间中接触世界

新闻事件不会发生在方寸之地。新闻人往往需要走南闯北，接触丰富的社会层面。哪里有新闻事件发生，哪里就是新闻人的阵地和舞台，哪里就会留下他们的身影和步伐。所以，对于新闻工作者而言，“无限的世界”就是他们“无限的舞台”。

因此，新闻工作者往往可以积累起丰富的工作经历和人生境遇。例如，记者通过长年的采访活动可以形成丰富的人际关系网，从而更多更快地获得新闻线索，并整合社会资源来服务社会；即便在结束记者生涯之后，也有许多人凭借在媒体工作时积累的人脉关系，转而到政府部门或企事业单位从事公关、营销、发言人等工作。

对于新闻工作者而言，长年奔波所累积起来的人脉关系，就是一笔重要的财富。著名记者车辐（1914—2013）就因交友广泛而被推崇为“成都的一块老字号招牌”。他与郭沫若、老舍、刘开渠等众多名人多有交往，被著名剧作家吴祖光誉为“成都土地爷”，又被著名剧作家魏明伦戏称为“四川老活宝”。

他在做记者时，曾经陪着白杨、赵丹、方成等文化演艺界的名人遍尝成都小吃。抗战时期，丁聪、吴祖光等众多文艺界名人迁至大后方，车辐与他们建立起联系，共论抗日救国，闲暇时则陪同异乡客泡茶馆、听川戏、品川菜，凡有聚会，车辐“十处打锣九处在”。李劼人、艾芜等四川籍本土作家更是与其交情甚厚，巴金每次回川，都要找寻车辐小聚，二人友情跨越世纪。

车辐在文集《车辐叙旧》中，记述了自己与全国众多名人的交往线索——梅兰

① 《今天是我们的节日——献给新中国第一个记者节》，新华网北京2000年11月7日电，新华社“新华视点”记者张严平、方政军、陈芸。

芳、侯宝林、秦怡、黄宗江……从文学界到演艺界，知交遍海内。著名作家何满子评价说：在成都，不认识车辐，就如同没有真正认识成都一样。

中央电视台新闻频道著名记者、主持人水均益被誉为“名人圈里的交际家”，曾担任《东方时空》、《焦点访谈》、《环球视线》等栏目的记者、编导、主持人。他主持的《高端访问》栏目更是家喻户晓，其采访对象大多是具有世界级影响力的人物。

他曾专访过安南、潘基文、普京、克林顿、布莱尔、李明博、金大中、穆沙拉夫、阿罗约、阿拉法特、卡尔扎伊、基辛格、比尔·盖茨、多明戈、泰戈·伍兹、骆家辉、罗格、博尔特等国际名人，成为国内采访国际知名人士的“专业户”。截至 2010 年 5 月，水均益已经完成 200 多次这样的重要专访。

其实，水均益也是从新闻一线的磨砺中逐步成长起来的。他原是新华通讯社中东总分社的记者，1989 年至 1991 年，他一直在埃及开罗做驻外记者。机遇在 1991 年降临。这一年，海湾战争爆发，水均益积极参与战地报道，是国内主流媒体首批赴战地采访的记者之一，可谓“一战成名”。

1993 年加盟中央电视台后，他在历次伊拉克危机、波黑战争、阿富汗战争期间，多次赴战地采访报道，历经艰险，成为国内最著名的战地记者，也因此成为国内对中东问题有着深刻研究和独特见解的新闻人士之一。

在国际新闻领域，水均益可谓前辈，而后起之秀也为数不少。被誉为“战地玫瑰”的凤凰卫视著名记者、主持人闾丘露薇也在 2001 年把握住了职业生涯的机遇。

阿富汗战争爆发后，凤凰卫视决定派记者赴阿富汗前线采访。闾丘露薇率先报名，成为首位进入阿富汗的战地女记者。在伊拉克形势日益紧张之时，凤凰卫视准备派记者去伊拉克采访，闾丘露薇再次主动请缨。尽管亲朋好友纷纷劝阻，她却异常坚定：“生命是非常宝贵的；但作为一名记者，我首先想到的是我的职业。我热爱记者这个职业。所以，我要为它负责。”

同为凤凰卫视记者的何润锋是 2008 年最早进入汶川地震灾区进行采访的记者之一，为凤凰卫视的“抗震救灾系列报道”立下汗马功劳。加盟央视之后，他又奔波于国际新闻的多个阵地，颇受倚重。2012 年伦敦奥运会期间，他在英国首都伦敦为央视中文国际频道《中国新闻》栏目带来“润锋观察”。2011 年利比亚战争期间，他在利比亚首都的黎波里坚持采访数月。

在利比亚战争期间，坚持战地报道的中国记者还有许多。例如，来自《环球时报》的邱永铮、伍洲，来自凤凰卫视的令狐列、严明、闾丘露薇……但是，过程最为曲折的，当属经历“里克索斯酒店四日惊魂”的五位中国记者。

现实世界的变化难以预言，新闻事件的发展更难预测。

1991 年的海湾战争中，多国部队摧枯拉朽，横扫萨达姆的百万大军，使媒体界预测的“坦克大会战”成为空想。

2003年的伊拉克战争中，美英联军兵不血刃拿下巴格达，使国内著名评论员的“巴格达巷战”预言落空。

同样，2011年8月21日，当新闻界还在预测利比亚如何上演“首都争夺战”时，利比亚反卡扎菲武装已经以迅雷之势攻入首都——的黎波里市，直捣龙巢——阿齐齐亚兵营；卡扎菲通过兵营下的地道落荒而逃。

8月21日，当地时间17时许，北京时间23时许，利比亚反卡扎菲武装包围了位于的黎波里市中心的里克索斯酒店。政府军士兵关闭酒店大门，居住于此的37名各国媒体记者被困在这座五星级大酒店中，其中就有五名是中国记者，包括两名中央电视台记者和三名凤凰卫视记者。

即使在如此困窘的状况下，五位中国记者仍在坚持连线报道。三位凤凰卫视记者发回香港演播室的不只有声音，还有画面报道。这三位凤凰卫视记者分别是出镜记者蒋晓峰、摄像吴建明、工程邓谅棠，他们仍是一个完整的“战斗团队”。

蒋晓峰是凤凰卫视的著名记者和主持人。从他的连线报道中可以看到，他居住房间的玻璃窗上有清晰的弹孔。当时，所有记者只得全副武装，在酒店的走廊上工作和休息。在连线报道时，站在走廊中的蒋晓峰对演播室主播胡一虎说，可以听到酒店外的交火声；胡一虎忧心而又无奈地劝道：“晓峰，你还是蹲下来报道吧！”

“酒店惊魂”一直持续到24日。经中国外交部联络，中国驻利比亚大使馆派车将五位中国记者接出酒店。走出酒店时，他们印象深刻。蒋晓峰回忆说，四天前，酒店外还随处可见卡扎菲的画像和标志；四天后，所有关于卡扎菲的标志已全部消失，“这已经不是卡扎菲的的黎波里了”。

短短四天，变了天地，换了人间，他们在遥远的国度见证了一个时代的更迭，这必是人生中难以忘怀的一页。

2012年，同样是8月，蒋晓峰与凤凰卫视摄像记者梁培锦在15日又随香港保钓船“启丰二号”奔赴钓鱼岛。随船采访的他们见证了中国民间保钓人士成功登上钓鱼岛的重要时刻。随后，包括两名记者在内的14名保钓人士被日本方面非法拘捕，两名记者也与凤凰卫视失去联系。

8月17日，蒋晓峰、梁培锦搭乘香港航空公司的飞机返回香港。平安回家的他们受到港民的热烈欢迎，其人生画卷上又多了浓墨重彩的一笔。

凤凰卫视曾评价说：“蒋晓峰是一个真正的专业记者。”从里克索斯酒店到钓鱼岛，蒋晓峰似乎总被牵扯进大事件里，而这正是新闻工作者的工作特点——他们在广阔的社会空间中接触世界，始终与新闻事件相伴；百年回首，人生又是何等多彩多姿！

同时，新闻工作者凭借多年的工作经历，可以调动更多的社会资源，往往具有“一呼百应”的社会号召力，其服务社会，更为便利。

“2011年CCTV感动中国年度人物”之一、被誉为“希望之翼”的台湾记者张平宜是“中华希望之翼服务协会”的执行长。她出生在台湾云林县，曾担任《时报周刊》、《中国时报》记者及撰述委员，其作品《台湾艾滋病防治经验》、《终战五十年省思日本三大反人道罪行》先后获得第七届吴舜文新闻采访奖等奖项；著有《悲欢乐生》一书，记述台湾麻风病疗养院的历史，入围德国第二届尤利西斯国际报告文学奖。

2000年，张平宜辞去工作，来到四川凉山的一个麻风康复村——大营盘村。村里唯一的小学挤着70多个学生，大部分只能站着听课。张平宜在台湾写文章募款，到处演讲、卖书，坐车去说服潜在的资助者，终于在大营盘村建立起了新的学校。2011年7月，张平宜荣获民政部第六届中华慈善奖“最具爱心行为楷模”称号，并成为“2011年CCTV感动中国年度人物”。

当台湾记者张平宜为大营盘村的学生们辗转奔波时，四川的另一个村落——北川县陈家坝乡平沟村，也迎来了一位新闻记者出身的大学生村官——肖琳。

年轻的肖琳从四川传媒学院广播电视编导专业毕业后，成为某电视台的一名记者。2008年，“5·12”汶川地震发生后，他成为首批走进北川县极重灾乡镇——陈家坝乡的青年志愿者之一。他用手中的摄像机、照相机，记录了各村灾后重建的情况和村民生活的巨大变化，在见证灾区重建的同时，也使自己得到了锻炼。

2009年4月，肖琳第一次来到平沟村这个道路在地震中全部损毁、海拔2000多米的百年羌寨后，主动向乡里申请，留下来做了一名村官。2009年冬天，在他的努力协调下，成都彩虹电器集团为平沟村的返乡村民送来了电热毯、棉衣和慰问金。他拍摄的反映村里因灾返贫的学生家庭和学习情况的专题片《大山的呼唤》，让26名学生获得爱心企业的资助，直至大学毕业。

2011年4月，肖琳找到山东一家公司在陈家坝投资种植魔芋，并签约建起了200亩魔芋种植园。种一亩魔芋每年能给村民带来3000至4000元的收入。2013年12月初，肖琳被全票推举为平沟村党支部书记，继续为这个百年羌寨“播撒希望”。

对于广泛接触世界的新闻人而言，积极服务社会也是应尽之责。

三、“卓越新闻人”能从最全的角度上观察世界

对于新闻人而言，长年的工作经历使他们阅尽了人间的人情冷暖、看惯了世界的世态炎凉。积年累月之后，他们观察世界的角度必定比普通人要全得多，他们对现实世界的感悟也必定比普通人要深得多。

所谓“世事洞明皆学问，人情练达即文章”，观察和了解世界，需要积累丰富的百科知识，这些知识可以使我们受用终生。随着年龄和经验的增长，许多新闻人的工作岗位会由活跃在采访一线的记者转入到媒体的言论体系，担任评论员、主笔、专栏作者等职务，或者成为文学创作者。

如今，新闻评论员已成为各大媒体的收视“王牌”和“法宝”，他们的“火眼金睛”也是通过积年累月的观察而练就的。他们的慧眼如炬得益于对世界的独立观察，他们的真知灼见源于对世界的独立思考。正如江苏卫视主持人孟非所说：“一个称职的新闻评论员，要具备渊博的学识、广博的见识和精准的表达，但首先必须具备的是：不依附任何势力的、独立的判断标准和人格特质。这一点不是最高标准，而是最低标准。”

人称“老梁”的著名媒体评论员梁宏达向来以观点独到、语言犀利而著称，在各大卫视主持着《老梁说天下》、《老梁故事汇》、《天天五味评》、《老梁观世界》等多档评论栏目，可谓游刃有余。

自幼学习曲艺的梁宏达与相声演员郭德纲是同门师兄弟，毕业于黑龙江大学新闻专业，在平面、广播、电视、网络等各类媒体担任记者、编辑、评论员有十余年，可谓见多识广。因此，他在各类节目中可以从容、精辟地点评时事、透视生活、巧话人物，为观众抽丝剥茧、去伪存真，还原事件背后的事实真相，使受众获得理性判断与思考。

这些评论员的本领和成就，都得益于积累。其实，需要新闻工作者去积累的，不仅有专业知识，还包括社会各个领域的百科知识。因为新闻事件发生在社会的不同层面、世界的不同角落，新闻工作者不可能总是“临阵磨枪”。

美国著名新闻人汤姆·布罗考就曾对未来的新闻工作者提出建议：“接受广泛的教育。我并不拥护新闻学院的教育，除非他们提供全面的文科教育。记者要学习历史、经济学、政治——现在这个时代还要加上生物学——然后再学写作。”①

如今，大多数媒体仍是以“新闻立刊”或“新闻立台”为口号，即新闻类板块或节目占主要成分。在媒体任职往往会接触新闻工作，而媒体机构对工作人员的综合素质尤为看重。

那么，这里就存在一个误区：许多人认为，记者、编辑、评论员等岗位需要积累百科知识、培养综合素质，而后期技术人员就大可不必，只需技术娴熟即可。

此乃大错特错。媒体的新闻内容，尤其是新闻节目，离不开后期技术支持。技术人员不是单纯地与技术设备打交道，而是要用技术设备去处理新闻内容，同样是

① 马毅达：《“我并不拥护新闻学院的教育”》，《东方早报》2007年11月12日。

重任在肩，如果欠缺积累，即便是技术工作也难以胜任。

下面，我们来看几条存在明显错误的新闻，探究其何以出错。

首先来看中国商务部网站上的这则新闻：

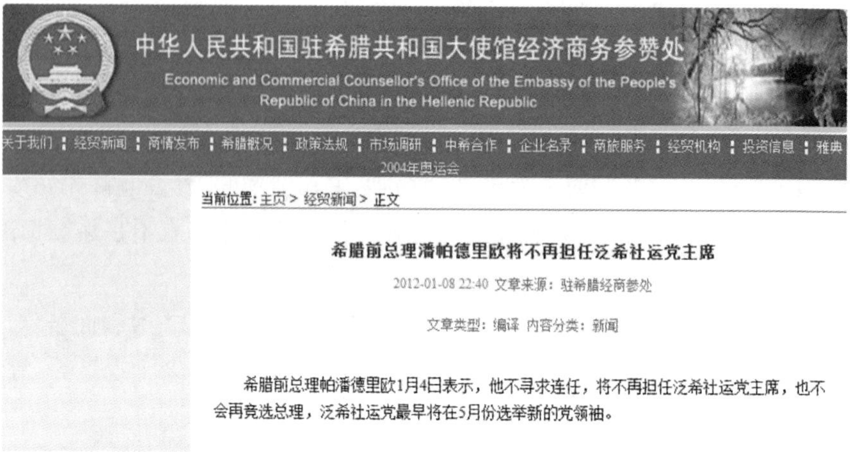
中华人民共和国驻希腊共和国大使馆经济商务参赞处
Economic and Commercial Counsellor's Office of the Embassy of the People's Republic of China in the Hellenic Republic

关于我们 ┆ 经贸新闻 ┆ 商情发布 ┆ 希腊概况 ┆ 政策法规 ┆ 市场调研 ┆ 中希合作 ┆ 企业名录 ┆ 商旅服务 ┆ 经贸机构 ┆ 投资信息 ┆ 雅典2004年奥运会

当前位置：主页 > 经贸新闻 > 正文

希腊前总理潘帕德里欧将不再担任泛希社运党主席

2012-01-08 22:40 文章来源：驻希腊经商参处

文章类型：编译 内容分类：新闻

希腊前总理帕潘德里欧1月4日表示，他不寻求连任，将不再担任泛希社运党主席，也不会再竞选总理，泛希社运党最早将在5月份选举新的党领袖。

在席卷欧洲的债务危机中，希腊首当其冲。在 2012 年初，希腊政府与希腊总理乔治·帕潘德里欧(George Papandreou)的相关新闻反复出现在媒体报道中，乃是热点。但是，很显然，在上面的报道中，这位希腊总理的名字在标题中被错写成“潘帕德里欧”。同样的错误也出现在某著名卫视的滚动字幕中，在网络媒体上更是常见：

希腊前首相潘帕德里欧将辞去党领袖一职

希腊内阁一致支持潘帕德里欧全民公投方案

何以出错？从读写经验来说，根据外文音译过来的人名、地名及机构名称等，很容易被粗心地写错、写漏、写反。

但是，新闻报道呈现在受众面前，要经过多个环节的层层把关：先是记者采写稿件，然后编辑汇总稿件，再经过校对、排版、审阅……网络媒体需要制作网页，电视媒体则还需解说配音、制作字幕、后期合成，错误在每个环节都有被纠正的可能。

如果说，记者或编辑是粗心出错，那么，其他环节的工作人员恐怕是真的“不识庐山真面目”，因此将错就错、一错到底。

同样，下面是中央电视台中文国际频道的著名深度报道栏目——《深度国际》在 2012 年 2 月的一期节目中出现的一处低级错误：

在“阿拉伯之春”运动中，海湾国家巴林的动荡发生在 2011 年 2 月。但是，在

该节目中，主持人刚说完“过去一年(2011年)”，节目中就声画同步地错报成“2012年”。

根据读写经验来说，记者或编辑将年月日粗心写错，也是常见的情况。但其一错到底地呈现给观众，只能说明其他环节的工作人员对于有关“巴林动荡”的新闻不甚了解。

可见，无论是身处哪个岗位的新闻工作者，对于新闻内容都担负着重要职责，绝不能让错漏从自己的手中溜过去。而要肩负起这份职责就必须注重积累，首先就是要观察世界、关注新闻、关心社会。

当然，以上错误的源头还可算作“粗心之失”。但有时，一字之错，便会犯下政治错误。例如，下面这则由国内某著名报纸刊载的新闻，我们将之与新华社的新闻报道进行对照，便会发现措辞上的“一字之差”。

科索沃女孩被大雪掩埋数小时后获救

2012年2月13日 05：38：59 来源：国内某著名报纸

12日，在科索沃南部一山村，一5岁女孩被大雪掩埋数小时后被救出。11日，*科索沃与马其顿和阿尔巴尼亚三国交界处*发生雪崩，到目前为止已造成9人丧生。

……

科索沃村庄发生雪崩三人丧生

新华网贝尔格莱德2月11日电 普里什蒂纳消息：科索沃南部一山村11日发生雪崩，到目前为止已造成3人丧生。

据科索沃当地媒体报道，位于*科索沃与马其顿和阿尔巴尼亚三方交界处*的莱斯特里察村11日发生雪崩，顺着山坡倾泻而下的积雪顷刻之间将村里的11座房屋掩埋，其中2座房屋被完全摧毁。

……

“三国”与“三方”，“差之毫厘，谬以千里”！问题就在于是否可以将科索沃称为“一国”。

原南斯拉夫联盟共和国(简称“南联盟”)由塞尔维亚共和国和黑山共和国组成，科索沃原是塞尔维亚共和国的一个自治省。在1999年的科索沃战争中，经过北约的干预，科索沃实际上已脱离了南联盟。2008年，科索沃地区单方面宣布独立，成立“科索沃共和国”，并获得多数西方国家的正式承认。但是，中华人民共和国对科索沃的“独立”未予承认。

新华通讯社、中央电视台、《人民日报》并称中国官方三大主流媒体，是党和国家的“耳目喉舌”，自然具备极高的政治敏感。在新华通讯社和中央电视台的相关报道中，均使用了“三方”的措辞。

那么，该著名报纸为何会用“三国”的措辞呢?

由“据科索沃当地媒体报道”的字样可知，“三国”的措辞来源于科索沃当地媒体的报道。但是，中国媒体在转发时，不能只做简单的翻译，还应当完成立场的转换。显然，该报的相关人员当真是不知科索沃为何方！于是，铸下大错。

由此可见，在新闻工作者的职业生涯中，知识积累何其重要。

四、结语：走向世界的“中国新闻人”

面对“全媒体时代”的机遇与挑战，我们一直号召：培养具有国际视野和跨文化传播能力的国际新闻传播人才，让中国媒体走向世界。

为何如此急迫呢？就从科索沃战争中的“媒体战”说起吧。

在科索沃战争中，西方媒体为发动战争而制造的舆论宣传可谓铺天盖地。北约发动战争的基本理由就是科索沃发生了“种族清洗”，时任南斯拉夫联盟共和国总统斯洛博丹·米洛舍维奇也被西方媒体渲染为“巴尔干屠夫”。

一年后，法国《人道报》报道称：“作为战争导火索的所谓‘拉察克大屠杀’，实际上根本就没有证据；它只不过是为战争争取支持的一则谎言。”法国《人道报》揭露了西方国家一些政要对科索沃遇害人数的信口开河：1999 年 4 月，美国国务院宣布 50 万科索沃的阿尔巴尼亚族人失踪，“人们担心他们已经死了”；一个月后，美国国防部长科恩确认有 10 万到了服兵役年龄的人失踪，“可能被杀害了”；6 月，英国外交部说有万人被害，克林顿也宣称有 1 万名科索沃人被塞尔维亚族杀害。

从 50 万到 1 万，这就是西方媒体对于“种族清洗”数字的随意修正。

该报所提供的事实是：1999 年 9 月，一个由西方国家法医组成的小组到科索沃实地考察，结果发现了 187 具尸体；11 月，前南问题国际法庭进行的调查找到了 2108 具尸体。但是，正如《华盛顿邮报》在 2000 年 3 月 26 日的文章所指出的，根本不能肯定这些人是死于南联盟的暴行。其中一些人可能参加了战斗，还有一些人可能死于北约的炸弹，这种情况根本说不上是种族灭绝。[1]

---

① 《科索沃战争西方的反思》，来源：《北京青年报》，http://www.qstheory.cn/special/6112/6113/kswzz/201109/t20110913_109736.html。

其实,对于某些西方国家而言,科索沃的"种族清洗"是否属实已不重要,它们已经得偿所愿。

2006年3月11日,联合国前南斯拉夫问题国际刑事法庭宣布"巴尔干屠夫"米洛舍维奇当天在荷兰海牙附近的联合国监狱里去世。随他而去的,还有他的祖国。曾在20世纪雄踞巴尔干半岛的南斯拉夫社会主义联邦共和国,如今已是亡党亡国、随风而去,解体成了七个国家和地区——塞尔维亚、克罗地亚、斯洛文尼亚、波斯尼亚与黑塞哥维那(波黑)、马其顿、黑山、科索沃,"世上再无南斯拉夫"!

众口铄金,积毁销骨;千夫所指,无病而死。这就是"媒体战"。

同样的手段,也被应用于伊拉克战争。"伊拉克藏有大规模杀伤性武器"的报道,使萨达姆成为众矢之的,也使美英联军获得了人民支持且出师有名。但是,美国方面最终并未找到所谓的"大规模杀伤性武器",反而找到了萨达姆政权早已将其销毁的文件和人证。

诺列加、米洛舍维奇、萨达姆、卡扎菲……以美国为首的一些西方国家在拔除这些"刺头"的过程中,可谓不择手段,而强大的媒体传播优势,也是其称雄世界的一大利器。BBC、CNN、美联社、路透社、法新社……我们所熟知的具有国际影响力的媒体多是西方媒体。可以说,以美国为首的西方国家掌握着这个"全媒体时代"的世界话语权;有需要时,它们就可以混淆视听、颠倒黑白,可以添枝加叶、煽风点火,可以指鹿为马、张冠李戴。

2008年,拉萨"3·14"打砸抢烧事件发生后,中国也遭到了某些西方强势媒体的恶意诋毁。现实告诉我们:中国媒体与西方媒体相比,还有很大差距,应奋起直追;中国媒体必须在世界舞台上发出"中国之声",树立良好的国家形象,否则将在"全媒体时代"的"媒体战"中任人宰割而无还手之力。

新中国成立后,毛泽东主席曾于1955年提出:"新华社要把地球管起来,让全世界都能听到我们的声音。"1965年,他又为新中国人民广播事业题词:"努力办好广播,为全中国人民和全世界人民服务。"如今,中国新闻媒体更要通过主动报道去积极争取新闻舆论上的主动权,绝不能让自己的新闻宣传阵地旁落他人之手。

中国媒体一直将北美和非洲作为对外新闻传播的两块主阵地。无论在世界上最繁荣的北美大陆,还是在世界上最欠发达的非洲大陆,都有无数漂洋过海的华夏儿女在各领域辛勤耕耘。但是,当地人民对中国的了解却还有限。对于"中国人的形象",不仅良性宣传颇有欠缺,还屡遭西方强势媒体选择性或扭曲性的恶意报道。

凤凰卫视曾在2010年报道过"中国人在非洲人心目中的九大印象"。这些"印象"是长年在非洲生活和工作的刘植荣先生与非洲的部长、省长、企业家、酋长、村民等各阶层人士密切接触后勾勒出来的，值得反思：

印象1：中国人吃苦耐劳。
印象2：中国人清心寡欲。
印象3：中国人制造的商品廉价。
印象4：中国人法律意识淡漠。
印象5：中国人不注意形象。
印象6：中国人扰乱市场。
印象7：中国人不团结。
印象8：中国人没信仰。
印象9：中国人什么都吃。

2008年9月，北京奥运会刚刚结束，美国“专业调查机构”(PRI)接受委托，针对有关中国的十个方面的问题，在全美国范围内展开了题为“美国人眼中的中国”的调查。被调查的200万样本人群代表了美国18岁以上的成年人口，涵盖各个文化和社会阶层，误差在5%以内。

调查显示，美国民众对中国的认知程度远低于人们想象。提及美国人熟知的中国品牌，42%的人一无所知，三星(33%)、丰田(25%)、日产(24%)、耐克(16%)都被受访者误认为是中国品牌。提及美国人熟知的中国城市或景点，受访者列出了北京(70%)、长城(58%)、香港(46%)、上海(39%)、鸟巢(23%)、故宫(23%)、西藏(22%)和天安门广场(21%)，22%的受访者误认为新加坡是中国城市。

显然，中国媒体在这些地方的传播力度和影响程度都有待加强和提高。为此，作为中国媒体的“排头兵”，中央电视台在2012年初先后成立非洲分台和北美分台，以期完善全球新闻采集报道网络、提升新闻核心竞争力、提高国际传播能力、打造国际一流媒体。

北京时间2012年1月12日深夜1时，央视第一家海外分台——中央电视台非洲分台在肯尼亚首都内罗毕正式开播。

北京时间2012年2月7日上午9时，央视第二家海外分台——中央电视台北美分台在美国首都华盛顿正式开播。

2013年8月19日，习近平总书记在全国宣传思想工作会议上指出，要精心做好对外宣传工作，创新对外宣传方式，着力打造融通中外的新概念、新范畴、新表述，讲好中国故事，传播好中国声音。

中宣部部长刘奇葆则于2013年7月8日在《人民日报》撰文号召：“积极开展中国梦的对外解读和传播，增进国际社会对中国梦的了解和理解，增添实现中国梦的正能量。”

面对“全媒体时代”，中国媒体必须“走出去”，争取世界媒体话语权，这也是无数“中国新闻人”共同追求的“伟大的梦想”。圆此“中国梦”，任重而道远，需要培养更多的卓越新闻传播人才来为之不懈奋斗。

第一章 新闻记者的基本认知

第一节　记者的基本概念与渊源
第二节　记者的个人素质与修养
第三节　记者的工作类型与职责
第四节　记者的从业环境与操守

记者是新闻工作者群体中的主力军，是新闻采访与写作的主体，说他们身怀“彻地通天”的本领也不为过：俯身而下，可以广开言路，问民之所需，为百姓生活辟一方“清净之地”；腾身而起，可以针砭时弊，解民之所忧，为公民社会开一片“自由之天”。

“记者”二字，从字面上来看，“记”有“记录”之意，“者”即“人”也。那么，似乎可以将“记者”这一职业理解为一群“做记录的人”。可是，如果这样简单地理解，书记官、记录员之类的人士岂非都可归入“记者”的范畴？

显然，这种理解是不正确的。“记者”这一职业不可等闲视之。苏联领导人斯大林称赞记者为“社会活动家”，毛泽东主席则将记者誉为“宣传家”，而西方新闻界则以“无冕之王”称呼记者。

“无冕之王”，意为未加冠冕的帝王，极言其权力之大。这一提法最早出现于19 世纪的英国。当时的《泰晤士报》被奉为英国上流社会的舆论权威，其主笔辞职后常被内阁吸纳为阁员。于是，人们将这些地位很高的报纸主笔称为“无冕之王”，后来逐渐用以诠释“记者”职业在社会上所拥有的特殊权力和地位。

可见，记者之“权”绝非等闲之“权”。那么，记者之“记”也绝非等闲之“记”，记者之“者”也绝非等闲之人。我们由此需思考四个问题：

第一个问题：记者之“记”究竟是要记录一些什么？

第二个问题：记者之“者”应当是一些什么样的人？

第三个问题：记者之“权”由何而来，为何而用？

第四个问题：记者之“权”又应该如何运用？

下面让我们带着这四个问题进入本章内容，一起认知“新闻记者”这一光荣的职业群体。

第一节　记者的基本概念与渊源

记者的概念，从狭义上来讲，是指以新闻采访为主要活动、以新闻报道为主要任务的新闻工作者；而从广义上来讲，编辑、评论员、专栏作家等人员也可以归入到“记者”的范畴之内。

世界上最早的现代记者，诞生于 16 世纪的意大利港口城市威尼斯。在 16 世纪的威尼斯，资本主义萌芽已经出现，商人和手工业者急需了解有关商品的原料产地、销售市场以及交通、政治、军事等方面的信息，于是，一些人就以采集和出售政教信息、商业行情、航船行期等新闻为专门职业，或手抄成单篇新闻，或刊刻成报纸，然后公开出售，从而成为了早期的新闻记者。

中国的早期记者被称为“访员”，活跃于倡导“师夷长技”的洋务运动时期。1872 年，《申报》在上海创刊后开始设立“访员”，专门采访本地新闻。之后，《申报》又在北京、南京、杭州等 26 座城市聘用“访员”，采访当地新闻。

“戊戌变法”失败后，中国资产阶级维新派人士于 1898 年(清光绪二十四年)12 月 23 日在日本横滨创办了其在海外的第一份机关报——《清议报》，由梁启超任主编，以“主持清议，开发民智”为宗旨，大量介绍西方资产阶级政治学说。“记者”一词即在 1899 年《清议报》的第 7 期上正式出现。

“记者”一词在中华民族“时运不齐，命途多舛”之际问世，从此与民族荣辱息息相通，与国家兴衰紧紧相连。不久后的 1903 年就发生了震惊国人的“沈荩案”，问世不过四年的“记者”群体由此在中国新闻史上洒下了为国为民的“第一滴血”。

谭嗣同等“戊戌六君子”为中国变革洒下了热血，而谭嗣同的同乡挚友——沈荩则是中国第一位殉职的新闻记者。沈荩生于 1872 年，曾参与维新变法，在变法失败后转变为革命派，并长期担任记者。

1903 年，沈荩得知清政府欲与沙俄政府缔结丧权辱国的《中俄密约》，事关中国命运，沈荩决心在签约之前将密约内容昭示天下。经过多方努力，他最终获得《中俄密约》草稿，并迅速将其寄给天津的英文报纸《新闻西报》。《新闻西报》收到后当即予以原文刊登。随后，国内外各大新闻媒体纷纷转载，日本新闻界还专门为此刊发一期号外①。

《中俄密约》的内容公之于众后，国内外舆论一片哗然。全国人民群情激愤，使清政府陷入非常难堪的境地。在国内外强大的舆论压力下，清政府不得不放弃签订《中俄密约》的计划。

事后，沈荩被判“斩立决”，适逢慈禧万寿庆典，改判“立毙杖下”，牺牲时年仅 31 岁。革命派报纸《中国日报》为其发表唁文：“沈君之死，鬼神为之号泣，志士为之饮血，各国公使为之震动，中西报纸为之传扬，是君虽死之日，犹生之年！”

自“沈荩案”之后，为中国新闻事业献出生命的记者不胜枚举。他们不仅是新闻事件的亲身见证者，还是社会变革的积极参与者。并称“民国三大记者”的黄远

---

① 报纸的号外，是指报社因需要及时报道某项重要消息而临时增出的小张报纸；因在定期出版的报纸顺序编号之外，而称之为“号外”。

生、邵飘萍、林白水三位新闻界先辈都是死于非命。

黄远生(1885—1915)本是清末进士出身,在辛亥革命后脱离官场,从业新闻,是第一位以新闻采访与写作蜚声于世的专职记者和政论家,被时人赞为"同是记者最翩翩,脱手新闻万口传",更被誉为"报界奇才"。1915 年 12 月 25 日晚,黄远生在美国旧金山被中华革命党美洲总支部负责人林森指派刘北海枪杀。

邵飘萍(1886—1926)是中国新闻理论的开拓者和奠基人、《京报》的创办者、"五四运动"的实际发起人,被誉为"新闻全才"、"乱世飘萍"、"铁肩棘手,快笔如刀"。1918 年底,邵飘萍兼任北京大学新闻学研究会导师,学员中有时任北大图书馆助理员的毛泽东。邵飘萍不仅为毛泽东讲授新闻知识,还给予其经济资助。1925 年,邵飘萍秘密加入中国共产党。

1926 年 4 月 26 日凌晨,邵飘萍被奉系军阀张作霖杀害于北京天桥。毛泽东评价邵飘萍说:"特别是邵飘萍,对我帮助很大。他是新闻学会的讲师,是一个自由主义者,一个具有热烈理想和优良品质的人。"

林白水(1874—1926)曾赴日本早稻田大学修读新闻,是中国留学国外攻读新闻学的第一人,自 1901 年开始办报起,先后为近 10 家报纸从事采访、撰稿、编辑等工作,被誉为"报界先驱"。1926 年 8 月 6 日凌晨,林白水被奉系军阀张宗昌杀害于北京天桥。

纵观"民国三大记者"的人生,都恰如一曲为国为民的慷慨悲歌,彪炳于新闻史册,成为后辈的学习楷模。而进入 20 世纪 30 年代,在国民党的高压统治下,新闻记者的从业境况也并未得到改善,许多坚持正义的新闻工作者屡遭迫害、逮捕乃至杀戮。

1933 年 1 月,江苏镇江的《江声日报》主笔刘煜生被冠以"宣传共产"的罪名而惨遭杀害。上海《申报》登载这条消息后,舆论哗然,新闻界提出"开放言路、保障人权"的强烈要求。

为了缓和舆论压力,南京国民政府在 1933 年 9 月 1 日被迫颁布《保护新闻工作人员及维护舆论机关》的通令。1934 年 8 月,杭州记者公会向全国新闻界发出通电,倡议定 9 月 1 日为"记者节",以纪念该法令,逐渐获得全国范围内的响应和认同,并得到国民政府的承认。9 月 1 日从此成为旧中国的"记者节",并一直沿用到现在的中国台湾地区。

此后至 1949 年之前,每年的 9 月 1 日,全国的新闻工作者都会举行各种活动来纪念这一节日,并团结起来,用手中的媒体武器,为中华民族的兴亡呐喊呼号、拼搏抗争。

1937 年 7 月 7 日,"卢沟桥事变"爆发,抗日战争全面打响。8 月 13 日,在中国的"经济中心"——上海,展开了历时三个月的"淞沪会战",成为抗日战争中规模最大、战斗最惨烈的战役。许多新闻记者以纸笔作武器,毅然投身到抗战烽火之中,为民族解放而战斗。

1937 年 11 月 8 日，在周恩来的倡导和支持下，以范长江为首的左翼新闻工作者在上海的烽火硝烟中成立“中国青年新闻记者学会”，简称“中国青记”，也就是现在的“中华全国新闻工作者协会”的前身。

1949 年，作为全国性的新闻工作者组织，中华全国新闻工作者协会筹备委员会同全国总工会、全国妇联、共青团中央等 15 个全国性人民团体及民主党派共同发起和组织了全国人民政治协商会议。1957 年 3 月，中华全国新闻工作者协会在北京正式成立，简称“中国记协”。

从此，中华全国新闻工作者协会在中国共产党的领导下，成为代表全国新闻工作者的全国性人民团体，自新中国成立以来，在团结广大新闻工作者，推动中国新闻事业的发展，以及在开展国际新闻界友好往来等方面作出了显著成绩。

1949 年 12 月 23 日，中华人民共和国政务院颁布的《全国年节及纪念日放假办法》中明确规定了“记者节”，但未确定具体日期。直至 2000 年 8 月，国务院正式批复中华全国新闻工作者协会的请示，同意将“中国记协”的成立日——11 月 8 日定为中国的“记者节”。按照国务院的规定，记者节是一个不放假的工作节日。时至今日，记者节与护士节、教师节是中国仅有的三个行业性节日。

国内新闻界还设立了中国新闻奖①、韬奋新闻奖②、范长江新闻奖③、全国百佳新闻工作者④四大奖项，以表彰业绩卓著的记者。国外新闻界也有普利策新闻奖⑤、世界新闻摄影大赛（荷赛奖）⑥、罗纳德·里根新闻奖⑦、罗伯特·卡帕金奖⑧

---

① 中国新闻奖：自 1990 年起每年评选一次，目前按报纸、通讯社、广播电台、电视台等系列设消息、通讯、评论、新闻摄影、报纸版面、新闻专题节目、新闻性节目编排等评奖项目，为全国优秀新闻作品年度最高奖。

② 韬奋新闻奖：由中国韬奋基金会委托中国记协主办，以中国著名记者邹韬奋的名字命名，自 1993 年开始评选，目前每两年评选一次，是表彰从事新闻编辑、通联、校对、资料收集、评论、理论研究及新闻教育工作的中国现职专业新闻工作者的最高荣誉奖。

③ 范长江新闻奖：由中国记协和范长江新闻基金会联合设立，以中国杰出新闻工作者范长江的名字命名，自 1991 年开始评选，目前每两年评选一次，是表彰包括新闻节目主持人、新闻播音员在内的中国优秀中青年记者的最高荣誉奖。

④ 全国百佳新闻工作者：由中国记协自 1994 年开始主办，目前每两年评选一次，是表彰中国优秀记者、编辑、评论员、通联、校对以及新闻节目的制片人、主持人和播音员的常设全国性新闻奖。

⑤ 普利策新闻奖：根据美国报业巨头约瑟夫·普利策的遗愿于 1917 年设立，在每年春季由哥伦比亚大学的普利策奖评选委员会的十四名会员进行评定；其获奖者可以是任何国籍，但获奖作品必须是在美国周报或日报中发表的；目前已成为全球性的新闻界最高荣誉奖项之一。

⑥ 世界新闻摄影大赛：简称“WPP”，由总部设在荷兰的世界新闻摄影基金会主办，自 1957 年起每年在荷兰首都阿姆斯特丹举行；因为是由荷兰人发起并主办，所以中国新闻摄影界习惯地称之为“荷赛奖”。

⑦ 罗纳德·里根新闻奖：以曾担任过体育评论员的美国前总统罗纳德·里根的名字命名，每年由美国体育学院授予一位在体育报道中表现杰出的记者。

⑧ 罗伯特·卡帕金奖：由美国《生活》杂志和“海外记者俱乐部”于 1955 年设立，以著名战地记者罗伯特·卡帕的名字命名，用以表彰在新闻摄影领域卓有成就的记者。

等著名新闻奖项。

李大钊说:“现在的新闻,就是将来的历史。”透过中国新闻记者的百年成长史,我们见证了中华民族历经荣辱兴衰、追求实现“中国梦”的风雨征程。他们的一篇篇新闻报道、一段段新闻影像、一幅幅新闻图片都在记录着中国人民的百年奋斗史。

著名学者吴晗说:“历史工作者是记录昨天的历史,新闻工作者是记录今天的历史。”我们可以说,新闻记者当之无愧地是时代的记录者,是历史的见证者,是社会的描述者。他们记录着时代的一段段进程,见证着历史的一个个足迹,描述着社会的一次次变革,而这就是记者之“记”的真正涵义。

第二节　记者的个人素质与修养

李大钊称赞记者是“铁肩担道义,妙手著文章”。那么,什么样的人才能成为合格的新闻记者呢?谈及记者的素质与修养,我们认为一位优秀的记者既要秉持“三颗心”,又要胸怀“三股气”。

所谓“三颗心”,即公心、恒心、戒心。所谓“三股气”,即正气、才气、勇气。气由心生,所以,公心生正气,恒心生才气,戒心生勇气。如此,记者方能担起人间道义,著成锦绣文章。

一、新闻记者应当秉一颗公心,怀一股正气

记者只有秉持公心,才能客观、公正地报道事实。西方新闻界流传着这样一则笑话:1815 年,被流放的拿破仑意图复辟,进军巴黎;在此期间,巴黎的一家报纸在几天之内的新闻标题如下:

第一天:“来自科西嘉的怪物在儒安港登陆”
第二天:“吃人魔王向格腊斯逼近”
第三天:“卑鄙无耻的窃国大盗进入格尔勒诺布尔”
第四天:“拿破仑·波拿巴占领里昂”
第五天:“拿破仑将军接近枫丹白露”
第六天:“至高无上的皇帝陛下于今日抵达自己忠实的巴黎”
……

通过这份报纸在六天中的新闻标题，我们见证了拿破仑复辟成功、再建“百日王朝”的过程，也看透了这家报社见风使舵的投机嘴脸。

其实，这份报纸本不必在拿破仑刚刚起事之时歇斯底里地进行咒骂，也不必在拿破仑短暂获胜之后急不可待地摇尾献媚，只需客观地报道事实即可。但是，这份报纸显然没有一颗公心，只想着如何取悦当权者，也就只能成为后世的笑柄了。

可以说，客观、公正是媒体的基本品格，也是记者的基本操守。民国时期的“报业巨擘”史量才(1880—1934)说：“人有人格，报有报格，国有国格，三格不存，人将非人，报将非报，国将不国！”史先生将媒体的品格与人格、国格并称为“三格”，可见其对新闻报道的公正性与客观性的重视，而他的办报生涯也一直在亲身实践这一理念。

史量才是民国时期名震上海滩的“报业大亨”，一度组建了中国新闻界最大的报业集团，旗下拥有《申报》、《新闻报》、《时事新报》等多家大报。其中的《申报》堪称“沪上第一大报”，关注社会热点，敢于抨击时弊，揭露当局的黑暗统治，因而声名鹊起，发行量骤增。

国民党当局曾多次对史量才威逼利诱，均无效果。有一次，史量才与蒋介石会面，身为国民政府军事委员会委员长的蒋介石对不肯就范的史量才威胁说：“我有百万军队……”言下之意是，他收拾史量才这样的一介报人，易如反掌。

而史量才则针锋相对地回答说：“我有百万读者……”言下之意是，在媒体战和舆论战中，他的媒体武器秉公持正，可以将统率百万大军的蒋介石打得落花流水。

那么，史量才何以有号召百万读者的底气呢？其实，他的底气就源于这颗“公心”，源于由此获得的广大读者的信赖。他常向报社记者们强调：“报纸是民众的喉舌，除了特别势力的压迫以外，总要为人民说些话，才站得住脚。”因此，《申报》一直以“言论自由，不偏不倚，为民喉舌”为标榜，指导记者们的新闻报道活动。

1922 年 11 月，英国报界巨子、《泰晤士报》的主人北岩勋爵来华参观《申报》报馆后，称赞其为“中国的《泰晤士报》”。至 1931 年，《申报》的日发行量已达 15 万份，年利润达数十万元。

1934 年 11 月 13 日傍晚，史量才在由杭州回上海的途中，遭国民党特务枪击，不幸去世。这一夜，是中国新闻界的又一个“黑夜”。

抗战结束后，国民政府接管《申报》，将之完全变成国民党的反动宣传工具。1949 年 5 月 27 日，上海解放后，《申报》因系国民党党产而宣布停刊。至此，这份中国新闻史上创办历史最长、影响最大的报纸历时 78 年、发行 25600 号后走入历史。

《申报》秉“公心”而兴，失“公心”而亡，可见，媒体的生命力就在于客观和公正，它由秉持“公心”的新闻工作者注入，就如同《京报》之有邵飘萍、《社会日报》之有林白水、《申报》之有史量才……

林白水曾说："新闻记者应该说人话，不说鬼话；应该说真话，不说假话！"可见，优秀的记者不能是趋炎附势的"传声筒"，而要做秉公持正的"公平秤"。

美国著名女记者海伦·托马斯(1920—2013)被《华盛顿邮报》誉为"新闻界第一夫人"。她是白宫记者团中资格最老的成员，自 1961 年开始担任美联社驻白宫记者起，一共向 10 任美国总统提过问，因问题尖锐而素有"总统折磨者"之称。

40 多年来，美国人总能从白宫记者招待会的现场直播中，看到海伦·托马斯从前排站起来，盯着总统的眼睛发问。当这位女记者走近时，总统们就会紧张。卡特总统一见到她提问就不自在。里根总统则会把头低下，"紧张得像参加论文答辩"。奥巴马总统在一份声明中称："海伦是一名真正的先锋。她参加了自肯尼迪总统以来历任总统的新闻发布会，一直让美国总统们疲于应对。"

那么，海伦·托马斯为什么甘当这样一位"总统折磨者"呢？难道她对美国总统怀有成见？她在自己的著作《民主的看门狗？》中道出了缘由："多年来，我总有机会质问这个国家最有权力的公仆——美国总统。我承认，对这个职位，我抱有敬畏。可并不是对占据这一职位的那个人……我们的职责不是去敬仰一个领导人多么德高望重，而是不时地把他们搁到聚光灯下，看看他们是否有负民众信赖。"

这位几十年来一直替民众"称量"总统的女记者赢得了普通民众、新闻同行和政府官员的一致尊重与爱戴，成为美国国家新闻协会的第一位女官员、白宫记者协会的第一位女会员和第一任女会长。所以说，公心生正气，记者秉持这颗公心，就可焕发出为民请命的一身正气。

2000 年前后，中国经济理论界提出了"西南不宜上大水电"的观点，直接影响了国家有关部委对在川渝两地特别是四川地区上大水电项目的决策思考。此后的一年多里，四川省早已上报的若干大水电项目中，国家未再批准一项。"四川的水电多了"这一说法一时间甚嚣尘上。

"四川的水电多了吗？"时任新华社四川分社社长的高级记者何大新同志带着这一疑问，多次奔赴二滩等地调查采访，深入了解四川水电建设在全国水电建设中的位置和在"西电东送"工程中的作用。他发现，从全国大局的高度来看，四川水电非但不是"多了"，而且是"少了"。

调查采访有了结果，之后怎么办呢？当时积极主张四川上大水电项目的多是四川人或是在川工作的领导。作为身在四川的新华社记者，与专门研究宏观经济的专家甚至是最高层的决策参谋们争论，会不会有为地方说话，向国家要项目、争利益的嫌疑？

公义在前，何大新没有患得患失，而是决定"为中国的水电事业吼一嗓子"。

2001年初，他连续写出《从全国大局看四川水电的多与少》、《二滩水电站巨额亏损原因何在》、《“西电东送”不能忽视配套政策》三篇内参，直接促进了国家决策部门调整水电政策，西南地区的大水电项目得以很快上马，经济效益巨大。

谈及这次仗义执言的报道经历，何大新感叹道：“心底无私天地宽。”是的，心底无私，则一心为公；胸怀正气，则天地宽广。这才是优秀新闻记者的风范。

二、新闻记者应当持一颗恒心，养一股才气

谈及新闻记者的才能，被誉为“报界奇才”的黄远生先生将之总结为“四能”，即能想、能走、能听、能写。按照现今的职业要求而言，则是要求记者既具备新闻采访与写作的基本技能，又有敏捷的思维能力和充足的知识储备；既具备强健的精神体魄，又具有良好的心理素质。对于广播电视记者而言，还要具备较高的技术素养，能够熟练地操作技术设备，处理基本的机器故障。

在“全媒体时代”，新闻报道可以是文字、图片、音频、视频等多种表现形式的综合体现。为了适应媒介融合的新需求，“全媒体记者”随之出现。“全媒体记者”又称“全能型记者”、“复合型记者”、“多面手记者”，在西方新闻界也被形象地称为“背包记者”。他们将笔记本、照相机、采访机、摄像机等“全副武装”都放在一个大背包里，能够全方位地运用采、写、摄、录、编及网络技能，为多种媒体提供新闻报道。

那么，这种“全才”又是如何炼成的呢？其实，记者从业技能的培养并没有统一的模式，许多国家和地区并不限制记者的学历或条件，从事记者工作也有许多不同的途径。当然，最典型的途径还是在大学或研究所修读新闻传播类专业，在毕业后投入新闻战线。

但是，其他文法科专业的学生也多有从事记者工作的。在德国等地，有许多记者并非科班出身，而是在短期的新闻学校完成采写技能的初步学习，或是在高中毕业后进入媒体实习，直接在工作实践中接受教育和培养。

无论通过何种途径跻身新闻行业，“英雄不问出处”，新闻界从来没有真正的“天才”。即便是新闻专业的高材生，也不可能仅依靠短短几年的院校学习，就在新闻界“一飞冲天”。优秀的记者基本都是在漫长的职业生涯中摸爬滚打、逐步历练出来的。

记者的典型职业生涯通常是从地方媒体起步，从事市政、司法等领域的新闻采访；之后逐渐从地方媒体进入全国性媒体，并有机会参与党政、财经等领域的新闻采访，最终“百炼成钢”。这就首先需要具有一颗百折不挠、坚持不懈的恒心。有恒心，才能完成报道，才能养成才气。

在美国新闻界,爱德华·默罗、沃尔特·克朗凯特、麦克·华莱士等记者中的楷模人物都在新闻史上书写下华丽的篇章,而他们也都是在新闻战线的长期磨炼中成长起来的。

爱德华·默罗(1908—1965)在1935年进入哥伦比亚广播公司(CBS),于1937年主持该公司欧洲部工作。第二次世界大战中,他在伦敦主持《现在请听》、《这里是伦敦》等广播节目,以准确报道而闻名,被誉为“现场报道的鼻祖”。

1938年,爱德华·默罗首先从维也纳向美国听众报道了纳粹德国入侵奥地利的消息。第二次世界大战期间,他从伦敦报道战况新闻,多次在英国广播公司大楼的屋顶上进行有关“德国空军轰炸伦敦”的现场实况报道。他报道新闻的第一句话——“这里是伦敦”,在美国流传很广。他客观、冷静的报道风格赢得了美国听众的信任。

“二战”结束后,爱德华·默罗任哥伦比亚广播公司副经理,在1947年重上新闻报道第一线,主持广播和电视节目。他主持电视专栏《现在请看》、《面对面》,仍坚持定时做播音工作。1954年,他在自己主持的电视节目《现在请看》中,持续地揭露了参议员约瑟夫·麦卡锡侵犯人权的丑行,受到美国舆论界的赞赏,被誉为“电视节目的开拓者”。

爱德华·默罗终其一生都活跃在新闻战线上,可谓鞠躬尽瘁。著名新闻人、普利策奖获得者约翰·钱塞勒评价默罗时说:“每一代人中都会有一些出色的人才,他们完美地集人格、才干和毅力于一身。”

沃尔特·克朗凯特(1916—2009)则是在美国的合众通讯社(即后来的合众国际社)接受了职业记者的训练,学会了准确报道、精练写作和快速发稿。他在12岁时阅读了一个关于驻外记者的故事,从此便下定了为新闻事业献身的决心。

1950年,他加入哥伦比亚广播公司(CBS),并从1962年起以一把沉稳的声音主持新闻节目,开始报道并评论美国大大小小的重要事件。1962年至1981年间,克朗凯特主持的黄金时段节目《晚间新闻》始终在美国电视新闻收视率中首屈一指。在职期间,克朗凯特报道过世界各地发生的重大事件,如“肯尼迪遇刺”、“越南战争”、“阿波罗登月”等事件,使他成为“全美最受信任的人”。

他以自己在新闻实践中的巨大影响,促使电视新闻播报者的名称从“播音员”转变为“主持人”,因而被称为“主持人之父”。他在1981年退休后仍旧活跃于新闻界,并且撰写书籍和到各地演讲。

麦克·华莱士(1918—2012)也是哥伦比亚广播公司(CBS)旗下的著名记者和主持人,是享誉世界的CBS王牌新闻栏目《60分钟》的创始人员。1968年,50岁的华莱士开始担任《60分钟》的主持人,从此声名鹊起。

他曾经采访过全球无数的著名政治人物和各界名流，并以其辛辣、强硬的主持风格和近乎于“审讯”的采访方式而被全世界观众所熟知。由于华莱士最擅长追踪式报道以及深刻揭露社会问题，因而在世界传媒领域中被同行们称为“新闻怪杰”。曾有广告提出这样一个问题：“哪四个单词会让骗子和流氓心生惧怕？”答案是：“华莱士在此！”（Mike Wallace is here）。

尼克松当政时曾请华莱士担任自己的新闻秘书，但华莱士婉言谢绝说：“我还是愿意当一辈子记者。”“当一辈子记者”始终是华莱士的座右铭。他担任《60分钟》的主持人近40年之久，直至2006年才退休，生前一直是美国电视界“教父”级的人物。

“江山代有才人出，各领风骚数百年。”在美国广播电视界，哥伦比亚广播公司（CBS）、全国广播公司（NBC）、美国广播公司（ABC）并称“三巨头”。每日18点半开始的黄金新闻时段一直是“兵家必争之地”。“三巨头”的晚间新闻节目在收视率方面的竞争异常激烈，一直相持不下，而其竞争的焦点也在于这三大名牌晚间新闻栏目主播之间的“斗法”。

早些年并称的“三大王牌主播”，“三巨头”各拥其一——CBS的丹·拉瑟、NBC的汤姆·布罗考、ABC的彼得·詹宁斯，可谓三足鼎立。虽然天资聪颖，但是他们的“冲天才气”更多地是通过持之以恒的一线拼搏而磨炼出来的。

彼得·詹宁斯（1938—2005）出身新闻世家，9岁时就曾主持过电台的儿童节目，但其记者生涯却是在20多岁时从加拿大安大略省的一家小电台起步的，因在一次铁路事故中的出色报道而逐渐崭露头角，后来得以进入ABC担任记者。他的正式学校教育并不完整，也无大学文凭，其记者工作经验主要是从后来的新闻实践中得来的。

丹·拉瑟（1931—）则是出身蓝领家庭，依靠半工半读完成了大学新闻系的学业。他从不以知识分子自居，反而认为自己所受的教育不够，在百忙之中依旧坚持“充电”。汤姆·布罗考（1940—）更是倡导记者接受广泛的教育，积累丰富的百科知识，而不拥护单纯的新闻学院教育。

中国新闻界也不乏“新闻全才”。在中国早期的新闻机构中，记者与编辑没有严格的分工，往往二者合一。邵飘萍先生就是新闻界在理论与实践方面皆有建树的“全才”，而他的才气也是“宝剑锋从磨砺出”。辛亥革命后，他与人合作创办《汉民日报》，并为《时事新报》、《申报》、《时报》撰稿，两年间写出了250多篇文章，累计20多万字，终于练就了“飘萍一支笔，抵过千万军”的功夫。

成都著名记者车辐终生坚持写作，且乐此不疲，被誉为“一部活的新闻史”。他曾说：“写东西相当于‘吃零食’，不经常嚼着一点，心头不安逸。”他在漫长的记者生涯中，不仅采写社会新闻，还写作杂文、散文、文艺评论等，成就斐然。著名作家流沙河就曾在少年时代读到车辐发表在报纸上的人物特稿《黑钱大盗李贵》，从而产生了成为记者的愿望。

流沙河在《车先生外传》中写道："在旧社会吃新闻饭，先生（即车辐）敬业十分，成名绝非浪得。衣袋内揣一个小本本，遇到一鳞半爪，立刻记下，以备采访之用。为人又好事，喜交游，管他三教九流，一混就熟。所以出去采访，每每旗开得胜，短消息，长特写，莫不精彩可读。"

一生勤奋的车辐每天都坚持写日记，在近 70 年间积累了近千万字，晚年坐在轮椅上仍笔耕不辍，根据日记中所记的陈年往事，终于在 91 岁高龄时写作完成了"旧时成都社会生活的百科全书"——《锦城旧事》。

也正是凭着这颗恒心，这些优秀的记者们才得以不断奉献出充满才情的作品。成都电视台著名记者彭辉曾荣获"全国百佳新闻工作者"称号和国内外几十个重要奖项，其纪录片代表作——《平衡》荣获金鹰奖"最佳长篇纪录片奖"。为了完成这部作品，他带领摄制组进行了历时三年的艰苦采访拍摄，多次冒着生命危险深入"生命禁区"——可可西里。没有这份恒心，任凭记者才华横溢，也绝难奉献出佳作。

著名华裔女记者、自由撰稿人张纯如（1968—2004）曾以其采写的纪实著作《南京大屠杀：被遗忘的二战浩劫》而扬名世界，她不仅具有强烈的正义感，还具有卓越的才华。她的辉煌成就同样离不开持之以恒的毅力。

为了采写《南京大屠杀》，她前往北京、上海、杭州、南京等地进行深入调查，先后采访了大屠杀的幸存者唐顺山、李秀英、夏淑琴、潘开明、陈德贵、侯占清、刘永新等人，详细询问当年的具体情况和细节并录像，还多方联系采访日本的二战老兵。

江苏省社会科学院历史研究所副所长王卫星曾帮助张纯如收集了大量的史实资料。他回忆说，1995 年 7 月，张纯如在南京待了 25 天左右，"她那时才 27 岁，由于气候不适应，经常感冒，但她的工作一点也不耽误。当时南京的天气很热，她不顾自己的身体，把大部分时间用在采访南京大屠杀幸存者、寻访日军暴行发生地以及翻阅国内资料上，每天工作时间有 10 小时以上。"

凭借锲而不舍的精神，她奋战三年，一鸣惊人，荣获华裔美国妇女联合会的"年度国家女性"奖、麦克阿瑟基金会的"和平与国际合作计划"奖、美国华人团体的"年度女性"称号等诸多荣誉，并获得美国国家科学基金会、太平洋文化基金会、哈利·杜尔门图书馆的赞助。

三、新闻记者应当保一颗戒心，生一股勇气

记者应当注重在政治理论、思想道德以及法律法规方面提高自身修养，常保一颗戒心。这颗戒心，不仅能让记者警戒自身，还能帮助记者明善恶、辨忠奸、判是非，做到“该出手时再出手”。《孟子》云：“人有不为也，而后可以有为。”因此，先有一颗戒心，而后才能生出一股真正的勇气。

2012 年 9 月 26 日至 2013 年 6 月 1 日，《新快报》记者陈永洲先后发表了 10 篇有关中联重科“利润虚增”、“利益输送”、“畸形营销”、“涉嫌造假”等一系列批评性报道。那么，这位记者敢于单枪匹马地挑战大企业，是否算得上“有勇气”呢？

2013 年 10 月 19 日，陈永洲被长沙市公安局以涉嫌损害企业商誉的罪名拘留。长沙市公安局表示，经调查，《新快报》及其记者陈永洲等人在未到中联重科进行实地调查和核实的情况下，捏造虚假事实，通过其媒体平台发表关于中联重科的负面文章共 18 篇，其中陈永洲署名的文章 14 篇。

陈永洲向办案民警称，为显示自己有能耐、获取更多名利，其受人指使，未经核实连续发表针对中联重科的大量失实报道，致使该企业声誉严重受损，致广大股民损失惨重。陈永洲对其涉嫌犯罪事实供认不讳并深刻悔罪，向中联重科、广大股民和家人道歉，告诫同行“要以我为戒”。

对此，《人民日报》呼吁“守住记者职业底线”。近年来，媒体高度介入社会生活，舆论监督的影响进一步扩大，然而，当许多记者怀着理想和道义、追问事实与真相的同时，也有一些“害群之马”打着舆论监督的旗号，吃拿卡要、敲诈勒索，把本是服务大众的媒体，当成谋取个人或小团体利益的私器。这种行为，让公众厌恶，令同行不齿，也使新闻媒体的公信力受到损害。

对于新闻记者来说，“陈永洲事件”是一个沉痛的教训。在《中国新闻工作者职业道德准则》、《广播电视编辑记者职业道德准则》、《关于禁止有偿新闻的若干规定》等规章中，对于新闻记者所应遵守的职业规范，都有全面而系统、明确而详细的阐述。法律底线需要坚守，道德底线也不容逾越。大错不能犯，小错也不应有。

2013 年 6 月，一段“印度记者骑着灾民报道洪灾”的视频出现在网络上，视频显示，一名身穿背心的瘦小男子站在没过足踝的水中，印度的这位电视台记者则手拿话筒，骑在该男子的肩膀上，面对镜头进行报道。这位记者随即遭到众人的猛烈批评。

对此，该记者辩解称：“那名男子想要向我表示敬意，因为这是第一次我这种水

平的人访问他的家。因此在过河时，他提议驮着我过去……这次报道应该只拍摄我胸口以上的位置，因此全是摄影师的错，他试图破坏我的事业……我也有错，在错误的时间做了错误的事情，但摄影师的行为更不可接受。”此番辩解中，高高在上、诿过他人的态度溢于言表。

无论何时何地何水平，每位新闻记者都必须坚守法律底线和道德底线。香港曾有一部讽喻传媒操守的黑色喜剧佳作，名为《抢钱夫妻》(1993 年)。在这部电影故事片中，一位电视台的新闻主播不幸罹患癌症，高层主管们得知后却借机炒作，以博取收视率，疯狂“抢钱”。该片对这种明目张胆、不择手段的媒体行径进行了辛辣的讽刺。而在现实生活中，某些新闻媒体的不良行径往往有过之而无不及。

2011 年 7 月，默多克新闻集团旗下的英国最畅销小报《世界新闻报》因陷入“窃听丑闻”而正式停刊，成为新闻媒体从业者的又一警戒。这起风波源于 2002 年的一宗绑架案。

2002 年 3 月，13 岁的英国女孩米莉·道勒在放学路上失踪，引发英国警方的大规模搜索行动。6 个月后，遭到绑架并被杀害的道勒的遗体在一片树林中被发现。在道勒失踪后，《世界新闻报》为了获取新闻线索，雇用私人侦探来窃听道勒的手机语音信箱。当道勒家人和朋友的留言占满了语音信箱后，雇用者擅自删除了部分留言，这导致受害者家人以为道勒还活着，也干扰了警方的侦破工作。这起丑闻在 2011 年一经披露，随即引起全英国的一片哗然。

“冰冻三尺非一日之寒”，这并不是《世界新闻报》第一次陷入“窃听丑闻”。2006 年，《世界新闻报》记者克莱夫·古德曼被曝雇用私人侦探窃听英国王子威廉和哈里的手机信息。古德曼于 2007 年被判 4 年监禁，报社主编安迪·库尔森随即辞职。2011 年 4 月，报社首席记者瑟贝克和原新闻主编埃德蒙森也因涉嫌非法窃听电话而被捕，窃听对象包括诸多政要。

“窃听丑闻”最终导致《世界新闻报》关张。其最后一期在第三页刊登整版社论，向读者致歉：“我们赞赏高标准，我们要求高标准，却痛苦地发现，2006 年前的几年间，一些为我们工作的人或者打着我们名义的人的行为不符合规范……简单地说，我们迷失了方向。”

在新闻工作中追求“高标准”无可厚非，但绝不能“迷失了方向”。欲正人，先正己。只有首先遵守道德和法律，才能严于律己，才能勇于直言。如果急功近利，往往适得其反。

2003 年上映的传记电影故事片《毒家新闻》讲述了著名女记者维罗妮卡·格林与不法分子英勇斗争的感人事迹。20 世纪 90 年代，爱尔兰女记者维罗妮卡·格林是新闻界的风云人物，是著名报纸《星期日独立报》的王牌记者。她曾为了揭露天主教教父的丑闻，而深入到尼加拉瓜进行采访，并因此声名鹊起。

当时的爱尔兰，毒品犯罪横行，无数家庭深受毒品之害，许多儿童因吸毒而遭受巨大的身心摧残，而腐败的警察机构根本无法有效地打击这种犯罪行为。为了揭露毒品交易的重重黑幕，维罗妮卡·格林展开了一系列采访报道。

为了揪出这些毒品交易的幕后黑手，她不惜只身犯险，打入犯罪组织内部，从中挖掘真相。这些轰动性的新闻报道，使她赢得了民族英雄般的赞誉，也极大地威胁了毒枭们的利益。在这些人眼中，维罗妮卡·格林的威胁超过了任何警察机构。

面对毒枭接二连三的威胁与恐吓，格林没有被吓倒。她从毒枭的暗杀中死里逃生，义无反顾地继续坚持采访报道。最终，她倒在了贩毒分子的枪下。这次，贩毒分子在她身上打光了左轮手枪里的六发子弹。她的牺牲引发全国震动，并促使政府修改多项法律以重拳打击贩毒活动。

台湾电视连续剧《国民英雄》(2010年)曾将那些为追求社会正义和新闻自由而奋斗的新闻工作者誉为“国民英雄”。维罗妮卡·格林这类记者堪当此誉，可谓新闻界当之无愧的“勇者”。

著名记者、作家张纯如同样是以柔弱单薄之躯，行勇毅果敢之事。在她采写的纪实著作《南京大屠杀：被遗忘的二战浩劫》问世之前，关于“南京大屠杀”的英文著作几乎没有，中国的相关专著也没有译作，因此，欧美人对此知之甚少。

张纯如的外公张铁君是著名报人，曾任《中华日报》总主笔，抗战时期曾身陷南京，对“南京大屠杀”有直接经历。出生于美国的张纯如自幼就听父母讲述侵华日军的罪行，但这段本不应该被遗忘的历史却屡遭日本右翼势力否认。为了伸张正义、讨还公道，也为了警醒世人、铭记历史，张纯如历时近三年，在世界各地访问了许多幸存者，参阅了大量文献资料，采写完成了该书。

1997年12月，“南京大屠杀”60周年之际，该书英文版正式出版发行，随即震惊西方世界，在一个月内就进入了《纽约时报》的“畅销书排行榜”，并持续14周之久，被评为“年度最受读者喜爱的图书”。在《洛杉矶时报》、《今日美国》等媒体的著名畅销书专栏中，该书都榜上有名。美国《新闻周刊》盛赞该书：“对二战中最令人发指的一幕作了果敢的回顾，改变了所有英语国家都没有南京大屠杀这一历史事件详细记载的状况。”

张纯如多年来一直采访调查日军在“二战”期间的暴行，面对的尽是人间最为恶劣、残忍、血腥的事实。在采写《南京大屠杀：被遗忘的二战浩劫》的过程中，她就经常“气得发抖、失眠噩梦、体重减轻、头发掉落”。日本右翼势力的攻击和骚扰也带给她极大的压力。张纯如终因长年受压而患上忧郁症，于2004年11月9日吞枪自杀，结束了36岁的风华之年，令人惋惜。

她葬礼上的悼念诗歌写道:“如彩虹一般,你带给人间,美丽、希望;如彩虹一般,你展现了,天地间的一座桥梁;如彩虹一般,你只能短暂地逗留,留下来的人们只有无限的回忆;如天使般,你代表,善良、勇敢;如天使般,你是她的使者;为正义,你为无言者请命,为历史见证;为人道,你付出自己的生命。”

新华社前社长郭超人曾归纳记者之笔的分量与威力:“笔下有是非曲直,笔下有毁誉忠奸,笔下有财产万千,笔下有人命关天。”笔下千斤重,记者只有坚持不懈地提高素质、加深修养,才能提起这支“千斤之笔”。

第三节　记者的工作类型与职责

记者职业诞生之初,并没有明确的分工。但是,随着传媒事业的飞速发展和行业竞争的日趋激烈,为了适应各类新闻报道的需求,新闻记者的分工日益细化,其工作类型也日益多样。

记者按照工作机构的不同,可以分为通讯社记者、报社记者、杂志社记者、电视台记者、广播电台记者、网站记者等类型。而不在固定媒体工作的记者,一般被称为“自由记者”,他们接受媒体委托或靠投稿维持生计。

按照工作任务的不同,记者又可以分为文字记者、摄影记者(图片记者)、出镜记者、摄像记者等类型。

按照工作领域的不同,记者可以分为时政记者、财经记者、军事记者、科技记者、体育记者、娱乐记者等类型,从而形成专门采访报道某一领域的“专业记者”。

按照工作地域的不同,记者可以分为本埠记者、地方记者、驻外记者等。本埠记者一般以其媒体编辑部所在地为采访报道范围。被媒体单位派驻到编辑部所在地以外的境内某地去专门负责当地采访报道任务的记者,则被称为地方记者或外埠记者。如果是被境内媒体派驻到境外某地去负责当地采访报道任务,则属于驻外记者。需要注意的是,驻外记者之“外”,一般是指境外,即中国大陆边境以外,既涵盖国外,又包括属于中国的香港、澳门、台湾地区。

此外,按照工作机动性的不同,记者还可以分为常驻记者、机动记者、特派记者、特约记者等。特派记者是媒体机构为了完成某些特殊的采访报道任务而特别派遣的记者,犹如一支“特遣队”。而媒体机构为了完成涉及专门地区、部门、行业、活动的某些采访报道,往往还会聘请编制以外的“特约记者”,以弥补自身记者力量的不足。

无论何种类型的新闻记者,其基本职责都是相同的,可以概括为十六个字——

采访报道，求真务实，为国奉献，为民服务。新闻记者凭借手中的采访报道权而获得“无冕之王”的称号。采访报道权既不是行政权力，也不是司法权力，乃是公众知情权、社会参与权、舆论监督权的代表和延伸。所以说，是国家和人民将采访报道权赋予了记者，使其获得了“无冕之王”的称号。

因此，记者必须坚持无产阶级新闻事业的党性原则，坚持马克思主义的新闻真实性原则，坚持新闻报道“用事实说话”的基本规律，坚持“贴近实际、贴近生活、贴近群众”的“三贴近”原则，为国奉献，为民服务。

1994年，中央电视台新闻评论部创办了品牌栏目《焦点访谈》，以“时事追踪报道、新闻背景分析、社会热点透视、大众话题评说”作为节目定位，并于4月1日正式开播。栏目记者们运用媒体喉舌，针砭时弊，为国分忧，为民解困，深受政府和群众欢迎。

栏目主持人敬一丹评价说：“《焦点访谈》是在一寸一寸地开拓出舆论监督的空间，一点一点地突破了被认为是禁区的地方，虽然有时只能打‘苍蝇’，但心里要装着‘老虎’……真正从事舆论监督的记者，越是遇到阻力，就越有战斗力。”

1997年12月29日，李鹏总理为栏目题词：“焦点访谈，表扬先进，批评落后，伸张正义”。1998年10月7日，朱镕基总理挥笔题词：“舆论监督，群众喉舌，政府镜鉴，改革尖兵”。2003年8月26日，温家宝总理为之赠言：“与祖国同在，与人民同行，与世界同步，与时代同进”。

其实，对于中外记者而言，为国奉献，为民服务，都是责无旁贷的。在长年采访美国总统的著名女记者海伦·托马斯看来，向总统发问是记者应有的权利。其个人宗旨就是林肯的名言：“让人民了解事实，国家就会安全。”她在自传《白宫前沿》中写道：“只有在民主制度下，记者才被允许质问他们的领导人。因为我们没有英国式的议会制度，督促政府官员向人民负责，解释他们的所作所为和政策，这份职责落到了记者肩头。”

2009年，一位地方政府官员曾质问采访的记者：“你是准备替党说话，还是准备替老百姓说话?”这名官员将以“为人民服务”为宗旨的党组织置于人民群众的对立面，可谓愚蠢至极。但是，的确有这样一些记者是以“替官员说话”为职责的。

2011年6月16日，四川省凉山自治州会理县政府网站在首页发布了一条题为《会理县高标准建设通乡公路》的新闻，并使用了合成痕迹明显的照片。在该照片中，三位县领导“飘浮”在一条公路的上空，图片说明称这几位领导在“检查新建成的通乡公路”，文字则对这次检查的情况进行了描述，记录了县领导对通乡公路下一步建设的“四点要求”。

此事在网络上传开后，立即引起网友的围观和热议。显然，这种行为纯属新闻造假，为个别官员"打补丁"，向广大群众"编瞎话"。

同样，在党的十八大圆满闭幕之际，浙江的《今日早报》也犯下了"摆拍"的错误。浙江日报报业集团下属的《今日早报》于2012年11月17日刊发的头版头条图片，题为《哨所女兵学习十八大精神》；配图文字为"11月16日，温岭市石塘镇雷公山民兵哨所的女哨兵们，正在学习党的十八大会议精神。"

图片中手持《人民日报》"学习"十八大精神的女兵看的应是11月14日的第四版，该版面主要讲的是珠海航展，而第八版则应是副刊。图片中的《浙江日报》和《台州日报》则是11月15日的报纸。同日，浙江日报报业集团在其官方网站上刊发致歉声明。

面对此类假新闻事件，记者们应当谨记履行新闻工作职责的第一信条——"真实是新闻的生命线"。新闻报道的本质特点是"事实第一、新闻第二"，先有事实，后有新闻。求真务实，乃是记者的履职之基、尽责之要、立身之本。

第四节　记者的从业环境与操守

如今，记者的从业环境日趋复杂，行业内充斥着各种诱惑与压力。记者必须坚持自己的职业操守，要时刻牢记"人民记者"的身份，具有高度的社会责任感和强烈的社会使命感，不为任何狭隘的个人利益和集团利益所左右，真正做到"富贵不能淫，贫贱不能移，威武不能屈”。

在一位尽职尽责的记者面前，金钱地位不能扰乱其心志，贫穷卑贱不能转变其操守，威胁暴力不能压服其精神。再结合现今的大众媒体环境，记者有时还要面对盲目而偏激的舆论压力，做到“千夫不能退”。可以说，富贵之欲、贫贱之困、威武之吓、千夫之指，乃是当代记者从业环境中的四大障碍。

首先是“富贵之欲”，这涉及记者面对的生活压力。

如今，随着媒体的商品属性日益凸现，在某些记者眼中，从事新闻工作已不再是崇高而光荣的职业和岗位，而是沦落为用以谋求丰衣足食的物质生活的途径和手段。

例如，广受诟病的“有偿新闻”就是商品经济中的衍生物。“有偿”已不仅是金钱的交易，还包括接受馈赠、免费招待、邀请旅游等多种形式。为了可观的经济效益，为了丰盈的物质生活，某些记者和商家之间“暗箱操作”，使报道内容游离于“新闻”和“广告”之间。俗话说“吃人嘴软，拿人手短”，收了“车马费”，难免不逢人说项；拿了“封口费”，怎能再仗义执言？

“有偿新闻”的泛滥，不仅会在舆论领域混淆视听、误导公众，还会在道德层面助长歪风、败坏风气，更会使媒体的社会公信力最终荡然无存。有鉴于此，自古而今，在记者队伍中，“富贵不淫”的榜样不胜枚举。

邵飘萍先生曾于1925年底在《京报》的一期特刊上，历数奉系军阀张作霖的劣迹。张作霖随即拿出30万元“封口费”来贿赂邵飘萍，希望《京报》能够替他说话。邵飘萍不为所动，将款退回，一如既往地揭露“张大帅”。据邵飘萍的夫人——汤修慧女士回忆，邵飘萍收到钱后，曾对家人说：“张作霖出30万元买我，这种钱我不要，枪毙我也不要！”

2001年，峨眉电影制片厂等机构联合出品了一部26集纪实性电视连续剧——《威胁》。该剧取材于“7·17”广西南丹透水事故，以两位记者的视线为主线，讲述了发生在某煤矿的一起震惊全国的死难事件。

剧中，溪平市煤矿企业花费了150万元的赞助费，请省报刊登长篇报道来宣传企业形象。省报高级记者迟立强却严词拒绝，对该企业领导说：“我这个人，从来也没写过不到实地考察的文章。”最终，该记者顶住诱惑与威胁，深入查访，揭开了溪平煤矿违规生产、掩盖矿难的不法内幕。

国家新闻出版广电总局局长蔡赴朝在北京日报社担任财贸部主任期间，始终坚持党性原则，保持记者操守，率先垂范并要求记者不参加任何没有新闻报道价值的“应酬”，不染“有偿新闻”。他们收到的各类没有采访报道价值的请柬，堆积了满满两抽屉。北京市委宣传部领导责成北京电视台将此拍成专题新闻，被蔡赴朝婉言谢绝。他认为，保持清正廉洁是党报记者的“天职”。

可以说，我们的记者队伍要真正发展壮大，于整体而言，有容乃大；于个体而言，无欲则刚。

其次是“贫贱之困”，这涉及记者所面对的生存压力。

伴随着国内媒体的市场化、产业化改革，许多媒体已俨然蜕变成高度商业化的企业，许多记者则无奈地沦为昼夜奔忙而只为养家糊口的企业员工。“富贵不淫”或易，“贫贱不移”却难。为求“安身立命”，某些记者开始片面追求能够吸引眼球的轰动性新闻，甚至不惜铤而走险、以身试法。

2007 年 6 月，北京电视台生活频道《透明度》栏目的聘用记者訾北佳，在没有发现有人制作、出售肉馅内掺纸包子的情况下，为了谋取所谓的业绩，化名“胡月”，冒充建筑工地负责人，到北京市朝阳区太阳宫乡十字口村 13 号院内，对制作早餐的陕西省来京人员卫全峰等四人谎称需定购大量包子，要求卫全峰等人为其加工制作。

之后，訾北佳携带秘拍设备、纸箱和自己购买的面粉、肉馅等，再次来到十字口村 13 号院。訾北佳以喂狗为由，要求卫全峰等人将浸泡后的纸箱板剁碎掺入肉馅，制作了 20 余个“纸箱馅包子”。訾北佳对北京电视台隐瞒了事实真相。

2007 年 7 月 8 日，北京电视台生活频道《透明度》栏目播出电视专题片《纸做的包子》，使这起虚假的事件以新闻的形式与观众见面，造成了恶劣影响，严重损害了相关行业商品的声誉。这起“纸馅包子”事件在新闻界引起相当大的震动。

据訾北佳供述，由于选题已上报，压力很大，加之刚到北京电视台，既想出名，又想挣钱，结果导致了“假新闻”的出炉。

子曰：“富与贵，是人之所欲也，不以其道得之，不处也。贫与贱，是人之所恶也，不以其道去之，不去也。”“初来乍到”的訾北佳或许确实有“生存之困”，但求真务实，乃是记者的立身之本。谋生而忘本，忘本则必亡！

再次是“威武之吓”，这涉及记者所面对的威势压力。

在记者的从业环境中，“笔头与拳头”的斗争屡见不鲜。“笔头”是指记者手中的媒体工具，而“拳头”则是指不法之徒用暴力手段侵害记者权益、阻挠采访报道。

据中国记协统计，自 1998 年设立新闻工作者维权委员会以来，受理的关于记者受害的投诉就有 400 多起，其中包括很多非法拘禁和殴打记者等恶性案件。可以说，记者权益受侵害事件的发生呈逐年上升趋势，用《工人日报》发表的一篇文章的话说就是：“没完没了，愈演愈烈”。

每逢此类事件，全国新闻工作者总是团结起来，一致捍卫记者的采访报道权。

因为，公众知情权、社会参与权、舆论监督权都是建立在新闻采访报道权的基础之上，如果记者的采访报道权受到威势的压迫，整个社会的公共利益就会受到伤害。在许多新闻事业高度发达的国家和地区，威胁或干涉媒体自由的行为是民众所绝不容忍的。

2011 年 12 月，德国《图片报》曝光时任德国总统武尔夫曾以职权取得低息贷款购房。更有媒体爆料称，武尔夫致电报社主编，向其施压，要求不得刊登这起丑闻。虽然武尔夫此后立即公开道歉，强调从未威胁媒体；但是随后的民调显示，46%的德国人认为武尔夫应当辞职。2012 年 2 月 17 日，武尔夫宣布辞去总统职务。

以民众为后盾，则威武不能屈。曾有一首打油诗说得好：“记者采访是本职，客观公正报事实。公众知情是权力，临危不惧有胆识。”可见，捍卫采访报道权，为人民群众服务，每位记者皆有其责。

最后是“千夫之指”，这涉及记者所面对的舆论压力。

当下的社会风气在大众传媒的影响下呈现出日益复杂的趋势。在社会舆论中，“挑刺儿”的人越来越多。这当然有一定的益处。民间舆论对新闻事件的不断关注和推进，在某种程度上也会给相关职能部门施压，推动事件得以公正处理。

但是，“挑刺儿”的背后又往往潜藏着某些社会负面情绪，很容易滋生出偏激与盲从的群体情绪，甚至演变为现实中的极端恶性事件。这些群体情绪蔓延开来，就会将舆论监督的优势转变为对社会正常秩序的伤害，带来负面效应。甚至是为民请命的新闻记者，有时也会受到舆论的盲目冲击，无法立即得到人们的理解。

南非自由记者凯文・卡特（1960—1994）曾凭借拍摄反映苏丹大饥荒情景的新闻照片——《饥饿的苏丹》而荣获 1994 年的普利策新闻奖（美国新闻界最高奖）“特写性新闻摄影奖”。在这幅照片中，一名苏丹女童即将饿毙在地；而一只秃鹫就在女孩后方不远处，虎视眈眈，等着猎食女孩。

1993 年，卡特和他的朋友——另一位自由摄影师西尔瓦到遍地饿殍的苏丹北部边界去拍摄叛乱活动。卡特在灌木丛中听到一声微弱的哭泣，一个小女孩正艰难地向食品发放中心爬行。正当他蹲下来拍照时，一只秃鹫落在镜头里面。他在那里等了 20 分钟，希望那只秃鹫能展开翅膀。拍完照片后，卡特赶走了秃鹫，注视着小女孩继续蹒跚而行；然后坐在一棵树下，点起一支烟，念着上帝的名字，放声恸哭。

这张照片于1993年3月26日被美国著名权威大报《纽约时报》首家刊登。接着，其他媒体很快将其传遍世界，在各国人民中间激起强烈反响。这张照片传遍世界后，人们在寄予非洲人民巨大同情的同时，也更加关注那个小女孩的命运。成千上万的人打电话给《纽约时报》，询问小女孩最后是否得救。而与此同时，来自各方的批评也不绝于耳。人们纷纷质问，身在现场的凯文·卡特为什么不去救那个小女孩一把？

事实上，凯文·卡特本人几乎从一开始便处于冲突的痛苦之中。他曾对人说："当我把镜头对准这一切时，我心里在说'上帝啊！'可我必须先工作，如果我不能照常工作的话，我就不该来这里。"

作为普利策新闻奖评委之一的约翰·卡普兰对记者回忆道：评委们当时非常仔细地看了这张照片，照片有注释，提示会有人来帮助这个小女孩，给人的感觉是小女孩不是独自一人在荒无人烟的沙漠里。约翰·卡普兰还指出，小女孩的手上有一个环，说明她当时受着人道保护，所有的评委都注意到了这些细节。在评审的时候，评委们都信任凯文·卡特——如果这个小孩需要帮助的话，他一定会施以援手。

但是，这个节目在电视上播出时，约翰·卡普兰的陈述被无情地切掉了，节目还是紧紧围绕新闻伦理和道德观展开，对凯文·卡特和普利策奖进行了猛烈的抨击。这张照片揭示的饥饿被忽略，而莫须有的罪名被无限放大。

面对公众舆论的指责与内心道德的困惑，凯文·卡特在获得大奖仅3个月后即走上不归之路。1994年7月27日夜里，警察在南非东北部城市约翰内斯堡发现凯文·卡特用一氧化碳自杀身亡。他的遗言是："真的，真的对不起大家，生活的痛苦远远超过了欢乐的程度。”

大家怒斥凯文就是照片里的秃鹫，孩子是受难人的象征。而凯文的女儿却说，她的父亲才是那个无力的孩子，现实世界才是秃鹫。

鲁迅先生曾讽刺说：“骂别人不革命，便是革命者，则自己不做事，而骂别人的事做得不好，自然便是更做事者。”关注饿殍遍野的万千饥民时，少人问津；而在炒作“廉价道德”时，却不乏人“挑刺儿”。

在“凯文·卡特之死”的悲剧中，记者在履行工作职责与迎合社会舆论之间陷入两难之境。面对复杂的舆论环境，新闻记者的处境又多了一份凶险，履行职责也多了一份艰难。当事实真相与舆论导向相左时，记者又应当何去何从呢？

2010年10月16日，轰动一时的“我爸是李刚”事件发生。网络舆论火力全开地攻击肇事者李启铭，甚至要“拉出去活埋”。同时，谣言四起、爆料不断，“李刚有多处房产”、“李刚岳父是某省副省长”、“李启铭将只判有期徒刑3年，监外执行”等声音在网络上传播开来，即便在法院公布判决后也远未平息。

保定市公安局曾先后四次召开新闻发布会介绍案件进展，但其声音完全被铺天盖地的质疑和责骂所湮没。后经调查，“李刚有多处房产”、“李刚岳父是某省副省长”等网络传言均不属实。《南方周末》的记者也曾调查称，李启铭是撞倒人后看到了一位相识的保卫科长，才向他求助说：“叔叔，我爸是李刚”。但是，这些调查结果却不敢公布，媒体和记者也不敢刊发。

直至2011年3月28日，《河北法制报》才在头版刊登长篇报道，题目为《“我爸是李刚”是怎样炒起来的——李启铭交通肇事案的前前后后》。文章说，保定市公安局调查表明“李刚有五套房产”、“李刚岳父是某副省长”等网上的爆料均系谣言，但所有的调查结果却未向媒体和社会公布，因为“任何一个澄清都将招致更猛烈的嘲讽和谩骂”，“不回应”反倒成了暂时平息社会舆论的唯一选择。

在2012年上映的电影故事片《搜索》中，心情不佳的都市女白领叶蓝秋（高圆圆饰）在早晨上班时，在公交车上拒绝为一位老大爷让座，并指着大腿说了一句气话——“要坐坐这儿”。谁料，这起“不让座事件”被一位实习记者用手机拍了下来，并被电视台王牌栏目《今日事件》曝光，迅速成为网络热议的话题。在电视台的跟踪报道中，一通匿名的热线电话又爆料称叶蓝秋实为富商的“小三”。

一句“要坐坐这儿”成为爆点，网络上开始对叶蓝秋掀起声势浩大的声讨。这起鸡毛蒜皮的“话题性事件”在心态正常的社会中或许只是一件偶发的小事，不难说清楚、论明白，但在心态失衡的社会中却不断升级。随着事件的发展，对不道德的谴责与争议、对“白富美”的“羡慕嫉妒恨”、对消遣对象的“孤独寂寞冷”、对“小三”的愤怒、对富商的仇视……种种网络情绪被逐一调动起来，并最终彻底吞噬了事件当事人——叶蓝秋的生命。

但是，对于叶蓝秋在事后的道歉视频，记者不敢报道；对于“小三”身份的种种谣言，媒体不敢澄清。显然，媒体和记者都不愿在这种偏激的舆论声讨中成为“陪斗者”。

“千人所指，无病而死。”面对此类情境，民间舆论汹涌而来，记者们的顾虑可以理解，却不可苟同。放眼当今，身处“全媒体时代”，“公民记者”已是无处不在，千声混杂，万众喧嚣。山东的一位媒体工作者就曾感叹说：“世上本有真相，调查的人多了，也就没有了真相。”在这种信息驳杂、真伪莫辨的局面下，如果连我们的新闻媒体和专业记者都不能坚持职业操守，而选择明哲保身，甚至曲意盲从，那么，专业媒体和记者的价值又何在？整个新闻行业必将坠入万劫不复之地。

我们的社会应当为记者们营造一个宽容的环境，但记者们也应有一种“千夫不能退”的勇毅。孟子云：“自反而缩，虽千万人，吾往矣。”那么，若真有“俯首甘为孺子牛”之心，又何惧“横眉冷对千夫指”之境呢？

本章之末，我们以一则典故作结——春秋时期，齐国右卿崔杼(zhù)杀害国君齐庄公，命令太史以庄公得传染病而死来记载。太史不从，直书崔杼弑君而被杀。崔杼又命令太史的第一个兄弟改写；不从，又杀之。再令其第二个兄弟改写；又不从，又杀之。最后轮到其第三个兄弟，依然据实直书。

史官们历来认为，尊重事实、秉笔直书乃其职责；失职求生，不如死去。史官们这种忠实于事实的做法，对于新闻记者很有影响。任白涛在《应用新闻学》中说：“笔可焚而良心不可夺，身可杀而事实不可改。”新闻记者只有坚持站在人民群众的立场上，切实履行自己的职责，才有可能“著成信史照尘寰”。

第二章 新闻采访的基本技能

第一节　新闻采访特性与方式
第二节　新闻采访任务与步骤
第三节　新闻采访提纲的写作
第四节　新闻采访的查阅技能
第五节　新闻采访的提问技能
第六节　新闻采访的倾听技能
第七节　新闻采访的观察技能
第八节　新闻采访的记录技能

所谓新闻采写，包括新闻的采访与写作。新闻采访，是记者运用查阅、提问、倾听、观察、记录等技能来获取新闻报道素材的工作活动，是新闻写作的前提和基础。

俗话说："巧妇难为无米之炊。"新闻采访就是要解决新闻报道的"原料"问题，寻找可供记者选择、提炼、表现主题的材料。而新闻写作要解决的是报道角度、谋篇布局、表现技巧等问题，即加工、制作的"工艺"问题。新闻采访是为了写出高质量的报道，新闻写作则是采访成果的物化，二者相辅相成。

新闻采访是一门实践性很强的学问。对于记者而言，"查、问、听、观、记"是新闻采访的五大基本技能。查，即查阅；问，即提问；听，即倾听；观，即观察；记，即记录。记者综合运用各种技能进行深入采访，得以客观、真实地报道新闻事实，从而遵循了新闻报道"用事实说话"的基本规律。

第一节　新闻采访特性与方式

新闻采访对于新闻报道的形成具有决定性的影响。所谓"新闻是跑出来的"、"七分采，三分写"，没有新闻采访，就没有新闻写作，也就没有新闻报道。

一、新闻采访的特性

"采访"二字，从字面上来说，有采集与访察之意。简单地说，采访就是通过"查、问、听、观、记"等手段来获取情资材料的一种人类活动。这一词汇早在1500多年前的中国古代就已出现，那时指的是朝廷官吏采集民情、访察民风的行为。

"没有调查，就没有发言权。"这是毛泽东早在1930年就提出的著名论断。时至今日，许多行业、领域的从业者都可能在工作中涉及采访调查活动，如党政机关干部、文艺工作者、司法人员、社会学者、考古专家等。

相较而言，记者从事的新闻采访与其他行业的采访活动有着显著的区别，具有四大基本特性，即群众性、时限性、突击性、艰险性。

1. 新闻采访的群众性

党政机关的工作人员从事采访，是为了了解社资民情、总结工作经验与教训，从而改进与推动机关工作；司法人员从事采访，是为了调查案情、搜寻证据，从而判决案件、明断是非；社会学者从事采访，是为了研究社会发展状况，为社会各界出谋献策；考古专家从事采访，是为了考证史料真伪，弄清历史真相……

各行各业人员的采访活动，目的各异，但多是服务于各自行业、领域的工作和发展。唯独记者从事的新闻采访活动与众不同，是为传播新闻搜集报道素材，具有广泛的群众性，必须始终坚持“群众路线”，贴近实际、贴近生活、贴近群众。

记者们努力采访的往往是群众普遍关心的、具有新闻价值的人物、事件和现象，范围广泛，包罗万象，并不受行业领域的限制。采访之初要依赖广大群众为新闻媒体提供采访线索，而采访之后又要通过新闻媒体将采访成果传播给各界群众。

20 世纪 80 年代初，中国正在踏上改革开放的新“长征”时期。时值“纪念红军长征 50 周年”之际，人民群众对于在新时期如何发扬“长征精神”高度关注。著名记者罗开富受《经济日报》派遣，在 1984 年至 1985 年间，历时 368 天，徒步重走长征路，成为继红军之后第一位走完原路全程、第一位踏着中央红军的足迹翻越全部雪山、第一位横穿草地中心沼泽地的记者，为群众奉献了 300 多篇《来自长征路上的报告》，堪称中国新闻史上的一项创举。曾有大学将罗开富的《红军长征追踪》同美国著名记者埃德加·斯诺的《西行漫记》（又名《红星照耀中国》）、哈里森·索尔兹伯里的《长征：前所未闻的故事》并列为学习新闻采写的三部必读书。

2. 新闻采访的时限性

各行各业的采访活动，从完成任务的时间要求来看，长短不一，有的时间跨度很大，甚至长达数年。而新闻采访特别强调在限定的时间内完成采访、写作和发稿，规定何时截稿，就不能拖到截稿时间以后。否则，就很可能贻误报道，使新闻变旧闻，更不能满足受众对新闻信息的需求。这就要求记者的思维更加敏捷、动作更加迅速，能在规定时限内争分夺秒地抢发新闻。这种严格的时限性，也是其他行业、领域的采访所没有的。

1916 年，著名记者邵飘萍接受上海《申报》社长史量才的聘请，担任该报驻京特派记者达两年之久，成为中国新闻史上第一位享有“特派员”称号的记者。当时，北京新闻界的社会声誉极差，邵飘萍却在两年间为《申报》采写了近 200 篇、累计达 22 万字的《北京特别通讯》，风靡全国。

他采写的关于“府院之争”、“政府大借款”、“揭发段内阁”、“张作霖截枪案”等重大事件的新闻报道不但详尽真实，而且均抢在其他媒体之前刊发，极具时效性。例如，徐世昌就任民国大总统的前一天，邵飘萍就已获得其就职宣言，并将其全文电达《申报》，令同行震惊。

网络、手机等新媒体普及后，媒体机构在新闻采访上的竞争变得更加激烈，传统媒体也面临更大的压力，采访时限性对于报道时效性的影响更为直接。2010年4月14日，青海玉树发生7.1级地震。15日凌晨，《人民日报》综合各方信息，采写出最新动态消息——《青海玉树灾区救援全面展开》，刊发在头版。同时，《人民日报》评论部也在第一时间发出声音。17日下午，中央政治局常委会召开会议，研究部署抗震救灾工作。当晚，《人民日报》评论部连夜撰写评论员文章——《夺取营救生命保障民生斗争的胜利》，于次日刊发在头版。

3.新闻采访的突击性

新闻采访具有明显的突击性，记者往往是在毫无思想准备的情况下，遇到突发事件，立即奔赴发生新闻事件的现场展开采访。

2001年9月11日上午9时30分，新华社华盛顿分社记者吴伟农驱车前往华盛顿市区参加一个新闻发布会。由于当时是上班高峰，路上严重堵车，他只得改道而行。在绕过五角大楼再向华盛顿市区行驶时，吴伟农突然发现右方三公里处浓烟滚滚，如原子弹爆炸般的蘑菇云冲天而起。他意识到一定是发生了重大火灾或爆炸事件。

凭借新闻敏感，他决定不再去华盛顿市区采访，而是想方设法地接近事发现场，将亲眼见到的交通堵塞、通信瘫痪、消防车与警车全城出动、政府数万名雇员匆匆奔出、街上行人茫然不知所措等情景记录下来。他于上午11点前赶回分社，将新华社第一条现场消息《五角大楼遭袭目击记》发回总社。新华网首先采用，总社在半小时后发稿，赶上了各大报的截稿时间。

2008年5月12日14时28分，汶川大地震发生。14时46分，新华网最早发出快讯，各大媒体迅速跟进报道。5月13日凌晨，英国《金融时报》记者贾米勒·安德里尼就来到了都江堰的聚源中学进行采访。5月14日，日本共同社派遣三位记者进入北川县，成为最早到达重灾区采访的外国媒体之一。类似这种突击性的采访，对于记者而言，乃是“家常便饭”。

4.新闻采访的艰险性

记者在新闻采访过程中经常会遭遇各种艰难险阻：要面对不同个性的采访对象，有的配合，有的不配合，有的甚至拒绝接受采访；也常会面临各种不熟悉的采访领域，甚至是灾区、疫区、战区等危险环境……哪里有新闻，记者就要奔向哪里，不论是严寒酷暑，也不论是刮风下雨，都要勇于面对艰险境况的挑战与考验。

1938年上半年，有“飞行的荷兰人”之誉的荷兰纪录片大师尤里斯·伊文思率领他的中国抗战纪录片摄制组一行三人来华。其余两人是纪录片摄影师约翰·费恩豪特和被称为“幸运卡帕”的战地记者罗伯特·卡帕。

伊文思临行前就与制片人约定好暗号。摄影师约翰·费恩豪特的名字在这些暗号里代表着不同含义："约翰病"，代表他们遇到了困难，被关进了牢房，赶快联系美国或荷兰领事馆相救；"约翰病重"，代表他们被日军抓了，赶快把他们弄出来；"费恩豪特病"，则是摄影师真的病了，需要医疗方面的救援……就这样，他们不畏艰险地进行采访，在抗战烽火中拍摄完成了纪录片《四万万人民》。

中华全国新闻工作者协会主席邵华泽说："做新闻工作要有不怕吃苦、不怕牺牲的精神。在战争年代，新闻记者就是革命战士，许多人为革命的新闻工作甘愿献出自己的青春和生命。"

2008 年 5 月 25 日，香港《明报》刊文报道了四位香港记者在汶川地震期间不畏艰险、深入灾区一线进行采访的事迹。

香港有线电视中国组记者林建诚等一行四人，在四川理县附近采访时突遇泥石流险情。这四位前线记者立刻想到的，是确保摄影师拍摄下当时的惊险一幕。林建诚介绍说："当时除了叫同事一起逃走，还要确保拍下整个过程，并且保证通讯器材没有受损，不会和公司失去联络。脱险后，我们四人立刻在泥石流面前拍摄。如果再经历一次，我们还是会继续向前，就算不幸遇难，摄影机挖出来后，会发现记下我们共同进退。"

林建诚从事记者工作十余年，可谓身经百战，曾经采访过山东火车相撞的意外事故和云南地震，这次遇险却是其记者生涯中目击的最大灾难。但是，他说："没有担心过生命安全，在危险时刻，记者的职责盖过一切。"

2008 年 12 月，上海《新闻晨报》派遣两位青年记者——曾玉、张源前往索马里，针对广受国际社会关注的"索马里海盗"问题进行深入采访。当时还没有中国记者深入索马里的腹地进行过采访。同时，索马里也是"一个多国新闻记者喋血的地方，一个在西方人眼里极度恐怖的非洲国度，跟我以往在国内任何一次艰难采访都不可同日而语"，此次采访的艰险程度可想而知。

尽管两位记者已经做了精心的准备，但他们所遭遇的困难和意外仍远远超出预期，但这些并没有阻碍他们的"索马里之行"。2009 年 1 月 15 日，他们终于踏上了索马里的土地。与一些西方媒体不乏歪曲的猎奇式报道相比，他们不仅用笔墨还原了一个真实的索马里，还幸运地采访到了真正的海盗，深入地探究了"海盗问题"的成因、现状以及解决办法。他们的这次"索马里之行"本身已成为一则重大新闻。回国后，央视新闻频道和凤凰卫视等媒体都对两位记者进行了专访。

二、新闻采访的方式

新闻采访的方式多种多样，记者采用何种采访方式，要根据采访的实际情况而

定,因人因事而异,因时因地制宜。常见的新闻采访方式有如下十二种:

1.个体采访

个体采访,就是记者直接面对单个采访对象,采取问答式的交谈,了解新闻事实,搜集写作材料,是历史最悠久、现今仍被频繁使用的主要采访方式。意大利著名女记者奥莉娅娜·法拉奇的名著《风云人物采访记》中,她采访26位世界各国政要都是个体采访的范例。

美国著名记者麦克·华莱士曾在1986年9月对邓小平进行专访,这是邓小平唯一一次接受西方电视媒体专访。华莱士向邓小平提出了20多个问题,邓小平一一解答,就中美关系、中苏关系、台海局势、中国经济和政治改革以及干部退休制度等问题,畅谈了自己的看法和预测,成就了一段采访佳话。

2.群体采访

群体采访,即记者对某一群体同时进行采访。例如,可以主持召开多人参加的小型座谈会,通过问答来了解有关事实情况,与会者本身就是报道对象。这样,可以较为便捷地搜集所需要的新闻写作材料。与会者人数的多寡,要视采访选题的实际情况和记者控制协调会议的能力而定。一般来说,人数宜少不宜多。

四川传媒学院在开展新闻采写教学时,曾安排学生到四川省荣誉军人学校进行采访。荣军校中聚集着一批参加过土地革命战争、抗日战争、解放战争、抗美援朝战争及中越边境自卫反击战的英雄模范人物。这座革命传统教育的“金矿”成为获取群体革命事迹的丰富“信息库”。

如果是做表扬性报道,没有阻力和干扰,采用这种方式较适宜,可以提高采访效率。如果是做批评性报道,采访对象之间互有压力,则不宜采用这种方式。

3.突击采访

突击采访,是指记者事前并无准备,临时接受采访任务,仓促上阵,这种情况往往是因为遇到突发事件,或者时间有限、任务紧急。突击采访从时间上来说,是一种即时采访,非常常见,体现了新闻报道追求时效性的特点。记者遇到突发事件,一定要雷厉风行、争分夺秒;否则,贻误“战机”,会错失有价值的新闻。

成都著名记者车辐在抗战年间,作为“中华全国文艺界抗敌协会成都分会理事”,曾积极投身抗日救亡运动。为了采写成都民众的抗战新闻,他每日骑着自行车穿梭于街头巷尾。有一次,日军飞机突袭成都双流机场,车辐不顾安危,在第一时间骑车奔赴二十里外的现场去采写新闻,并且收集到日军炸弹的弹片和被击落的日机残骸碎片。

抗战初期,武汉因“九省通衢”的战略位置,一度成为中国的战时指挥中心。在华采访的埃德加·斯诺、伊斯雷尔·爱泼斯坦、艾格尼丝·史沫特莱、罗伯特·卡帕等著名记者云集于此。1938 年 4 月 29 日，日本裕仁天皇的生日，日本侵略军以对武汉的狂轰滥炸来进行所谓“庆贺”，共造成一千多名平民死亡。

在空袭警报响彻云霄的时候，罗伯特·卡帕立即冲上街头、进行抓拍。在燃烧的武汉街道上，在被焚毁的大楼里，空袭造成的灾难触目惊心。照片中，一位父亲紧紧抓住他的小孩子，正在朝防空壕的方向飞奔；一名妇女掩面不让相机拍到脸上的泪水；一名男子用扫帚无望地扑打着熊熊大火……

7 月 19 日，日军轰炸了武汉的平民区。烈火包围了整座城市，卡帕在烟火肆虐中奔走，寻找受害最严重的地区，拍摄日寇狂轰滥炸后的惨状。卡帕在这次拍摄中拍到了一张后来广为人知的照片《蹲着的女人》——蹲坐在房屋已成一片废墟的家门门槛上恸哭的中国女性，成为中国人民深受日本侵略苦难的缩影。

4. 现场采访

现场采访，就是记者到新闻事件发生的现场采访，调动全身感官，进行“协同作战”，真切地感受现场气氛和人物状态，捕捉重要的新闻事实及细节。记者如果不到事发现场采访，不同报道对象见面，只听知情者的介绍，总会缺乏直观的感受，很难写好新闻事件或人物，尤其是面对突发事件，如灾害、事故、冲突等，记者应迅速奔赴现场。

1963 年 11 月 22 日下午，哥伦比亚广播公司(CBS)记者丹·拉瑟在肯尼迪总统遇刺不到 10 分钟的时间内，就在电视中以突发新闻的方式报道了这一消息。时年 31 岁的丹·拉瑟进行了 17 分钟的现场采访报道，一气呵成。虽然最早向世界报道这一突发新闻的媒体是合众国际社，但是绝大多数人都被丹·拉瑟所呈现的真实现场所震撼。丹·拉瑟也成为第一位真正意义上的现场出镜记者。

国家新闻出版广电总局局长蔡赴朝在北京日报社担任记者近 20 年，一直坚持深入新闻一线，积极倡导“没看见不写”的采访作风。为了采写新闻，他曾在深夜与清洁工人一起跟班劳动，进行现场采访。

5. 蹲点采访

蹲点采访，是指记者长期深入某一采访点从事采访的方式；从时间上来说，是一种长期采访，要贴近生活、贴近群众，才能积累“素材”。

四川电视台高级记者王海兵创作的纪录片《藏北人家》曾于 1991 年荣获四川国际电视节最佳纪录片“金熊猫奖”。拍摄时，六人组成的摄制组几乎走遍了西藏，在藏北腹地纳木湖畔结识了牧民措达一家。此后，措达家的帐篷旁边就多了三顶小帐篷，他们和措达一家早晚相处，不分昼夜地拍摄了 200 多分钟的素材，最终，创作出长达47分钟的《藏北人家》。

6.跟踪采访

跟踪采访，又称追踪采访，是指记者紧跟新闻事态的发展、变化进行持续不断的采访，对于受众关注的新闻热点进行紧追不舍的调查。例如，马来西亚航空公司MH370号航班于2014年3月8日在由吉隆坡飞往北京的途中失去联系，牵动了无数世人的神经，成为令人瞩目的新闻焦点。世界各大媒体随即展开跟踪采访，紧密关注和报道事件的每一步进展。

1972年6月17日，五名不速之客在深夜闯入位于华盛顿水门大厦的民主党全国委员会办公室，在安装窃听器并偷拍文件时，当场被捕。《华盛顿邮报》派遣记者鲍勃·伍德沃德和卡尔·伯恩斯坦去采访这起“水门非法闯入案”。他们在采访中了解到，五人中为首的詹姆斯·麦科德曾效力于中央情报局，后来更发现其乃是美国共和党总统尼克松的连任竞选委员会首席安全顾问。两位记者随即展开了锲而不舍的长期跟踪采访，终于获得了共和党派人侵入民主党总部以及尼克松总统试图掩盖事实真相的证据。最终，尼克松不得不于1974年辞职。伍德沃德和伯恩斯坦因此名声大噪，获得1973年的普利策新闻奖，成为无数青年记者的榜样。

7.体验采访

体验采访，即记者亲自参与所采访的新闻事件，成为事件的积极参与者，体验与感受所要报道的新闻事实。美国报业大亨约瑟夫·普利策主持的《纽约世界报》于1887年发表了女记者内莉·布莱揭露布莱克韦岛精神病院内幕的报道，造成极大轰动。当时，布莱装扮成疯癫病人，得以混入精神病院，数月间经受了诸多磨难，终于获得了第一手材料。最后，她设法逃出疯人院，写出了具有震撼性的报道。

8.隐性采访

隐性采访，俗称“暗访”，是指记者为了查明事实真相，而不公开自己的身份，深入到特定的环境中进行采访。该方式一般适用于批评性和揭露性报道，可以突破采访对象的心理戒备，防止其隐瞒事实真相，进而获取大量“内幕”性的第一手材料，得到真实确凿的证据，使问题水落石出，使被揭露者无可抵赖。由此而来的新闻报道往往具有很强的社会震撼力。

记者暗访需要一定的胆识，能够随机应变；但绝不可滥用，必须事先经过有关部门的批准，必须维护公众利益，不能违背社会道德和相关法律，以免引发纠纷。如今，电视记者经常使用此种方式，将自己装扮成不易引起对方疑心的身份，使用微型摄像机来获取真实镜头。

2014年2月，中央电视台记者通过暗访，曝光了广东东莞的淫秽色情服务业，央视新闻节目播出了记者的暗访视频。记者暗访发现，东莞多个休闲娱乐场所都存在卖淫嫖娼等违法行为，在一些被称作“城市名片”的四星级、五星级酒店中也存在明目张胆的招嫖卖淫活动；即便在春节期间，地下色情业也没有歇业，多家酒店还在举行“选秀”等色情活动。据一些酒店员工介绍，他们的酒店并无正规的住宿，来的客人也都是“找小姐”。记者随后两次报警举报，却不见警车到场，也未见警察调查；地下色情活动照常进行，记者也未接到警方的任何反馈。

9.通信采访

通信采访，是指记者并未与采访对象进行面对面交流，而是通过书信、电子邮件、聊天工具等通信手段来展开问答的采访方式。以往记者通过书面提问来得到书面答复，称为书面采访。随着互联网的兴起，电子邮件成为通信采访的新途径，被称为邮件采访。

通信采访可以突破空间、地域的限制，但也有其局限性——由于不能直接交流，有时会得不到答复。因此，采用通信采访要事先向采访对象提出请求，说明意图，包括涉及多少问题、何种问题等，在征得对方同意后，再精心地设计问题，并预先向对方致谢，还要记得约定好答复的期限。

美国《芝加哥每日新闻》的著名记者约翰·根室在20世纪40年代末，为了写作《美利坚合众国内幕》一书，曾给全国48个州的州长都写了信，解释了自己的工作，并提出三个问题：“该州与其他州有何不同？该州对整个合众国有何贡献？你为什么从政及主要建树是什么？”结果有47位州长作了答复。这样，约翰·根室就通过通信采访收集到了涉及全国范围的丰富材料。

10.连线采访

连线采访，是一种“麦当劳”快餐式的采访，是指记者使用电话（包括视频电话）等即时通讯设备与采访对象进行交流的采访方式，既便捷高效、简单易行，又打破了采访活动的时空界限，保证了新闻的时效性。

连线采访对于广播电视采访而言，尤其重要；但也有其局限性，不能完全取代其他采访方式，应当根据采访实际决定，而不可滥用。只要截稿时限允许，记者又力所能及，就应尽量到现场采访。

如果记者不便与采访对象会面，可以使用连线采访，但应注意：要亮明身份，让对方明白采访意图；提问要简短清楚，不要提大而深的问题；要选择恰当的时机，不可长时间“占线”；要注意礼貌周全，以温和谦逊的话音进行交谈；要及时做笔记，特别是留心核对数字、名词等关键信息。

美国电影故事片《水门事件》（1976年）讲述了《华盛顿邮报》的两名记者——

鲍勃·伍德沃德和卡尔·伯恩斯坦追查采访“水门事件”的曲折过程。片中,两位记者在进行连线采访时,总是先亮明身份,并巧妙措辞:“我们明天要在报上发表一篇文章,我们觉得应该给你一个发言的机会。”“给水门盗贼的支票上写着你的名字,不知道你对此是否要解释一下?”这些话语的潜台词都是在说:“我的采访是为你服务,给你发言的机会,你最好接受我们的采访。”

11.迂回采访

迂回采访,又称侧面采访,就是先不与所要报道的对象直接交流,而与熟悉、了解报道对象的知情者或有关部门接触,之后再尝试采访报道对象,恰如攻城作战,先清扫外围,再攻击主目标。

如果采访对象比较谦虚,不愿意接受采访,或者不善言辞、排斥采访,再或者工作繁忙、无暇接待,记者就可以采用迂回采访来寻找突破口,以便获得报道对象的理解、支持与配合。如果记者根本无法接触到所要报道的对象,那么转而询问熟悉、了解报道对象的亲朋、好友、同事、领导等知情者,也可以搜集到许多有价值的信息。

曾有一位外国记者试图采访利比亚前领导人卡扎菲,而登上一架利比亚政府提供的专机。他落座后发现对面有两位利比亚姑娘,记者素知卡扎菲以拥有众多贴身女保镖而著称,于是展开采访。其中一位眉清目秀、金发碧眼的姑娘自称是的黎波里大学地理系的硕士研究生,名叫杰米拉。而另一位身材高挑、肤色略黑的姑娘则坦率地承认了自己是卡扎菲的卫兵,且已工作了9年,来自南部塞卜哈地区,与领袖同属一个部落。

她向记者介绍了卡扎菲的生活习惯:“领袖是一位虔诚的穆斯林,生活简朴,从不吸烟。早餐是面包和驼奶,午餐大多为烤羊肉或烧羊排,外加利比亚汤,有时也吃柏柏尔人爱吃的古斯古斯,这是他从小养成的习惯。”谈起卡扎菲的爱好,她补充说:“他嗜好喝加糖的红茶,喜欢沙漠、帐篷、骆驼,有时也骑马、下棋、听古典音乐。”

12.抽样采访

抽样采访,是一种非全面性的采访调查,是从全部调查研究对象中,抽选一部分来进行采访,据此对全部对象作出估计和推断。该方法是社会学研究中最常用的调查方法,也是国内外专业机构长期应用的一种科学化调查手段,其采访调查结果在相应的社会领域实践中往往具有重要的参考价值。

2009年8月,四川省首家以传统文化为教学内容的大型女子学堂在成都开学,用4年时间、3000多个学时来教授国学名篇、古琴、围棋、书法、茶道、刺绣、美容、烹饪等课程,声称用9000余元学费就可以打造一名“现代淑女”。正是媒体的一份“男性调查”催生了女子学堂的诞生:在100名受访男性中,80人认为女性应温柔贤良,而非霸气十足。

抽样采访以往常采用问卷调查的方式,即将问题打印在问卷上,编制成书面表格形式,通过面对面、书面邮件或电子邮件等途径交由采访对象填写,然后收回进行整理分析,从而得出结论。

2012年8月至9月,中日邦交正常化40周年之际,日本著名媒体《朝日新闻》以抽样采访的方式,对中日两国的舆论状况进行了为期两个月的调查;在中国采取的是面对面的调查方式,在日本国内则是通过邮寄来收集调查信息。其中一道问题是:“提及对方国家,脑海里浮现的会是谁?”日本人选出的前十位人物依次是毛泽东、周恩来、成龙、胡锦涛、孔子、温家宝、邓小平、诸葛孔明、孙文、蒋介石。中国人选出的前十位人物则依次是小泉纯一郎、山口百惠、山本五十六、苍井空、野田佳彦、东条英机、福原爱、酒井法子、滨崎步、高仓健/矢野浩二。

随着网络和手机等新媒体的不断发展,越来越多的记者运用网络和手机进行抽样采访。许多新型手段逐步替代了传统的问卷调查形式,取得了更为便捷、高效的采访效果。

上述这些采访方式各有优劣,互有交集,不可割裂开来,需要综合运用、灵活施展。

第二节 新闻采访任务与步骤

2013年,网络上曾有过关于“什么是记者”、“怎样才算好记者”的争论。凤凰卫视著名记者闾丘露薇认为,记者出镜时不能是“表演”采访,应当关注新闻背后的原因而非新闻中的人,“记者是把自己隐藏在当事人和新闻事件后面的,电视记者不会利用镜头去塑造记者的细心、体贴、关怀”。

记者从事新闻采访的任务其实很简单,就是通过了解新闻事件、访问新闻人物、调查新闻现象,从中发掘出具有新闻价值的真实的新闻事实,搜集整理成新闻写作材料,并能够正确地认识、理解和分析这些材料。

这些新闻写作材料,或是通过查阅资料获得,或是在走访中耳闻目睹所得,或是由受访者所提供,都必须保证其真实性。只有掌握了大量的第一手的真实材料,才能为完成新闻报道奠定基础、铺平道路。

美国电视剧《新闻编辑室》的开端有这样一句台词:“解决问题的第一步,是要认清症结所在。”民国时期的著名记者邵飘萍也指出:“欲改造现实之社会,宜先明现实社会中事物之真相。”新闻记者在采访中要敏锐地发现事实、认知事实，善于透过现象捕捉本质，这是新闻记者的基本职责与采访任务的应有之义。

中央电视台台长胡占凡早年在中央人民广播电台担任记者时，曾在采访中了解到如下事实：

在杭州，有两个大款为了斗富显阔，在众目睽睽之下，比赛烧人民币，每人烧掉两千多元，只是哈哈一笑。有个“大腕”扔下30万元买只哈巴狗，眼都不眨一下牵上就走。还有个“大款”看到别人用6万元一桌的宴席请他，他竟“啪”地打开密码箱，甩出了30万元请了一桌。有所学校的一项调查显示：53.9%的学生把“赚钱多”作为择业的头条标准，北京一些中学生唱“世上只有钞票好，有钱的孩子像块宝……”

胡占凡认识到，这些现象的背后都是“拜金主义”在作怪，应当向这种现象敲响警钟，便采写了《拜金主义要不得》、《再谈拜金主义要不得》等文章，荣获1993年度中国新闻奖一等奖，报道在中央人民广播电台播出后，带给人们很大的触动。

具体来说，新闻采访的流程可以分为访前、访中、访后三个阶段。要完成采访任务，访前须有备无患，访中须从容应对，访后须再接再厉。其具体步骤如下：

一、访前准备，有备无患

一位新闻前辈说：“采访前准备得充分，等于完成采访工作的一半。”采访前的准备充分与否，关系到采访任务的成败。那么，采访前的准备包括哪些内容呢？

1.明确报道思想

所谓报道思想，就是在某一时期或阶段，记者、编辑从事新闻报道时所必须掌握的指导性或指令性的方针、政策，包含报道的重点与非重点，应当突出报道什么、一般报道什么和不应当报道什么，以及如何把握分寸等。记者不了解报道思想，采访时就会摸不清方向，茫然不知所措。

每一年度，中宣部、国家新闻出版广电总局和地方各级主管部门都会针对本年度的新闻报道与宣传工作，提出原则性的要求。各媒体也将结合自身的实际情况，规划具体的工作安排。记者明确了报道思想，采访才能有正确的方向，采写新闻时才可以避免偏差和失误。

学习新闻采写的学生在平时应当关注主流媒体上的重要文章，从中了解当前新闻媒体所应遵循的报道思想，同时注意研究各媒体在日常报道中所体现的报道思想。

2. 确立采访目的

任何采访都必须有明确的目的，否则，采访就会一无所获。不同的报道选题，存在不同的采访目的——是突出报道人物，还是突出报道事件，抑或做经验性报道；是写作消息，还是写作通讯，抑或是写作新闻评论。这些都关系到采访活动的深度、力度与广度。

例如，采访同一位先进人物，如果是为了写作人物消息，则概括性地了解其感人事迹、非凡言行和高尚思想之后，就可落笔成篇；如果是为了写作人物通讯，就一定要了解其感人事迹的详情细节，掌握具有个性特点的语言和难能可贵的行为，以及能揭示其内心世界的素材。材料越细致、越完整、越生动，越有助于写作人物通讯；第一手材料、第二手材料甚至第三手材料，都要采集。

换言之，写作一般消息，做较粗浅的采访即可；写作通讯等专稿，则要做较为深入而细致的采访，难度往往更大，既要有深度，又要有力度，还要有广度。因此，采访目的往往决定着写作体裁的选择和采访活动的难易。

3. 搜寻新闻线索

新闻线索是提示记者采访新闻的简略信息，告诉记者有什么新闻或哪里有新闻。它或许只是语焉不详的一句话、一个人名、几个数字，却往往会激发记者寻访新闻事实的欲望并使其付诸行动。可以说："消息来源是记者生命的血液。"一位合格的记者必须开辟和建立自己的新闻来源。新闻线索的来源主要有以下五条途径：

其一，是重要文件。例如，沈世纬、陈雅妮采写的通讯《春朝激荡黄浦江》（新华社 2000 年 5 月 15 日电），源于江泽民总书记关于"要在广大干部群众特别是在发展较快地区的干部群众中开展'致富思源、富而思进'的教育活动"的讲话。他们敏锐地意识到这是新闻报道的一项新任务，是一个重大选题，于是，在全国率先采写有关"开展'双思'教育"的报道，荣获第十届上海新闻奖特别奖。

其二，是重要活动。各类政企会议，以及新闻发布会、记者招待会、媒体吹风会等，往往能为记者提供重要的新闻线索。各单位和各界人士的重要活动、重要的节假日和纪念活动等，也都是记者获取新闻线索的"源"。

1989 年 11 月 13 日，邓小平同志在人民大会堂会见日本日中经济协会访华团。《人民日报》国际部记者孙毅前去采访，在采访中听到邓小平说了这样一句话——"这是我会见的最后一批正式的代表团……"孙毅随即调整了原定的采写计划，最终用抒情的笔调写作了题为《难忘的时刻——小平同志会见最后一批外宾》的新闻特写。

其三，是传媒信息。当代传媒风云变幻，各种信息丰富多彩，任何一家所谓权威和主流的媒体单位都不可能将大千世界的万象信息统统纳入囊中。网络、手机等新媒体的迅猛发展，更是使信息的传播进入了一个高速列车的时代。一条短信、一篇网帖都可能成为一条爆炸性新闻的由头，这类由网民发起的新闻事件不胜枚举。

例如，“我爸是李刚”事件发生后，网络上掀起了规模浩大的“造句行动”，这引起许多主流媒体的关注。北京师范大学传播学教授张洪忠就指出，“造句行动”看似幽默搞笑的背后，其实是人们自发形成的对权力阶层的一种声讨，他们的行为表现出对权力阶层的痛恨。面对此类事件，多家媒体的报道中都引用了网络上的调侃语言，如“这是一个拼爹的时代，国产四大名爹——李刚、王军、卢俊卿、李双江，总有一款你伤不起、拼不起”。

其四，是群众爆料。各类媒体的通联部每天都会接到受众的大量来稿、来信、来访、来电，向媒体提供新闻线索，有的受众甚至亲自到媒体机构来爆料。许多媒体也专门刊登广告，征求新闻线索，甚至注明“一经采用，即付奖酬”，从而广开新闻来源，为记者采访提供便利条件。这些向媒体和记者有偿或无偿提供新闻线索的爆料人，也被称为“新闻线人”，他们散布于社会的各个阶层和领域，也都是群众中的一员。

在“新闻线人”中，又有一类专门提供特殊领域的内幕性新闻信息和线索的爆料人或告密者，人们常以“深喉”作为此类人士的代称。这一称谓源于美国的“水门事件”。1972 年，美国《华盛顿邮报》记者鲍勃·伍德沃德和卡尔·伯恩斯依据一位秘密线人提供的消息和线索，捅开了“水门事件”的内幕，导致时任美国总统尼克松辞职下台。事后，两位记者一直拒绝透露这位线人的身份。《华盛顿邮报》的总编辑西蒙斯引用当时一部知名电影《深喉》的片名来作为此人的代称。从此，“深喉”成为揭露内幕者的代称。

“深喉”们所提供的消息和线索多是极具新闻价值的“猛料”，为保安全，往往对外隐匿身份，多富有传奇性和神秘性。记者鲍勃·伍德沃德在调查“水门事件”期间与“深喉”见面七次，以暗号相约，会面大多安排在凌晨 2 时的地下车库。

此后的 30 多年间，世界上只有四个人知道“深喉”的真正身份——参与报道的两名记者、时任《华盛顿邮报》执行主编本·布拉德利及“深喉”自己，这在最大程度上保护了线人。直至 2005 年 5 月 31 日，时年已 91 岁的美国前联邦调查局副局长马克·费尔特才出面承认自己是“深喉”。

如今，越来越多的内幕新闻登上“大雅之堂”，许多媒体和记者都希望获得“深喉”们的爆料。在此过程中，如何守住法律与道德的底线，值得思考和警醒。2013

年的“爱德华·斯诺登与棱镜门事件”所引起的广泛争议，就是这种矛盾纠结的真实写照。

其五，是亲身经历。深入生活，深入群众，是人民记者最基本的采访路线，是党的“群众路线”在采访活动中的体现。记者亲临采访一线，通过自己的耳闻目睹来掌握第一手材料，是捕捉有价值新闻的“真功夫”。到生活中去、到群众中去、到新闻第一现场去，是新闻界历来提倡的职业准则。

云南籍自由撰稿人、女记者晓曙在2001年春季首次穿越缅北，以女性的独特视角去关注“金三角”地区的女性生存状态。她经过大大小小近50个武装割据的地盘和不计其数的哨所关卡，先后采访到十余位真实鲜活的“金三角”女性；之后，历时三年，完成了《金三角的女人》等纪实作品。

在“金三角”的多次采访中，她接触过住在豪宅里享有丰厚物质却心灵寂寞的枭雄太太、美艳的舞女、富有的酒店老板、以种植鸦片为生的诡秘小山寨主和他的两位夫人、七旬老头的35位妻子、妻妾成群的武装司令、为袍泽守墓的中国远征军老兵……获得了大量惊险离奇、浪漫凄美的写作素材。

总之，新闻线索源于生活，记者必须深入生活、关注生活，才能获得源源不断的新闻线索。

4.制定采访计划

记者获得新闻线索以后，要尽快制定采访计划，研究采访对象，拟写采访提纲。所谓采访计划，是指大体的采访步骤、方式和周期，要确定采访的部门、人员名单及其先后顺序，还要设想一下写作的体裁和篇幅等。

记者是采访的主体，而采访对象涉及事件、组织、活动等，但最后都落实为人——可以是新闻人物，也可以是新闻事件的当事人、目击者、知情者等。记者要尽快了解、熟悉并研究采访对象的基本情况，包括姓名、性别、年龄、职业、职务、性格、业绩、经历，以及是否曾被媒体报道过等。要采访其本人，最好先从其同事、领导、服务对象、亲属或朋友处了解有关情况。要确定适宜的采访时间和地点，采访活动往往是在与采访对象密切相关的具体时空情景中展开，因此，采访现场的时空情景往往也是新闻报道的有机组成部分。

最重要的是，拟写采访提纲，准备充足的问题，以备采访时提问。有关采访提纲的写作，将在下一节详细讲解。西方记者的经验是：采访一分钟，至少要准备满足十分钟谈话的问题；访前准备与正式采访的时间比例为十比一。这对于中国记者来说，也是适用的。准备越充分，采访时就越主动，不至于陷入有机会采访却提不出问题的尴尬境地。美国著名记者埃德加·斯诺第一次赴中国陕北采访毛泽东、周恩来等中共领导人时，在采访前准备了70个问题，最终写出了一系列轰动世界的报道。

记者在采访前准备的问题应当多多益善，既周全又有重点，采访时先问什么、后问什么，了然于胸。美联社记者尤金·莱昂斯曾获准采访斯大林两分钟。他在斯大林办公室采访了两分钟后，又待了近两小时，却提不出更多有准备、有意义的问题。他采访前伊朗国王巴列维时，约定回答五个书面问题，他们几分钟就谈完了，巴列维国王等待提问，莱昂斯却没有准备更多问题。“后悔一辈子”的莱昂斯在巴列维办公室外发誓：“今后哪怕约定我只有几分钟的采访，我若不是先准备好供一两小时谈话的问题，便决不再来到世界伟人的面前。”这种类似的经历，充分说明了采访前准备足够的问题是多么重要。

针对某些新闻事件复杂多变的现实，记者在制定采访计划时应该多准备几套方案，应该事先就想到可能发生的一些状况，并为此做好必要的准备；不要事先一厢情愿地想当然，一旦遇到突发状况就不知所措。如果既定方案不能顺利实施，就要立即拿出备案。

曾有记者去医院采访一次高难度的器官移植手术。了解相关情况时，业内人士一致看好手术的前景，信心十足地认为肯定会成功。因此，记者的前期采访方案中关注的是手术成功后要采访哪些问题。但在采访过程中，手术却因为种种原因而失败了，好在该记者准备了预案——如果手术不成功，应该如何转换主题、提哪些问题。因为访前有应急预案，记者最终得以将此事件如期报道出来。

5.做好物质准备

记者在采访前务必要细心地做好充分的物质准备。外出采访时必须提前准备好各种工作用品，如纸、笔、采访本、采访机（录音机）、照相机、摄像机、磁带、胶卷、电池、手提电脑以及手机等通信设备。电池、胶卷、磁带等都应有备份。出发前还应检查设备是否能正常运转，电池是否有电等，以免在采访的关键时刻“卡壳”，错过捕捉新闻事实的良机。一旦错过时机，难得的新闻场景、细节等都是不可重现的。此外，衣鞋、雨具、食品、药品等生活必备品也不可遗漏。

二、访中临场，从容应对

新闻采访过程中，临场采访是最重要的环节，临场采访效果的好坏直接关系到整个采访活动的成败。记者在与采访对象接触时，要相互尊重，以诚相待，以礼相待，尽力营造良好的采访氛围，建立融洽的采访关系，以利于采访顺利展开。

俗话说：“计划不如变化快。”记者临场采访时，要“逢山开路，遇水架桥”，能够从容应对各种情况。其要点可以总结为“左右逢源善交际，平心待人讲和气；端庄得体不拘束，文明礼貌有风度；进退自如能应变，时刻留心勤思辨；防灾救火靠预案，遇事机敏莫慌乱”。具体如下：

1.左右逢源善交际，平心待人讲和气

优秀的记者应当善于交际，面对采访对象时，要谦虚谨慎、心平气和、自尊自信、不卑不亢，要抛弃傲慢与偏见，不因个人好恶而受影响。面对名人、官员、外宾等重要人物，要保持尊严、坚持原则，不要低三下四、阿谀奉承；面对普通人，也要平等相待，不要趾高气扬、盛气凌人。正如邵飘萍所说：“谦恭而不流于谄媚，庄严而不流于傲慢。”

其一，记者要尊重采访对象，这是采访活动得以顺利开展的基础。

记者要有换位思考的意识，能够设身处地从采访对象的角度思考问题。心理学研究表明，人在自然状态下的反映往往是真实、具体的；相反，当处于某种约束、限制甚至防备的状态下，所流露和提供的信息往往是有所保留或伪装的。

因此，在采访的时间、地点以及时机的选择上，记者要深思熟虑。约定采访时间和场所时，要尽量与采访对象友好协商，让对方有时间进行准备，不可强加于人。要选择恰当适宜的采访时机，不要强行访问。突击采访时更需掌握好时机，无论是在救灾现场，还是在事故现场，记者都应帮忙不添乱。

1987年9月，著名物理学家钱伟长观看了电视转播的全国铁人三项运动比赛实况后，就专门写信批评某些记者的采访时机不当。信中指出，马拉松运动员在艰辛奋进的长跑途中，竟有一些记者拿着话筒，有的走在路上，有的坐在汽车里，紧跟着运动员，问一些无关紧要的问题：“你有小孩么，是男孩还是女孩？”“你有多少岁了……在什么单位工作？”“你爱人对你参加比赛是什么态度？”等。这种行为使气喘吁吁的运动员苦于应付，也干扰和破坏了比赛秩序。

在运动员到达终点时，立刻又有一群记者伸着话筒围了过来，使运动员不得不停住、上气不接下气地答问。按理说，在长跑40公里后不能立刻停住，必须接着缓步走几百米，进行恢复活动，以免损害健康。这些记者的做法，不但采访不到有用的信息，而且简直是对运动员的摧残，毫无尊重可言。

其二，记者要处理好与采访对象之间的关系，这样才可能获得最佳的采访效果。

记者采访时最好能推心置腹、以诚相待，不要刻意吹捧，也不要刻意责难。2014年1月6日，美国前NBA球星丹尼斯·罗德曼率多名NBA退役球员赴朝鲜访问。此时，美国各界都很关注罗德曼能否为解救在朝服刑的韩裔美国人裴俊浩提供帮助。这对仅是一名运动员的罗德曼造成了很大压力。

1月7日，身在朝鲜的罗德曼接受美国有线电视新闻网（CNN）主持人克里斯·科莫的视频连线采访。科莫针对“解救裴俊浩”的话题，接连质问罗德曼。面对指责，情绪激动的罗德曼当场“发飙”，使采访过程沦为“闹剧”。对此，罗德曼固然有错，但科莫的做法也明显欠妥。

如果采访陌生人，更要尽快营造出良好的谈话气氛，使对方有亲近感。可以先选择一些合适的话题，像熟人、老友聊天一样，与对方无拘无束地交谈。例如，《人民日报》记者纪希晨曾在四川某油田采访过一位石油钻探队的队长。采访开始时的谈话如下：

记者：生产怎么样啊？

队长：差不多。

记者：你们这儿有不少先进事迹吧？

队长：一般化吧。

记者：有什么困难呢？

队长：还不是那个样子。

纪希晨得到的回答全是模糊语言，显然，这位队长在采访开始时因为与记者不熟悉，所以态度非常冷淡，并不愿意接受采访。因此，纪希晨此后索性与这位队长拉起了家常。他听对方的口音不是当地人，就问：“我听你讲话，你是陕北人，某某县的，对不对？”这句话引起了对方的兴趣。这位队长问：“那里你去过？”

纪希晨随即向其叙述了该县和附近地方的一些情况，谈到了那里的山水环境等。提及家乡，这位队长变得热情起来。他也讲了那个县的情况，并且一改冷淡态度，不仅配合采访，还为记者提供了许多帮助。

美国著名记者麦克·华莱士曾于 1986 年 9 月采访邓小平。邓小平历来爱说实话，不爱讲空话，这让初次见面的华莱士有些紧张。众所周知，邓小平爱吸烟，甚至与丘吉尔、斯大林、毛泽东并称“天下四大瘾君子”。于是，同样嗜好吸烟的华莱士便向邓小平要了一支烟，以便帮助自己放松一下，也很快拉近了与采访对象的距离。

记者要善于运用逆向思维来设计采访问题，提问时要考虑到对方的感受，以免无意中触犯或伤害对方。南京十运会时，山西运动员刘青获得女子 800 米冠军，一位央视记者在赛后对其进行采访时就不幸失言：“这次 800 米比赛，应该是靠实力赢下来的吧？”旁边的教练听见后脸色铁青。如此大意，就甚为不妥。

2. 端庄得体不拘束，文明礼貌有风度

记者的仪表、风度，是其学识修养的外在体现，也是留给采访对象的第一印象。因此，记者要注重仪表、讲究风度，其着装、体态都必须得体，既端庄又不拘束。如果不拘小节，就很容易失礼，会引起采访对象的反感，破坏自己的形象。例如，未得对方允许，不要抽烟，不要触摸对方的物品，更不要大声喧哗或讲粗话。

其一，记者的衣着打扮要庄重整齐、干净卫生，要适应采访场合，以免引起采访对象的反感。著名记者车辐曾在抗战年间采访著名电影演员白杨。经著名演员谢添介绍，车辐与白杨约定在成都南虹游泳池见面。当日，身着泳装的白杨在游泳池边等候车辐。匆匆赶来的车辐在即将见到白杨的那一刻，忽然发现泳裤的边角开缝。为免尴尬，他急中生智，“先下水”为强，迅速跳进游泳池，从而巧遮了“难言之隐”。

记者到一些特殊场合采访，如会场、病房、殡仪馆、实验室、灾难现场等，一定要遵循相应的着装要求。例如，有的国家规定，记者进总统府采访时，不得穿牛仔裤、胶鞋和运动衫。

其二，记者的言谈举止要讲究文明礼貌。彬彬有礼、热情客气的态度可以博得采访对象的好感与信任。见面或告别时要使用礼貌用语，如尊称对方为“先生”、“女士”等，或在对方姓名后面加上“老师”、“教授”、“校长”等称谓。采访时还要严格控制肢体语言。例如，坐姿要端庄，可以并腿、上身微微前倾；表情、眼神、手势都必须适度，频递眼色、手势繁复往往会令人生厌。

3.进退自如能应变，时刻留心勤思辨

记者在采访过程中，要会变通、能坚持、善留心、勤思辨。

首先，记者要会变通，能够随机应变、见机行事。

对于不同类型的采访对象，要采取不同的方法。如果采访对象因繁忙而无法接待记者，可以见缝插针，或改期访问。如果采访对象情绪欠佳或戒备心重，记者应设法帮助对方缓解情绪、消除戒备，使其在轻松的氛围中回答问题。例如，摄像机开镜后，才发现对方因“晕镜头”而紧张失措，此时，记者在现场就要为其减压，使对方放松，甚至忘记前面的镜头。

如果采访对象不愿配合或拒绝采访，给出“闭门羹”，记者就要寻找新的入题路径，可以先提一些对方感兴趣的问题，改变对方的态度，使其变得乐于与记者交谈，之后再逐渐展开，最后言归正传。

1949年，《人民日报》的年轻女记者金凤去采访刘伯承元帅。谦虚的刘伯承不愿宣传自己，刚开始就表示拒绝，还说，在大别山的时候，有个记者写他的报道，都让他扔到字纸篓里了。面对“山重水复疑无路”的局面，金凤冷静而机敏地转换了入题路径：

记者：您不谈我怎么完成任务啊？

刘伯承：你多大了？

记者：二十一岁了。

刘伯承：哦，你比我的女儿还小哩，我女儿二十三岁。

记者：那就当成向您的女儿讲故事吧。

刘伯承：谈什么呢？

记者：毛泽东思想战略问题。

刘伯承：你这个小孩子，戴大帽子！

当刘伯承将金凤的年龄与自己女儿相比时，就表示他疼爱女儿、喜欢谈论女儿。金凤及时接住话题，将自己与对方之间的距离拉近，使局面变得“柳暗花明又一村”。此后，刘伯承用了八个小时的时间，借助地图，向金凤做了详细介绍，并为报道想了个题目——《四战之地，四战之军》。

其次，记者要能坚持，必要时“咬定青山不放松”。

对于一般的问题，如果采访对象不愿回答，记者可以随时转换话题。但是，对于重要而关键的问题，记者则要咬住不放，直到对方回答为止，不能做“和稀泥”的“老好人”。

1974 年 4 月，葡萄牙发生军事政变。政变一周年之际，在军人政权监督下举行的制宪议会选举失败。为了弄清这一新闻事件的来龙去脉，意大利著名女记者奥莉娅娜·法拉奇在里斯本采访了葡萄牙社会党领导人马里奥·苏亚雷斯，此时恰逢社会党的《共和国日报》所在地遭军人包围。

苏亚雷斯介绍了“报社被围”事件后，法拉奇问道：“仅仅是共产党人呢，还是共产党和军人在一起发动了这次攻势？”苏亚雷斯借口去接电话，有意回避这一问题。法拉奇第二次提出同样的问题，得到的只是对共产党人的攻击，而没有一句涉及军人。法拉奇连问多次，并经过一番解释后，苏亚雷斯才开始谈论军人问题，流露出对军人政权的某些遗憾和不满。

可见，要保质保量地完成采访任务，记者既要有灵活性，又要有原则性，既要能变通，又要能坚守，做到进退自如。

再次，记者要善留心，采访时不可忽略任何蛛丝马迹。

新闻信息的来源渠道多种多样，有时就蕴含在新闻事件的细节之中。例如，记者如果从采访对象的只言片语中察觉到有价值的信息，就一定要追问下去。凤凰卫视著名主持人陈鲁豫曾采访著名作家张贤亮，当张贤亮谈及自己在“劳改”期间吃不饱饭的经历时，陈鲁豫捕捉到了这一细节，随即追问：

陈鲁豫：您还记得当时有多重？

张贤亮：48 公斤。

陈鲁豫：有多高？

张贤亮：1米78。每个月只发9斤粮。

陈鲁豫：这点粮食怎么够吃？

张贤亮：当然不够吃。

陈鲁豫：不够吃怎么办？

张贤亮：只好饿死，我就曾经饿死过。一次真的饿倒下，被“劳改队”里的人送到停尸间。半夜醒来见身边躺着的都是死人，赶紧爬到门边。第二天，收尸的人发现我还活着，就把奄奄一息的我救起。那时没有药，所有的药也是分配的。因为女犯少，医务室里还剩下些治妇女病的乌鸡白凤丸。靠吃乌鸡白凤丸，我被救活了。

可见，记者要时刻具备新闻敏感，有很强的发现能力，能从一般人不易察觉的细节中发现有价值的信息。许多重要信息都是从采访对象的言外之意中透露出来的。1972年，美国总统尼克松访华前夕，举行了一次记者招待会。尼克松在会上讲话时，第一次使用了“中华人民共和国”的提法。在场的许多外国记者都察觉到了这一极不寻常的措辞，纷纷奔出去抢发新闻。而在场的中国记者却都没有注意到这句话，漏掉了重大新闻。尼克松在访华前夕举行记者招待会本身是新闻事件，他使用“中华人民共和国”的提法就暗示美国将公开承认中华人民共和国，这是更为重要的新闻信息。

最后，记者要勤思辨，随时开动脑筋，能够辨别轻重、判断真伪、认清虚实。

在香港电影故事片《头版头条》(2004年)中，梁家辉饰演的总编曾有这样一句台词：“我们做传媒的，是负责监察、查证，甚至是猜，就是不负责信！”

记者采访时要始终保持警惕，怀有质疑精神。对于有疑问的回答，记者要当面提出质询，或者在事后设法核实。要尽可能多方面地调查事实，并做出冷静的判断，只有勤思辨，才不会被假象所蒙蔽。

某记者曾在一位县委书记的陪同下，坐车参观该县的农田水利建设情况。他们来到一座大型水站前，县委书记请来了站长。

县委书记说：“这位同志是报社记者，你向他介绍一下水站的情况。”

站长说：“我们这个水站可以浇地五万亩。”

记者追问：“是已经浇地五万亩，还是可能浇地五万亩？”

站长支吾着：“啊，五万亩，浇地五万亩……”

记者只得说：“啊，好吧。”

站长声称“水站可以浇地五万亩”，用了“可以”这个模糊词语，既可理解为“已经”，即已成事实，又可理解为“可能”，即还只是计划。记者就此追问，站长仍然用模棱两可的话来应付。记者由此结合沿途所见，断定站长有所顾虑，没有说实话，预感到浇地面积实际没有这么多。

4. 防灾救火靠预案，遇事机敏莫慌乱

记者身处新闻现场，会发现事件往往瞬息万变，总是超出事先的预想，甚至突逢变故，“半路杀出个程咬金”。此时，记者就要有“防灾救火”的临场掌控能力，想方设法地引导和扭转局面，争取变不利为有利、化被动为主动。具体来说，一要靠充分的预案，二要靠机敏的应对。

首先，面对采访的“拦路虎”，访前准备的重要性就体现了出来。记者要根据现场变化来灵活地调整自己、迅速地启动预案。俗话说，要给大家一瓢水，自己先要有一桶水。如果记者有充分的应变预案和丰富的资料储备，就能很好地避免临场慌乱。

2003年3月5日，众多记者在京西宾馆会议室“围追堵截”新任天津市长戴相龙，央视记者王小丫、张雪梅也在其中。王小丫赶上来向其提问：“您刚刚完成由人民银行行长向天津市长的角色转换，请问您的感受是什么？”“您如何看待今年我国经济增长7%？”

王小丫所提的两个问题都经过精心准备，但是话题设计宏大，属于开放式提问，需要充裕的回答时间，而众多记者围堵的情况，显然是她始料未及的。戴相龙无法用一两句话就回答清楚，更不可能撇开其他记者来长谈，只好客气地说：“咱们约个时间再聊吧。”

突逢变故，张雪梅立即上前“救火”，问道：“请问您准备为天津人民做些什么？”戴相龙随即回答：“发展经济，维护社会稳定。”之后，在电梯里，张雪梅又问：“请问您希望天津人民给您一个什么样的评价？”戴相龙回答：“一个好市长！”

戴相龙的“再聊”二字，就表明没有时间坐下来详细回答。张雪梅听出了弦外之意，改用闭合式提问，将回答限定在较小的范围内。这样，戴相龙可以用一句话甚至几个字来说清楚，张雪梅自然也得到了回答。

其次，记者一定要头脑机智、思维敏捷，即便事先毫无准备，也能快速整理出思路，巧妙应对各种难题。

1917年，围绕是否对德宣战，中国北洋政府举棋不定，中外记者都欲获知段祺瑞政府的态度而不可得。为了采访国务总理段祺瑞，著名记者邵飘萍设法坐上挂有总统府车牌的汽车，得以直达总理府门前。但是，传达长拒绝通报，邵飘萍取出千元小费，终于得见段祺瑞。

采访过程中，有“北洋虎”之称的段祺瑞坚持避而不谈宣战之事。邵飘萍只得迂回打听，死磨硬泡。段祺瑞被缠无奈，要求其以身家性命担保“3日内不在京城透露消息”，并且立下字据。邵飘萍随即答应，终于获知了对德宣战的细节。他立即以密码发电报至《申报》，沪上立发“号外”几十万份，邵飘萍由此名声大振。其实，机敏的邵飘萍在立下字据时，就已成竹在胸——沪报运抵京城需要4天，自己并未失信，段祺瑞也无可奈何。

如今，广播电视新闻节目更为广泛地运用现场报道方式，以体现新闻的真实性和时效性，而这也决定了广播电视记者在采访现场的失误往往是无法弥补的。因此，现场采访的成功率也就直接关系到节目质量。

广播电视现场报道可以分为录音录像报道和直播报道两类。在进行录音录像报道时，遇到突发状况，还可以重复操作。但是，进行直播报道时，就必须在现场一气呵成，而且要准确无误。2014年2月，网络上曾热传过一段时长7分48秒的视频剪辑——《央视各种直播失误合集》，将近几年来中央电视台各频道节目直播时的各种失误段落集合在一起，其中的尴尬场景令人捧腹。

可见，如果在直播时突发变故，记者一定要临危不乱、机敏应对，迅速做出相应的调整。例如，事先设计好的提问或介绍因故被取消，记者就要另找内容来填补空档，或根据事件的进展情况进行即兴评述，或临时拟定话题来多聊几句，从而保障播出顺序不被打乱，保持节目的完整性。记者如果在平时注意积累，对事件的相关背景资料了如指掌，此时就能言之有物、游刃有余。

三、访后警醒，再接再厉

新闻采访的效果，直接关系到新闻写作的成败。采访准确而深入，写作新闻稿件时就能迅速而从容，就能写出精品；反之，采访时蜻蜓点水、浮光掠影，不仅写不出有深度、有新意的新闻作品，还容易出现错漏。因此，在采访结束后，记者不可盲目松懈，还要保持警醒，做好三方面的工作：

首先，要迅速整理采访素材、仔细核对所得信息，不可盲目轻信、自以为是。

著名华裔女记者、自由撰稿人张纯如在采写纪实著作《南京大屠杀：被遗忘的二战浩劫》时，采访了许多“南京大屠杀”中的幸存者。在采访幸存者时，她通常会近乎偏执地“打破砂锅问到底”，所提问题非常细致，往往具体到当时的天气、街道形状等。

幸存者潘开明当年是人力车夫，对街道名称记得清楚，在讲述死里逃生的往事时提到了许多地名。采访结束后，张纯如按照其所讲地名，在当年的地图上一一核对。当发现没有任何自相矛盾之处时，她才确定受访者的话精确可信，都是经得起推敲的。在采访过李秀英和夏淑琴两位幸存者之后，她立即将所得信息与马吉、麦卡伦等传教士当年在各自日记中的描述进行比对，发现完全吻合后，才确信访问所得和传教士日记都是真实的。

其次，要迅速反省不足、查缺找漏，不可盲目自满、浅尝辄止。

如有必要，应再接再厉，继续深入采访。那么，深入采访有什么好处呢？一位新闻前辈用了一个比喻："涉深水者得珍珠。"珍珠是什么？是记者奉献给受众的精品力作。优秀的作品令人百看不厌、百读不倦，能影响一代人甚至几代人的心灵，这样的作品是无法用金钱来衡量的。

原新华通讯社社长、著名记者穆青（1921—2003）曾感慨地说："我一开始当记者就是采写先进人物，这使得我在新闻战线上一干就是60年。因为我看到了自己工作的价值和意义。榜样的力量是无穷的，把先进模范人物身上的火花点燃成无数人心中的火把，这是一个新闻记者的历史使命！"

对于事件单一的新闻，记者往往采访一次就可以写成稿件，及时发稿。对于较为复杂的事件，则往往需要记者屡次三番地采访，才能投入写作，完成报道任务。记者根据初步采访所得来的材料，进行分析研究后，往往还需要做深入的补充采访，充分掌握新闻事件产生的历史背景和现实背景。特别是面对典型而重大的新闻时，记者要反复深入采访相关当事人或知情人，从而占有丰富的材料，着力挖掘出新闻背后的新闻，拓展报道的深度和广度。

四川新闻界泰斗邱沛篁教授曾在1980年9月至1981年6月间先后七次访问巴金先生，与巴老成为挚友。对于这段步步深入的采访经历，邱沛篁曾总结说："七访巴金，不仅是我新闻采访中的难忘收获，而且给我上了关于人生极好的一课。"

1980年9月21日，邱沛篁受《成都晚报》的委托，来到巴金在上海的家中进行第一次采访。他们从巴金的家乡——成都谈起，采访持续了一个多小时。巴金谈到自己离开家乡后四次回成都的情况，邱沛篁则向其汇报了四川自改革开放以来的飞跃发展。访后，邱沛篁写成人物专访《金秋时节访巴金》，发表于《成都晚报》（周末版）的头条位置。

"一访巴金"后，邱沛篁进行了反思，认识到由于访前准备不足，采访时还是提出了一部分不该问的问题，如一些报刊早已报道过的问题。"吃一堑，长一智"，"二访巴金"前，他在图书馆用了几天时间，先大致翻阅了《巴金文集》等有关著作，又读了《巴金传略》等相关论述作品，特别注意查阅了近期报刊上介绍巴金的文章。鉴于报刊上介绍巴金的文章已有很多，邱沛篁决定尽量从小的角度去选题，抓住人们欲知而未知的新闻事实，从而突破老一套。

1980年10月26日，邱沛篁受《文明》杂志的委托，"二访巴金"、畅谈文明。随后的10月29日，邱沛篁又"三访巴金"，将自己写成的《巴金谈文明》一稿送给其审阅，并询问有无不符合事实之处。巴金仔细翻阅过这篇专稿后，纠正说："文章中写我客厅里有十几把沙发，是夸大了。你看，只有几把嘛。”这些采写实例中有着鲜明的对比——深入细致的采访，可以写出精品；蜻蜓点水的采访，则难以写出有价值的报道。

最后，要关注后续发展动态，准备继续跟踪采访，不可草率了事、止步不前。

许多新闻事件所产生的效应随着时间的推移，可能还会进一步发酵，其影响范围也未必局限于一时一地。因此，对于事件的后续效应，记者要持续关注，留心捕捉，如有价值则继续跟踪采访。

例如，2009 年 6 月 5 日，成都发生“公交车燃烧事故”，众多媒体高度关注。通过记者们的采访报道，惨烈的事件经过令人痛心，交通设施的安全状况备受关注，其中的深刻教训令人警醒。此后，《解放日报》的记者又发现，以前少有问津的“应急逃生安全锤”等各式乘车自救设备开始在网络上热销，每天都有百余把“安全锤”售出。记者随即跟踪采访，调查发现，事故发生后，许多市民的安全意识被激起，将“安全锤”视为行车必备的“安全伴侣”，促成了网络上前所未有的火爆销售。

采访中，一家淘宝店主表示：“和以往最大的差别就是，前来购买的消费者几乎全都不讲价了……在生命安全面前，恐怕没有人会选择廉价品。”另一家店主则表示，近期销量是以往的 30 倍。一位连买三个“安全锤”的上海网友表示：“带在身上图个安心，危机时除自救还能救人。”该网友在第一时间将另外两个“安全锤”送给父母，提醒二老行车安全。这些后续的采访报道亦有价值，表明惨痛事故虽已过去，但许多群众仍有风声鹤唳的危机感。

第三节 新闻采访提纲的写作

一般来说，记者在采访之前会准备一份新闻采访提纲。如果要问采访提纲的作用，可以先来看一个“在车上拟定采访提纲”的实例：

1981 年 11 月 19 日，《山西日报》发表了一篇由记者梁若洁采写的题为《母亲的心愿》的速写，报道了山西籍女排运动员周晓兰的父母在 1981 年 11 月 16 日晚间观看世界杯女子排球赛电视转播时的心情。

这篇文章感人至深，发表后好评如潮。读者一致认为记者的采访细致深入，善于捕捉感人细节。其实，梁若洁从接受采访任务到进行采访，中间只有两小时。她能在这样短的时间内采访到这么多生动的内容，除了依靠平时的积累，还得益于她的采访提纲的完善。

梁若洁在 17 日上午 10 点才接到采访任务。为了保证及时发稿，她接到任务后必须立即出发。梁若洁只好在乘车去周晓兰父母住所的路上，经过短暂思索，在采访本上拟定了一份简略的采访提纲：

主题：她是祖国的女儿

内容：

(1)看中日女排决赛的实况；

(2)女儿—母亲—祖国的有机联系；

(3)回忆周晓兰成长的片段(典型、生动、贴近主题的)；

(4)有关周晓兰的其他细节(新鲜、富有趣味的)；

(5)对周晓兰在竞赛中表现的评价。

根据这一采访提纲，记者花了不到两小时，就将所要采访的内容都采访到了。例如，看电视转播时，只见周晓兰拦网成功，夺回了发球权，大家发出欢呼，“周广信工程师(周晓兰之父)深情地望了妻子一眼，他流泪了”。当看到中国女排以 3∶2 战胜日本队时，“萝兰(周晓兰之母)也被泪水遮住了视线”。关于“女儿—母亲—祖国的有机联系”，记者采访到了两个生动的情节，其中之一是——几年前在太平洋地区锦标赛期间，周晓兰结识了美国女乒乓球队员贝克尔。贝克尔的妈妈出于对周晓兰的喜爱，想把她留在美国：“同贝克尔一起吧！”周晓兰的回答含义颇深：“那怎么行，我妈妈要是想我呢？”

试想，这位记者如果没有在采访提纲中考虑到这五个方面的访问内容，临场采访时很可能会漫无目的、顾此失彼。而拟定采访提纲的时间总是有的，问题是愿不愿意挤时间、愿不愿意多开动脑筋。

可见，采访提纲在记者的采访活动中发挥着至关重要的作用。如果采访前没有拟定一个相关的采访提纲，采访时就很可能会陷入盲目，成为一只“无头苍蝇”。

新闻的采访提纲和报道提纲不同，很多人容易混淆，错误地把报道提纲当成采访提纲。

从广义上来说，新闻的报道提纲包括两个方面，一是采访提纲，二是写作提纲。显然，报道提纲的内涵大于采访提纲，它包括采访提纲。采访提纲又包括采访计划和提问纲目。采访计划在上一节中已经讲过。所谓提问纲目，则是指所提问题的大纲细目。

采访既然是为了写作新闻而进行的有目的的调查研究活动，那么在准备工作的基础上，应该制定出采访计划。这种采访计划，可以熟记于心，也可以写成书面提纲。越是重大的采访活动，计划越应该周密，提纲越应该细致。

实际采访活动中，可以既写出采访计划，又列出提问纲目。一般来说，记者至少要列出提问纲目，即列出自己所要提的问题；而采访计划如果心中有数，则没必要一一写出来。所以说，要拟定一个好的采访提纲，关键是看所列出的问题是否到位。

1960年，新华社记者郭超人采访攀登珠穆朗玛峰顶峰的中国登山队员。他在访前用了四个多小时，认真研究了登山队突击顶峰的计划，拟定了一份详尽的采访提纲，根据报道所必需的材料和细节，列出了20多个问题。他抓住运动员在医务室进行简单包扎和治疗的间隙，见缝插针地进行采访，前后仅用了两个多小时，就获得了写作新闻报道《英雄登上地球之巅》所需要的材料。可见，只要采访问题准备得到位，采访时间的长短绝非采访效果的决定因素。

具体而言，采访提纲需至少包含三个方面的内容，即采访主题、采访对象、采访问题。其操作步骤如下：

一、确定采访主题

有专家在对近年来的中国新闻奖获奖作品进行点评时说："这些作品和栏目都有一个共同特点，那就是抓住了'三个重大'——重大主题、重大典型、重大事件；体现了'三个贴近'——贴近实际、贴近生活、贴近群众；达到了'三个增强'——新闻报道的吸引力增强、感召力增强、影响力增强。"

可见，采访主题的精当与否，事关重大。有时，媒体在派记者进行采访之前就已经确定好了采访主题，即便如此，记者也需要多做一些设想，并围绕主题进行相关背景调查，快速翻阅资料，做到心中有底。记者必须快速"充电"，争取在该主题领域成为"半个专家"，甚至比受访者在某些方面还要懂得多。

采访时间和地点的选择也要依据采访主题而定。1956年，新中国正对私营工商业进行社会主义改造，新华社上海分社的记者采访了中国最大的民营资本家荣毅仁。当时，国外有谣言称，"共产党对民族资产阶级也采取了剥夺政策"，将他们"扫地出门"。记者此时采访荣毅仁正是为了驳斥这种诬蔑。

荣毅仁当时担任上海市工商联的主任委员，记者却避开其办公室，将采访地点安排在其家中。之后，记者对采访现场的观察都如实地写入了报道：荣毅仁的家是一栋二层洋楼，有花园，室内铺有地毯，还有白色钢琴及其他高雅陈设，并写道："荣毅仁同记者交谈时，坐在柔软的沙发上，落地的沙床被微风吹得飘荡荡……"这些描写更为有力地驳斥了种种谣传。

后来，社会上又有谣言称，民营资本家在公私合营后的企业中变得"无职无权"。为此，记者又采访了上海永安公司总经理郭琳爽和华孚金笔厂（今英雄金笔厂）私方女经理汤蒂因。这次，记者将采访地点安排在他们的办公室中。这样，作为经理的两位资本家听取汇报、处理公文、布置任务、指挥运转等一系列“有职有权”的工作活动，都很自然地被记者写入了报道。

二、研究采访对象

具体来说，分为“三步走”：

1. 了解采访背景

如果采访的是一起新闻事件，那么需要对事件先做一番调查，最好能将这起事件的来龙去脉烂熟于心，将事件中所涉及的人物之间的关系弄清楚。为此，记者往往需要查阅大量的资料，以充分了解采访背景。

英国著名影星费雯丽因在电影故事片《乱世佳人》(1939 年)中饰演女主人公郝思佳而荣获奥斯卡金像奖最佳女主角奖。1961 年 3 月 8 日，费雯丽前往纽约庆祝《乱世佳人》复映。期间，一名记者的采访后来在新闻界被传为“经典笑柄”：

记者发问：“您在电影中扮演什么角色？”

费雯丽反问：“你看过这部影片吗？你看过那部小说《飘》吗？”

记者回答：“都没有看过。”

费雯丽说：“那就不必多谈了。”

显然，费雯丽无意与一名如此无知的人交谈。当时在场的美联社记者目睹了这名记者的窘状，写成一篇特写，从此在新闻界传为笑谈。

如果其他媒体曾做过此类报道，记者可以从这些相关报道中加深了解，不同媒体报道的角度也会有所不同，记者需要收集从各个角度展开的媒体报道，并作出总结：这些报道各表达了什么，有着怎样的观点；受访者又是怎样回答这些问题的，其回答是否一致，是否代表其内心所想；是否还有不明白的地方——这些还不明白的地方就属于此次采访的重点提问之处。

2. 确定采访对象

采访活动的主要内容往往是记者与采访对象的接触与交流。确定采访对象，即确定要采访哪些人。例如，采访某一位先进人物的事迹，这一先进人物就是采访对象，他周围的人、他的亲友、他的领导，也可能是应当采访的对象。采访对象确定错了，或漏掉了，都会对采访带来损失。

作家福庚采写新闻特写《追老姚》时，准备采访一位农村的先进人物——模范邮递员老姚，报道其先进事迹，弘扬其奉献精神。老姚是一个大忙人，福庚一路寻访，却始终没能“追上老姚”。但是，他在寻访过程中发现一路上熟悉老姚的男女老少都对其赞不绝口，于是，福庚将这些熟悉老姚的干部、群众都纳入到了采访范围之中。在农家追不到老姚，他就采访农民兄弟，了解到老姚“一心为民”的先进事迹；在果园没追上老姚，他就采访当地果农，听他们深情讲述老姚送技术下乡的模范事迹……虽然福庚最终也没能采访到老姚本人，但还是从其周围人的口中获得了有关老姚的众多感人事迹，得以达成采访目的、写成新闻佳作。

3. 熟悉人物资料

如果采访的是某起事件中的某个人，那么就要尽力对此人进行全面调查，如年龄、职业、工作单位、就读学校、兴趣爱好、行事风格、生平经历、近期状况等；研究此人与这起事件之间的诸般联系，并预测其此刻的心态。也许有些资料根本用不上，但知己知彼才能百战不殆。

这样，即便是面对名人、专家、学者等采访对象，记者熟悉了他们的早年经历及成就等，也能减低采访难度，争取他们更好地接受采访、配合采访。意大利著名女记者奥莉娅娜·法拉奇在采访邓小平时，刚见面就向其表示祝贺：“明天是你的生日……我父亲也是76岁”，很快拉近了与邓小平的感情距离，双方建立起融洽的采访关系。

如果盲目出击，往往会功败垂成，甚至闹出笑话。曾有记者采访年过八旬的著名作家叶圣陶，因事前毫无准备，且知识匮乏，刚见面就问：“您是哪里人？”“多大年纪？”其实，了解这些问题，只是举手之劳。

还有一名记者在采访过著名作家夏衍后，转道来到叶圣陶家中采访。他见到叶老的长子叶至善后，紧紧握手，并惊异地说：“我刚从夏公那儿来，您岁数比他大些，可没想到这么年轻……”这名记者对叶圣陶的家庭情况一无所知，竟然认错了人，闹出如此哭笑不得的笑话，何谈采访效果？

三、制定采访问题

具体来说，也分为“三步走”：

1. 整理采访线索

记者通过对事件和受访者进行了解与研究，可以整理出一些已经成型或尚未成型的观点和看法，形成采访线索，从而规划出采访的脉络，寻找到采访的切入点和突破口，归结出提问的焦点。

例如，2007年香港回归10周年之际，凤凰卫视中文台《鲁豫有约》栏目主持人陈鲁豫专访了正在攻读英国剑桥大学历史学硕士、博士学位的金庸先生。我们可以将这次专访的脉络梳理如下：

《鲁豫有约·专访金庸》采访脉络		
段落主题	切入点	焦点
文学大师	八岁读者，亲切对话	持久而广远的文学影响力
剑桥时光	八旬高龄，晚年求学	求学近况、校园情结、学术争议
青春岁月	家乡海宁，成长经历	童年爱好、少年侠气、成长曲折、人生遗憾
媒体生涯	入职报社，从业记者	创业史，《明报》情
政治情愫	特殊书迷	会见邓小平、会晤撒切尔，兼济天下、心系祖国
坎坷情路	平生初恋	人生浪漫事，文章绚烂时
多彩生活	此生遗憾	人际关系、婚姻家庭、未来规划(十年计划)

通过访前整理线索、细致考虑，可以在有限的采访时间内获取更多有价值的内容。邱沛篁教授曾于1980年10月29日第三次采访巴金先生，时间不长，收获颇多。他在访前了解到，巴金刚从北京回到上海，当选全国作协主席团主席，并为现代文学馆捐款15万元。邱沛篁据此线索，找到了采访的切入点，即集中谈巴金对文学事业的关心，并且列出了提问纲目：

(1)您这次到北京，主要参加了哪几项活动?

(2)您担任了中国作协代主席，有什么打算?

(3)您对现代文学馆的建立很重视，最近有什么进展吗?

(4)去年您写了哪些文章？出了几本书?

(5)您今年计划完成哪几本著作？长篇小说叫什么名字？已经写了多少？主人公叫什么?

(6)您对四川文艺界很关心，做了许多事，有什么新的希望?

2. 设计采访问题

记者根据整理出来的线索，可以进行采访问题的设计，既要注意每个问题的合理性，又要注意问题之间的逻辑性。

其一，每个问题的设计合理与否，都要站在受众的角度进行衡量。如果受众接收新闻后觉得有所收获，就证明所提问题有价值；如果受众看完或听完之后觉得不知所云，就证明提问失败。

2004年雅典奥运会期间，朱启南、李杰包揽了男子100米气步枪冠亚军。某央视记者赛后向李杰提问道："李杰，请问你获得银牌高兴吗？"刚走下领奖台的李杰迟疑一下，只好无奈地回答："高兴。"

在任杰获得女子100米气手枪比赛的第四名后，又有记者问："这次比赛没拿到奖牌遗憾不遗憾？"在冼东妹夺得女子柔道52公斤级冠军后，则有记者问："你这次得了金牌，是不是从前所吃的那些苦全都值了？"

显然，这种"无疑而问"只能得到"是"之类的简单回答，既无价值和营养，又有些不近人情，都属于不合理的问题设计。可见，优秀的记者还要分清哪些问题当问、哪些问题不当问。原《经济日报》总编艾丰同志曾经提出六个"不要提"，很有针对性，照录如下：

第一，不要提太大的问题。（不要企图"一口吃个大胖子"）

第二，不要提过多的外行问题。（一点不提是难以做到的，但要争取少些）

第三，不要提暗示性的问题。（即不要强加于人，给人竖根"杆"，让对方"顺杆爬"）

第四，不要提过于轻率的问题。（毫无意义和目的地卖弄技巧，会导致提轻率的问题）

第五，不要提太"硬"的问题。（就一般情况、一般对象、一般记者而言，直率不等于生硬）

第六，不要提审问式的问题。（即要善于引导，在交谈中发问，在发问中交谈）

提问如果不加取舍、随心所欲，必然产生负面效果。例如，某央视记者在采访人称"大史"的跨栏运动员史冬鹏时，就曾提过一些甚为轻率的问题："你觉得和刘翔在同一个时代是不是很悲哀？"开赛之前问道："你有没有信心得亚军？因为冠军已经是刘翔了。"赛后又问："刚才的比赛你尽力了吗？"

2008年北京奥运会男子110米跨栏半决赛时，这位记者对史冬鹏的一段采访更是招致观众的批评，如下：

记者：今天的状态看上去比昨天要兴奋了很多，而且途中一个栏都没碰。

大史：准备活动的时候，也比昨天要好。但是，怎么说呢，还是差一点点。

记者：过了半程以后，反而技术有点紧张。（被指刻薄）

大史：对，后面加速没有加上来。

记者：看得出来，今天这场比赛是按照决赛来跑的，是吧？（暗示史冬鹏实力不济）

大史：对呀，因为实力本来就这样嘛。（史冬鹏略带赌气）

记者：没关系，这次跑进决赛也是你的一个突破，上一次你都没进第二轮。（被指刻薄）

大史：但是很遗憾，在家门口，没比好。

记者：其实还能比得更好一点；不过明年世锦赛，你还有机会，大史。

大史：不一样了，感觉。（史冬鹏有气无力，差点又哭了）

记者：没关系，继续加油！加油大史！

其二，问题之间不是分散而孤立的关系，要具有环环紧扣的逻辑性。几个问题组合在一起，恰如一条流水线，使提问一气呵成。记者的提问过程就应沿着这条流水线行进——溯流穷源，可以逐步揭开事物的本来面目，林深而木茂；顺流而下，可以挖掘出事实的不同层面与丰富内涵，海阔而天空。当采访对象将人们欲知的事实一一道出时，此次采访便水到渠成了。

意大利著名女记者奥莉娅娜·法拉奇曾采访利比亚前领导人卡扎菲。卡扎菲曾与萨达姆并称“阿拉伯世界革命双雄”，素来以“革命领袖”自居。为了揭开这位“中东强人”的“庐山真面目”，法拉奇连珠炮式地提出了四个问题：

“你是怎样理解革命的?”

“利比亚的事情如果是革命，怎样解释到处可以看见你的照片，甚至在过去的教堂里?”

“你禁止了很多事情，为什么禁止不了个人崇拜?”

“人民爱戴你，你为什么住在军营?”

这四个问题恰如一套“组合拳”，环环相扣，步步紧逼，逻辑严密，威力十足。

3. 罗列采访问题

采访问题应当按照逻辑顺序来排列——最重要的、重要的、次重要的、再次要的，依次类推。问题要尽可能多些，有具体的，也有概括的，要多做一些预案。有些可能是自己的设想，未必会如愿以偿，但仍应该列入。提出设想并不是搞“先验论”，因为它是以已有的新闻线索为根据的，而且并不是定论，是可以修改的。如果提问时需要进行现场观察，还需列入观察的具体内容，如采访对象的神情举止、采访地点的起居陈设等。

例如，曾有记者细致地观察了俄罗斯领导人普京和梅德韦杰夫各自的办公室陈设。人们戏称“普梅组合”为“政坛二人转”，但二人的从政风格实有差异，从其办公室所悬挂的格言上就可窥见端倪。普京办公室中悬挂着作家奥斯卡·王尔德的名言：“即使我们都在沟渠里，也仍有人仰望星空。”梅德韦杰夫办公室中则悬挂着启蒙思想家孟德斯鸠的名言：“在民法慈母般的眼中，每一个个人即是整个国家。”

在采访临近结束时，可以询问采访对象是否还有要补充的。列完问题之后，需要再检查一下是否有漏洞。下面列举一份简洁标准的采访提纲，作为范例：

一、采访主题

了解播音员、主持人资格考试及参考者情况

二、采访对象

1. 国家新闻出版广电总局人教股股长

2. 资格考试网站站长

3. 参考人员、已参加工作人员

三、采访问题

1. 采访国家新闻出版广电总局人教股股长

(1)请介绍这是一个什么样的考试?

(2)为什么要设立这样一个考试?

(3)哪些人员可以参加?

(4)通过资格考试就可以得到资格证吗? 如果不能，还需什么步骤?

(5)目前已进行几届? 每届参加考试的有多少人? 主要是哪些职业的人员参加?

2. 采访资格考试网站站长

(1)大概有多少人光顾网站? 他们主要面临的问题有哪些?

(2)据考试网统计，主要是什么人参加考试?

(3)他们对这个资格考试了解多少?(引导他举例说明，比如考试内容、考试步骤等)

3. 采访参考人员

A. 参加资格考试的应届毕业生(2人播音专业，2人非播音专业)

(1)为什么参加这个考试?

(2)参加这个考试有什么作用? 考试步骤是怎么样的?

(3)你们的资格考试资讯和资料、模拟题来源是哪儿? 有到考试网找这些资料吗?

(4)目前的复习情况如何?

B. 参加过资格考试的在职人员(2人广电行业工作，2人非广电行业工作)

(1)为什么会参加这个考试?

(2)了解这个考试的相关步骤吗?

(3)复习情况如何? 觉得自己今年能考过吗?

当然，拟定好采访提纲后，在现场采访时需要随机调整，不可墨守成规。这就要求从实际出发，实事求是，按照新情况加以调整、补充、延展、修改。认真拟好采访提纲，可以大大提高采访的效率。

第四节　新闻采访的查阅技能

记者在采访中要综合运用“查、问、听、观、记”五大基本技能。查阅是新闻采访的第一项基本技能。记者在采访活动中，要尽力查寻和阅览与新闻人物、事件或现象有关的一切有价值的资料。这样，整个采访活动就能够建立在可靠材料的基础之上，有根有底，有凭有据，并且可以避免在采访中重复劳动。

一、查阅资料的作用

记者在采访前绝不可忽视查阅资料的作用。无论采用何种采访方式，记者都应尽量提前查阅相关资料。

首先，查阅资料是收集采访信息的“开阔之途”。

记者通过查阅资料，可以充分地了解新闻事件、现象或问题的背景信息。波兰裔著名记者爱泼斯坦赴西藏采访之前，就查阅了大量的图书资料，包括《资本论》、《大英百科全书》等，对西藏的农奴制和西方的农奴制进行了对比研究。

这些资料为报道西藏的巨变、驳斥西方所谓“民主主义者”维护农奴制的论调，提供了无可辩驳的依据。爱泼斯坦说：“中古时代的罗马教皇英诺森特三世都不隐晦封建制度的暴虐，国际上的某些‘民主主义者’连罗马教皇都不如。”

德国人克里斯蒂·里比耗时一年，创作了纪录片《钓鱼岛真相》，其中，有八个月的时间都用于前期的资料查阅与研究。里比说：“对于我来说，研究特别重要。我们主要走访了包括美国国家档案局在内的很多地方，收集那个时代留存的影像资料……我更喜欢用照片和影像资料的形式来呈现，一张好的照片比 100 段采访都要震撼。”最终，作品用大量的史实和例证向世人揭示了所谓“钓鱼岛争端”的真相——钓鱼岛自古以来就是中国的固有领土；日本应该立即归还钓鱼岛，并就战争罪行向中国道歉。

其次，查阅资料是获取采访线索的“便捷之径”。

记者通过查阅资料，可以便捷地获得许多有价值的采访线索，发现先前未曾考虑过的选题，并开拓和发掘采访活动的广度与深度，从而获取更为丰富的事实信息。

著名华裔女记者、自由撰稿人张纯如于 1997 年 12 月——“南京大屠杀”60 周年之际，出版了纪实著作《南京大屠杀：被遗忘的二战浩劫》，披露了大量触目惊心的资料和几十张珍贵的历史照片。哈佛大学历史系主任柯比在该书序言中称，这是“第一本充分研究南京大屠杀的英文著作”。

1994 年 12 月，“南京大屠杀”57 周年之际，张纯如受邀参加了在加利福尼亚州举行的纪念“南京大屠杀”死难者大会，看到了许多有关“南京大屠杀”的黑白历史照片。她意识到在欧美还没有人用英文写过一部关于“南京大屠杀”暴行的纪实著作。她感到无比震惊和愤怒，随后展开了采写工作。

1995 年冬季，她在华盛顿国会图书馆和国家档案馆完成了初步的资料准备，然后前往中国各地展开采访。三年间，她收集了中文、日文、德文、英文的大量资料，查阅了许多从未出版过的日记、笔记、信函、政府报告等原始材料，其中包括耶鲁大学珍藏的当时南京国际和平区委员会的原始记录、日本老兵的回忆录、东京战犯审判记录稿等。

她在耶鲁大学资料馆中查阅在华教会的原始史料时，发现了珍贵的《拉贝日记》①和《魏特琳日记》②。她和华裔社会活动家邵子平等人不辞辛劳地寻访到约翰・拉贝先生的外孙女，使尘封近 60 年之久的《拉贝日记》重见天日。这些资料是见证“南京大屠杀”的重要历史档案，成为向世界昭示侵华日军暴行的铁证。

再次，查阅资料是接触采访对象的“先行之棋”。

查阅资料可以为记者正式展开采访“牵线搭桥”。美国自由撰稿人罗恩・弗雷德里克就认为：“在图书馆的调查比采访重要，因为为了提出中肯的问题，你必须了解采访对象的背景。”在接触采访对象之前，要争取了解其性别、年龄、职业、经历、学历、特长、兴趣等，广泛收集已有的新闻报道等信息。如果是采访名人，就更应该

---

① 约翰・拉贝(1882—1950)：男，德国商人，曾用中文名“艾拉培”，被世人誉为“南京的辛德勒”，在 1937 年至 1938 年日军占领南京期间，作为南京安全区国际委员会主席，救助了大约 25 万中国平民，使他们免遭日军残杀。南京人民在感谢信中写道：“艾拉培先生：济难扶危，佛心侠骨，共祝天庥，俾尔戬谷。一九三八年一月本院难民共献。”他在此期间写下了记录日军“南京大屠杀”的战争日记，被后世称为《拉贝日记》。日记中记述了南京城区内的 600 多例个案，很多可与其他资料互为佐证。1996 年 12 月 13 日，在美国纽约的“南京大屠杀”纪念大会上，拉贝的外孙女赖因哈特女士首次将 2000 多页的日记副本向外界公开，立即引起轰动，成为研究“南京大屠杀”最重要、最翔实的史料之一。

② 明妮・魏特琳(1886—1941)：女，美国传教士，曾用中文名“华群”，在“南京大屠杀”期间，积极营救中国难民，利用自己任教的金陵女子文理学院保护了上万名中国妇孺，成为南京百姓心目中的“洋菩萨”，因患忧郁症于 1941 年 5 月 14 日在美国寓所自杀。其位于密歇根州的墓碑上刻有四个中国汉字：“金陵永生。”她在 1937 年至 1940 年间写下几十万字的日记，详细记述了她亲身经历的侵华日军在“南京大屠杀”中的滔天罪行，以及此后数年间日军在南京实行殖民统治的情况，被后世称为《魏特琳日记》。20 世纪 80 年代中期，人们在整理传教士档案资料时发现了尘封多年的日记原稿，遂成为真实、准确、完整地揭露日军暴行的第一手资料。

多下功夫。

俗话说："手中有粮，心中不慌。"记者通过查阅资料，可以从容地列出采访提纲，提出准确到位的问题；见面之后，更容易获得采访对象的好感和信任，既能使采访充满自信，又能为营造和谐的采访氛围奠定基础。

著名剧作家曹禺曾对比自己接受国内媒体和国外媒体采访时的感受："我在美国的那些日子，几乎天天要接待新闻记者来访，多的时候一天来五六批记者。他们的采访都要受到有关方面规定的时间限制，很严格，一般一次采访不得超过半小时到40分钟。这就使记者不可能什么都问，不可能搞'马拉松'式的谈话。给我印象比较深的是《纽约时报》一个记者的一次采访。他只很有目的地提了几个问题。过后，他在报纸上先后发表了三篇文章。文章里谈了许多我意想不到的事，而且事实没有出入，材料准确无误。不难看出，他在采访之前是作了许多研究工作，看了不少书籍和资料的。我们有的记者采写一个人物，往往寄全部希望于同采访对象作无休止的谈话，然后把谈话内容一股脑写进文章里去，等于是一篇谈话资料的堆积，我看这不是个好的方法。"

二、查阅资料的途径

资料可以分为文字资料、图片资料、音频资料、视频资料等种类，其来源渠道极为广泛。记者查阅资料的途径也是多种多样的，例如：

第一，查阅各类出版物、印刷品及音像制品等。书籍是知识的宝库，各种名著、专著、文摘、文集、传记、教科书、工具书、通俗读物中包含着丰富的资料。报纸、杂志的出版周期较短，传播信息迅速，内容新颖，更能够及时提供新鲜资料。此外，音像制品、内部刊物、宣传海报、平面广告等也是潜藏信息的有用资料。

第二，观看广播影视节目。通过广播、电影、电视等媒介，可以获取丰富的信息，从中可以查找到许多有用的资料。

第三，到图书馆、档案馆、各家媒体的资料库等资料汇总中心进行查阅，不仅能查阅到大量的图书、报纸、杂志，还能搜寻到各种古籍、国史、方志、年鉴、名录、表谱、文件、调查报告、会议记录、数据统计、资料汇编以及受众来信等日常少见的资料，比较确凿可信。

第四，利用互联网资源进行查阅。各种官网、论坛、贴吧、博客上都有海量的资料信息，详加甄别后也可引用。

第五，通过人脉关系获取资料。依靠亲朋故旧，广结人脉，多方交流，代查借阅，可以扩大资料的来源渠道。例如，张纯如就是在结识了华裔独立制片人邵子平和汤美加后，得以融入“美国纪念南京大屠杀死难同胞联合会”的交际圈，参加他们组织的各种活动，获得了有关“南京大屠杀”的许多文字、图片和影像资料。

三、查寻资料的方法

查寻资料时要做到“准、全、深、细、快”，既要有快速、全面的检索效率，又要保证资料的准确、细致和深入。同时，要筛选查寻渠道、限制查寻时间，不能漫无目的、无休无止地查寻下去。其常用方法如下：

1. 检索法

记者查寻资料时，要掌握一定的检索方法。使用传统检索法，要学会利用多种检索性工具书，常用的有书目、索引、辞书、年鉴、手册、百科全书等。这种方法相较而言，显得费时、费力，既麻烦又不充分，而使用电子数据库进行检索，就显得省时、省力、充分、方便。

互联网诞生后，查阅资料变得更加容易。记者运用网络搜索引擎进行检索，可以使查寻工作更为迅速、广泛、深入。登录百度、谷歌等各大搜索引擎，轻点鼠标，就能获取海量的信息。不同搜索引擎的搜索范围和方法也有差异，可以将几个搜索引擎交叉使用，以获取更多的相关资料。

2. 溯源法

记者应当注重查寻第一手材料，因为转手多次的资料，很难保证其准确性。对于极为重要、争议较大或疑点甚多的资料，要追根溯源。如果浅尝辄止，往往会错漏百出。

曾有媒体引用错误数据进行报道称，北京在 2012 年的离婚率高达 39%，在 2013 年则高达 40%。而掌握权威数据的北京市民政局却表示，并未发布过此数据，也没有接受过任何媒体关于此事的采访。最后，经查证，此数据是错将离结比（离婚和结婚的比率）当作了离婚率。实际上，北京市这一年的离婚率仅为 2.1‰，低于全国 2.3‰的平均水平。

3. 倒查法

按照资料的时间顺序进行查寻时，要采用逆时查寻的方法。新近面世的文献资料一般要总结以前的研究成果，往往会更新颖、更全面、更可靠。

2011 年，曾有网络媒体在关于安全使用隐形眼镜的报道中，引用过这样一则案例：一名年轻男子戴着隐形眼镜参加烧烤聚会，在开始用木炭生火后几分钟，这名男子突然大叫，痛苦地在地上打滚。医生诊断为，生火时，过热的温度熔化了他的隐形眼镜，造成失明。

此类报道使部分戴隐形眼镜者颇感不安。后经记者调查发现，这则案例早在五年前就曾在网络上盛传，如今已被证明不实。专业医生解释称，隐形眼镜均是高分子材料，熔点较高，吃烧烤或火锅不足以导致其熔化。

4. 互证法

即便是对于权威资料，也要注意核查比对。可以使用互证法，从不同渠道获取资料，再将同题资料放在一起进行相互印证。张纯如在查寻有关“南京大屠杀”的资料时，就很严谨、细致，会将不同来源渠道、不同文字记载的资料汇总起来，进行事实核对。

四、阅览资料的技巧

记者查寻到资料以后，要耐心细致地进行阅览。意大利著名女记者奥莉娅娜·法拉奇在采访邓小平之前，阅读了几公斤重的资料。但是，阅览资料也要讲究一定的技巧，才能省时省力地筛选出有价值的信息。其要点如下：

1. 有条不紊，按序阅览

面对丰富多样的资料，要按照一定的顺序、有针对性地进行阅览。一般来说，先阅览基础性的一般资料，再阅览深入性的专业资料；先阅览原始性资料，再阅览研究评述性资料；先阅览已成体系的资料汇编，再阅览零散资料；先阅览近期面世的资料，再阅览以往出现的资料；先阅览本地本国资料，再阅览外地外国资料……

记者要掌握浏览、速阅、泛阅、详阅等方法，以求短时间内获得最多的有用信息。可以先通过目录、索引、简介等，了解该资料的主题和整体概况，筛选出有价值的段落进行浏览，以判断其与采访主题的关联程度，然后决定如何阅览；最后，可以再选阅一些相关评述，以了解外界看法。

2. 仔细核验，去伪存真

阅览资料的同时，一定要注意核实和验证，剔除那些不准确、不全面的资料。对于一些拿不准的、有疑点的资料是否引用，要待落实之后，再做定夺；或是开动脑筋、察微知著，或是结合同类资料进行比对、分辨，或是咨询相关人士来帮助识别，或是留待后续采访中实地查验。总之，去伪存真，不可丝毫大意。

2013 年，媒体上曾热传过一幅“张冠李戴”的“埃及雪景照”。埃及开罗 112 年首次下雪，社交网站和一些媒体频频转发一张斯芬克斯狮身人面像被白雪覆盖的照片。然而，据查证，这幅照片中的狮身人面像只是日本东京一家公园内的仿制品。经《北京青年报》记者证实，埃及只是局部降雪，没有报道中那么大。而一些媒体未经核验，便以讹传讹。

3. 边阅边记，去粗存精

在阅览资料的过程中，要一边阅读、一边记录，迅速筛选出有价值的信息。以往的记者在阅览资料时，很注意随手摘录、剪报复制、制作卡片、自建档案等，是很好的职业习惯。其具体方法有四种：

其一，记号与标签。记者阅览资料时可以随时在属于重点、亮点的地方标注记号或放置标签。

其二，摘录与复制。可以将资料中有价值的段落，尤其是名称、数据等，摘抄、剪切和复制下来，以供采写报道之用，但不要断章取义、乱加改动；而且，一定要注明出处，如标题、作者、版本、年号、期号、出版时间等，以便日后查寻、核对或引用。

其三，梗概与提要。可以将资料的内容、主题、观点、要点、重点、亮点等信息，用自己的话加以概括。

其四，评语与札记。可以一边阅览，一边写评语，记下自己的看法、见解、解释和疑问；也可以记下阅览时的心得、体会、联想等，再整理成札记。

4. 及时归类，迅速整理

阅览大量资料时，要及时进行整理，可以制作出目录，最好使用电子文档，将笔记、卡片、剪报、复制件等进行分类，并标注不同的符号——重要的、次要的、已阅的、未阅的……一目了然。媒体有自己的资料库，记者也可以积累起个人的小资料库。

有时使用笔记本，不便于归类，可以使用卡片来做笔记，每张卡片为一主题，便于携带、使用、分类、保存和查找。整理归类时，一定要记下所获信息的原始出处，以便引用。张纯如在其采写的《南京大屠杀：被遗忘的二战浩劫》中，对引用的各种资料和研究成果做了详尽的出处注释，其注释条目有350多条。

第五节　新闻采访的提问技能

提问是新闻采访的第二项基本技能。正如新闻学者卡尔·华伦所说：“记者的全部生涯，就是做一个提问者、聆听者和记录者。”

西方记者说，约有99%的新闻是靠提问获得的。记者能否从采访对象身上获取有价值的新闻材料，关键在于提问。可以说，是否善于提问，是考验采访水准的试金石，是衡量采访效率的标志。

一、提问的方式

美国记者丹尼斯·布赖恩说："几乎每件要闻都是通过一个人向另一人提问传达给我们的。因此采访者具有前所未闻的权威和影响。"提问的重要性不言而喻，但方式却多有差别。

1. 开放式提问

开放式提问，又称漏斗式提问，即所提问题的范围较大、回答时有较大选择空间的提问方法。记者在采访开始时常用这种提问方式来打开局面。这样，采访对象回答的自由度很大，可以不受拘束、轻松自如地娓娓道来，可以用长篇话语侃侃而谈。这种方式特别适用于人物特写的采写。

例如，新华社驻华盛顿记者李学军在2007年9月4日对美国众议院美中工作小组共同主席马克·柯克进行专访时，就首先针对中国部分出口美国商品的质量问题问道："您对中国政府有什么建议？"从而打开了局面。

2. 闭合式提问

闭合式提问，又称倒漏斗式提问、限制式提问，即提出具体问题并对回答做出限制的提问方法。记者如果只提开放式问题，而提不出闭合式问题，就表明采访前的准备不充分。

邱沛篁教授在1981年6月16日第七次访问巴金时，巴金先生就曾针对记者的提问方式提出过建议："你们的问题一定要具体。不要问得太大，如问什么那时的感想如何、对某人的评价如何。问题太笼统了，不好回答。越具体越好答。"

记者在采访时应当提出切合主题的具体问题，但一般不会在采访开始时就使用闭合式提问，因为这样可能会导致采访无法继续；往往会在开放式提问之后再使用闭合式提问，以进一步取得具体而明确的答复。

俄罗斯《新闻时报》记者拉别茨卡娅在2007年9月采访俄罗斯副外长亚历山大·洛休科夫时，曾就国际外交中的"中美俄"大三角关系进行闭合式提问："美国对亚太地区的政治和军事兴趣越来越大，俄罗斯感到不安吗？""有些专家和老百姓对'中国的扩张'感到害怕，外交部是否会考虑到这种情况？"

3. 直接式提问

直接式提问，又称正面式提问，就是直截了当、开门见山、单刀直入地提问，是运用最多的一种提问方式。例如，美国《商业周刊》记者查利·罗斯专访新加坡内阁资政李光耀时，就开门见山地问道："你认为大多数亚洲国家是不是害怕中国？""中国害怕什么？"

4.迂回式提问

迂回式提问，又称侧面式提问、间接式提问，即先不直接提出所关注的问题，而是提出与此相关的其他问题，然后瞄准时机，再托出要点。如果直接式提问得不到答复或得不到真实材料时，就不妨迂回包抄、绕个弯子。应用迂回式提问，关键要揣摩透采访对象的心理，精心设计问题来引导对方说出真话，谨防弄巧成拙。

例如，查利·罗斯向李光耀提问时，就将如下问题组合在一起：

"2011年世界对于美国有什么期待？"

"但是你过去曾经说过，中国的意图是成为世界上最强大的国家？"

"中美之间会不会出现对峙？"

5.错问式提问

错问式提问，即提出明知错误的问题来试探、考察、证明有关事实，了解采访对象的真实观点和看法。

美国著名记者埃德加·斯诺在1936年赴陕北采访时，乘坐开往西安的列车。他在车上听到坐在对面的一位回四川老家的青年人说家乡有土匪活动。斯诺故意采用错问法来提问，目的就是获知真相：

斯诺："你是说红军吗？"

青年人："不，不是红军，我是说土匪。"

斯诺："可是红军不也就是土匪吗？报纸上常把红军称为'赤匪'或'共匪'。"

青年人："哦，报纸编辑不能不把他们称作'共匪'，是南京命令他们这么做的。"

斯诺："在四川，大家害怕红军不是像害怕土匪一样吗？"

青年人："这个么，就要看情况了。有钱人是怕他们的，地主、当官的、收税的都怕他们。可是农民并不怕他们，有的还欢迎他们呢。"

6.追问式提问

追问式提问，又称穷追不舍式提问，即采访对象回避问题、不愿作答，或避重就轻、答非所问，而记者则"打破砂锅问到底"，直至得到答复。美国著名记者麦克·华莱士在采访江泽民主席时，曾反复追问同一个问题。意大利著名女记者奥莉娅娜·法拉奇在采访葡萄牙社会党领袖苏亚雷斯时，也曾接连五次提出同一问题。

2012年欧洲杯小组赛期间，荷兰国家足球队因内讧而战绩糟糕，只得背水一战。在“生死战”之前的新闻发布会上，“橙衣军团”的主教练范马尔维克只带着自己的女婿范博梅尔出席，似乎已是众叛亲离。记者对此展开连串追问：

记者：“今天你带范博梅尔出席新闻发布会，是否意味着他状态很好明天可以上场？”

教练：“每个人都可以出席新闻发布会。”

记者：“那他到底能上场吗？”

教练：“我从不在赛前透露阵容。”

记者：“可你带他来了，这是不是一种证明？”

教练：“你总是给我很大压力……”

7.伏击式提问

伏击式提问，即在提问一些较为敏感的话题时进行“突袭”，令采访对象措手不及、无暇遮掩。美国著名记者麦克·华莱士就很擅长采用这种提问方式，具有鲜明的个人特色。他在采访俄罗斯领导人普京时，就突然“伏击”：“为什么俄罗斯腐败盛行？所有问题都得靠这个解决？”同时做了一个捻钞票的手势。这令强势的普京顿时失措。

8.强硬式提问

强硬式提问，即向采访对象提出尖锐敏感、直逼要害的问题。此类问题往往与采访对象的名誉、地位、利益等密切相关，或者是涉及公众利益的重要话题。面对这种棘手问题，采访对象往往难以回答，却又不能不答，而记者则是“咬定青山不放松”。奥莉娅娜·法拉奇、海伦·托马斯、麦克·华莱士等著名记者都以强硬式提问而著称。

美国著名女记者海伦·托马斯凭借步步紧逼的尖锐提问风格而享有“总统折磨者”的威名。从肯尼迪到小布什，她先后质问过十任美国总统。她曾向尼克松发问：“结束越南战争的秘密计划是什么？”向里根发问：“美国有什么权力入侵格林纳达？”“冷战”结束后，当老布什宣布美国军费将保持不变时，她又发问：“那么敌人是谁？”伊拉克战争后，她质问小布什：“所有的开战理由最终都被证明不是真的，你到底为什么想要战争……你曾说原因不是为了石油，不是因为以色列和其他别的原因，那么你发动战争的真正原因到底是什么？”

2006年8月13日，80多岁的华莱士采访前伊朗总统艾哈迈迪·内贾德时，在剑拔弩张的气氛中针锋相对，就“对美国的仇恨”、“把以色列从世界地图上抹去”、“纳粹大屠杀不存在”等话题接连发问。这位以强硬著称的伊朗总统在不断的逼问下，最后只得以强行叫停来结束采访。

这种提问环环相扣、步步紧逼、一针见血、尖锐惊人，让采访对象既无法掩饰，又难以回答，恰如没有硝烟的短兵相接。

9. 转换式提问

转换式提问，即对于采访对象极力回避的话题，坚持追问也无法得到答复，就必须顺水推舟，巧妙地转换话题。

被誉为“美国电视新闻第一夫人”的芭芭拉·沃尔特斯采访尼克松总统时，尼克松总统一直拒谈国家所面临的棘手问题。沃尔特斯转而从总统的家庭入手，在谈完家庭情况后，再顺势巧转话题：“现在请您谈谈美国这个大家庭的问题吧？”于是，采访获得了成功。

10. 诱发式提问

如果采访对象不善于应对采访，总是言不及义，或者羞涩拘谨、不善言谈，或者心怀顾忌、难于启齿，这时，记者就要有足够的耐心去启发采访对象，诱导其说出不想说、不会说、不能说、不敢说的话。这就是诱发式提问。

当然，记者不能在采访中给对方“竖杆”来让其“顺杆爬”，不可强加于人，更不可威逼诱骗。可以先提出一个对采访对象具有吸引力、诱惑力的话题，然后让对方接着讲下去；或者先说出自己的看法，再问对方的见解，促使其回答。

凤凰卫视女记者张世欣曾于2009年专访著名电影导演李安。由于李安的个性比较羞涩，张世欣决定从李安熟悉的话题入手。她发现，李安执导的影片《色·戒》中很重要的一个场景是“打麻将”，就由此切入提问：“为什么用打麻将来拍摄这部电影？代表什么？”面对自己热衷的电影话题，李安开始侃侃而谈。

11. 激将式提问

激将式提问，即针对戒备心很强的采访对象，使用激将法，提出触动其要害的问题，迫使对方迫不及待地解释，从而达到采访目的。

法拉奇采访基辛格时，就一再使用激将法。例如，法拉奇问道：“您怎样来解释‘您成了风云人物，甚至几乎比总统更出名’这一事实呢？对此您有什么理论吗？”基辛格不肯立即作答，反问法拉奇有什么道理。法拉奇激将道：“是成功使您出了名。您走了几步好棋，首先是中国这步棋。”基辛格于是按捺不住，说道：“关键在于我总是单枪匹马地行事。美国人特别喜欢这一点……”此言一出，引起一场政治风波，基辛格后悔不迭，辩解称记者骗了他、错用了他的话。

12. 假设式提问

假设式提问，即提出现实中尚不存在的问题来探寻采访对象的观点和意见。

因为是假设的问题，所以有时会遭到对方的拒绝，面对缺乏想象力和幽默感的采访对象，使用这种提问方式时要谨慎。

美国众议院拨款委员会在2014年6月24日表决通过，将中国驻美大使馆前的一段路改名为“刘晓波路”，这样，中国驻美大使馆的地址就将变成“刘晓波路1号”。有评论批评，刘晓波是受到依法审判并正在中国监狱里服刑的罪犯，美众院议员的这种恶作剧式的做法在外交上相当“龌龊”。美联社记者马特·李在26日的美国国务院例行记者会上，就当面质问美国务院女副发言人哈尔夫：“如果中国把美国驻华使馆门口的路改名为‘斯诺登路’，你们怎么办？”

二、提问的原则

凡是卓有成就的中外名记者，都是善于提问的专家。采访时，提问的方式可以多种多样，但一般要遵循以下四项基本原则：

1.具体性

提问时最关键的是要切合采访主题，并且尽量避免对方的回答离题。因此，所提问题宜具体，而不宜笼统，既不要过窄，又不要过宽。如果问题过窄，则谈话不易深入，容易漏掉重要内容；如果问题过宽，则可能使回答偏离主题。

提问越具体，则越容易获得有新闻价值的内容及细节。如果问题不够具体、非常宽泛，那么采访对象可能会难以作答，不知从何说起，甚至东拉西扯、言不及义。这样谈话就会停留在事情的表面，变得非常肤浅，无法深入其本质，而最终获取的材料也无法在写作报道时派上用场。

2.简洁性

记者所提问题应当简短清晰、干净利落，便于采访对象理解问题和思考回答。这样，有利于在有限的时间内高效率地完成采访任务。每次最好只问一个问题，避免对方回答时忽略漏忘。如果提问时拖泥带水，采访对象往往会听得一头雾水，听了后面、忘了前面，回答时不得要领、不着边际。奥莉娅娜·法拉奇在提问时总是经过精心设计，先陈述背景来作为铺垫，而后引出明确清楚的问题，往往能一语中的、切中要害。

3.灵活性

提问时要灵活应对，酌情调整，既要全面，又有重点，尤其要注意控制时间，尽量在约定时间内完成对主要问题的提问。不要提过多的问题，也不要主次不分，以免浪费时间。可以先问必要的、容易得到回答的问题。

在提到复杂、沉重的问题时，可以在问题之间略作停顿和间隔，让对方有思考和补充的机会。在提到尖锐、敏感的问题时，不要用生硬的口吻，可以自然随和一些，使采访对象容易接受。如果采访对象不愿意正面回答或者难以回答，可以适时转变提问方式，旁敲侧击、声东击西。

4. 独到性

记者在同采访对象接触以前，要认真地进行调查研究，分析采访对象的特点，提出有针对性、有新意、有价值的问题。那些驰名四海的记者在提问方面往往都有特色鲜明的风格。从奥莉娅娜·法拉奇的名著《风云人物采访记》中可以看出，她的每次专访都以一针见血的提问风格而见长。

著名电影导演谢晋曾对比中外记者的提问特点，感慨地说："美国的记者很注意资料工作，善于在接触采访对象前从资料中掌握有关情况。他们的采访时间通常不超过半小时，提出的问题简明扼要，角度独特，采访效率甚高。而国内的不少记者不大善于利用资料，采访提问大同小异，缺乏自己的角度。因而常常要对记者从头讲一遍自己的简历。其实，本人的籍贯、年龄、艺术经历，只要一翻材料就全都有了。"

第六节　新闻采访的倾听技能

倾听是新闻采访的第三项基本技能，指的是记者细心听取采访对象的话语，辨别采访对象所提供事实的真伪，从而获取报道材料。提问与倾听，是采访中不可分离的两个重要环节。善问、善听，相辅相成。

西方有一个谚语："听的人不少，会听的人不多。"采访对象的话语中往往包含着可供报道的有价值的重要新闻事实。记者既要善于提问，又要善于倾听，才能挖掘出新闻。美国新闻学家麦尔文·曼彻尔说："对一丝不苟的记者来说，耳听为实。记者不留心听对方说话，就会出问题。"

《新民晚报》记者曹奕采写的系列报道《患者安危重如山，纵使下岗心也甘》曾荣获 2000 年度第七届五四新闻奖一等奖。报道中有两个细节的描写体现了记者倾听时的细心："电话那头就微微传来了哭泣声：'我才 21 岁，今年才刚找到工作，一公开就可能下岗……'""说话时，听筒里不时传出嘟嘟的警告声，显然，她是因为担心而打的街头电话。"

具体而言，倾听的技能要求有如下八点：

一、端正态度，洗耳恭听

记者在倾听采访对象的话语时，首先是“听者”的角色，要怀有求知的态度，尽量少说话、多思考，让对方可以毫无拘束地畅所欲言。不论采访对象的职务和地位高低，记者都应以普通人的身份面对对方，要端正态度，不要摆“架子”，更不要自说自话、喋喋不休。采访对象说话时，记者应洗耳恭听，以示尊重。如此，记者才能听到想知道的或者意想不到的新闻信息。

二、敞开胸怀，兼听异见

“兼听则明，偏信则暗。”记者在倾听时，要有开阔的胸怀，能够兼听各种不同的意见。无论正确的见解还是错误的见解，无论支持的看法还是反对的看法，记者都应“笑纳”。如此，才能明辨真伪，不被假象所迷惑。如果讨厌“异见”、害怕“异己”，往往会误入歧途。那些失实的报道，多是因为记者偏听偏信，只听一面之词。

三、勤思善想，悟出奥妙

记者采访时勤思善想、边听边悟，往往能听出玄机、悟出奥妙——能够听出采访对象话语中所包含的有价值、有营养的新闻事实，由此刨根问底；能够听出采访对象话语中有分量、有特点的内容，从而抓住“闪光点”；能够听出采访对象话语中所隐藏的思想、意见；能够听出采访对象前言后语中自相矛盾之处；能够听出采访对象话语的离题趋势，从而及时加以引导。如果听而不思，则言而不闻，是听不出什么名堂的。如果不加思考、盲目轻信，甚至随声附和，往往会铸成大错。

四、沉默是金，适时反应

在采访对象说完一段话之后，记者可以保持短暂的沉默，不要匆忙追问，要给对方以思考的空间和补充的余地。在采访对象说话的过程中，记者可以适时地做出反应，如发出“嗯、嗯”之类的附和声音，或者插入一些简短的话语——“你是说……”“你的意思是……”等。这样，可以激励采访对象继续说下去。

有时，采访对象所谈的内容会超出原定的话题，如果这些内容同样具有新闻价值，记者应当顺其自然，耐心听下去，然后再将其引导回原定话题。如果对方只是避重就轻、夸夸其谈，记者则应立即做出反应，在不破坏谈话关系的前提下予以纠正。

五、聚精会神，不置可否

记者在倾听时要聚精会神，尽量不要打断对方说话，如此，才能听出“答案”、听出“亮点”、听出“问题”、听出“破绽”。在一般情况下，不管采访对象说什么话，记者都最好不要轻易表态，不要显露褒贬之意。对于有争议的回答，切勿轻率地点头、微笑等，最好不置可否。这样，可以保证采访对象话语的客观性，也有利于维持谈话关系的融洽。

六、注意仪表，规范体态

记者在倾听时保持端庄的仪表和体态，可以向采访对象传递无声的信息，表示记者重视对方的谈话、在认真听取对方的话语，有助于营造良好的倾听气氛。例如，记者在采访时，可以上身前倾、目视对方、侧耳倾听、蹙额展眉、适度点头……反之，如果记者不注意仪表和体态，如目光斜视、频频点头、无精打采、抱臂叉腿等，就会使采访对象认为记者没有用心倾听、不重视自己的话语，从而导致采访难以为继。

七、调整距离，勤换位置

记者在倾听采访对象说话时，彼此之间的距离应适当，要以听清楚为宜。过远则不易听清，过近则惹人生厌。记者最好选择一个较为安静、没有干扰的场所，尽可能地避开嘈杂环境。如果是进行群体采访，则不应固守一处，要四处活动，倾听各种意见、不同声音，以便得到更多样、更全面的报道素材。

八、发表与否，权衡定夺

有时，采访对象一不留神，失言走嘴，透露出不该说的信息，就会迫切地向记者声明“不供发表”。对此，记者应该权衡之后再作回应。如果对方泄漏的内容并非关键性的新闻材料，而是涉及个人隐私之类，记者应当同意其要求。如果对方泄漏的内容涉及公众利益、极端重要，恰恰是公众所关注的问题，记者就有理由拒绝其要求。特别是当记者在做调查性报道、揭露性报道时，要明确拒绝其要求——因为对方是在面对记者、接受采访。

锣鼓听声，听话听音；倾听之妙，存乎一心。善于倾听、用心倾听，是记者采访技能成熟的标志。

第七节　新闻采访的观察技能

观察是新闻采访的第四项基本技能。无论从事何种调查研究工作，敏锐的观察力都是必不可缺的。生理学家巴甫洛夫曾在其研究院门口的石碑上刻下“观察、观察、再观察”的名句，以此来强调观察的重要性。达尔文也说过：“我没有突出的理解力，也没有过人的机智，只是在觉察那些稍纵即逝的事物并对它们进行精细观察的能力上，我可能是中上之人。”同样，记者在采访中不仅要会口问耳听，即善于提问、善于倾听，还要会察微知著，即善于观察。

一、观察的涵义

观察有狭义和广义之分。狭义的观察，是一种无声的采访，就是发挥眼睛的视觉功能来摄取新闻信息。俗话说：“百闻不如一见。”美国哈佛大学商学院相关研究人员的分析资料表明，人的大脑每天通过五种感官来接收外部信息，各感官的摄取量占比为——味觉占1%，触觉占1.5%，嗅觉占3.5%，听觉占11%，视觉占83%，由此可见眼睛观察在采访活动中的重要地位和作用。

广义的观察，则是在新闻现场充分调动人体的各种感觉器官，进行全方位的观察，不仅要发挥眼睛这一感官的主要作用，还要调动脑、耳、舌、鼻、身等感官的协助作用。新闻界历来提倡的“全感采访”就依赖于此。

“全感采访”，是一种全身心投入的采访艺术。记者必须亲历现场，充分调动眼、耳、鼻、舌、身等全部感官，通过视觉、听觉、嗅觉、味觉、触觉来对新闻事件、场景、人物进行全面的了解、体验、搜索、分析。运用“全感采访”可以捕捉到更多样、更全面的第一手材料。

意大利著名女记者奥莉娅娜·法拉奇以专访世界风云人物而著称，被誉为“世界第一女记者”、“文化奇迹”、“政治访问之母”，可谓是“全感采访”的亲身实践者。她说：“我每当遇到一个事件或参加一次重要的会见时总是焦虑不安，担心自己没有足够的眼睛、耳朵和头脑来进行观察、倾听、思考，以便从中理解一条蛀虫是如何钻入历史这块木头中去的。我说我每进行一次采访都花了心血，这并不言过其实。”

观察是记者最常用、最灵验的一种采访手段，在个别采访、群体采访、现场采访等方式中都常用到。对于进行现场直播的广播电视记者而言，采访与播出同步进行，更要具备现场观察意识，要善于抓住每一个反映事物本质的瞬间。

著名记者穆青就提倡记者“要尽可能深入到现场，用眼睛去观察，用全副身心去体验”。记者身处会场、机场、茶楼、商店、旅店、车站、街头等各种场合时，都要用心观察。可以说，深入现场是观察的基本要求，但深入现场仅仅是第一步，关键是对现场的细微捕捉。

1955年，著名女记者金凤前往刚刚解放的大陈岛进行采访。当时，美国军舰帮助国民党军将大陈岛上的一万多居民劫持到了台湾。金凤到岛上采访时，空无一人，只能观察现场。她发现，大陈岛居民的衣柜被打开，一些破旧衣服散满一地；田野里的锄头沾满泥土，孩子咬了一口的米团还穿在筷子上，沙滩上一行行的血迹和美军军用刺刀并列在一起；一头山羊被绳子拴在树上，成为大陈岛上留下的唯一牲畜……她通过细致观察而写成的这篇报道在国内外引起强烈反响。

可见，记者通过对人、事、景、物的观察，可以得到直接而真切、丰富而具象的感受，获取真实而生动的第一手材料，从而得以在写作时再现新闻人物、事件、场景等。

二、观察的方式

在英国著名作家阿瑟·柯南·道尔的《福尔摩斯探案集》中，有一篇名为《波希米亚丑闻》的小说，其中有如下情节：

福尔摩斯①与华生争论谁的眼睛敏锐。福尔摩斯问：“你说说经常由前厅通往这个房间的台阶，究竟有多少级？”

华生答不出来：“反正那儿有台阶，有多少级我不知道。”

福尔摩斯听了，禁不住笑起来了：“我告诉你吧，共有17级。”他解释说：“我们俩都看到那儿有台阶，但我是观察到的，你不过看看而已。这恰恰是我要指出的要害所在……”

观察不仅是看，还要察，要考察、思索、鉴别，要知其然，更要知其所以然。我们

① 夏洛克·福尔摩斯：英国作家阿瑟·柯南·道尔（1859—1931）笔下的英国侦探形象，已成为世界通用的名侦探代名词。

在众多的推理作品中，可以看到许多神乎其技的推理名探，无论是夏洛克·福尔摩斯还是赫尔克里·波洛①，无论是江户川柯南②还是狄仁杰③，他们的过人之处往往都在于具备既能洞察入微又可察微知著的观察力，可谓侦探界的“观察家”。

记者当然不是侦探，但在某种程度上又很像侦探。记者要获取有价值的新闻，探寻事实与真相，也必须培养敏锐的观察力，成为新闻界的“观察家”。在这一方面，美国记者历来具有“半是侦探，半是记者”的职业特点。他们常用的三种特殊观察方式如下：

第一，体验式观察。

体验式观察，是指记者不公开自己的身份介入新闻事件，亲身体验和感受正在发生的新闻事实。例如，美国记者约翰·格里芬把自己化装成黑人，深入到南方社会生活。他乘坐公共汽车，在大街上擦皮鞋……体验了黑人饱受压迫的屈辱生活，最终采写出了著名报道《像我一样黑》，对美国的种族歧视现象进行了无情的揭露，轰动一时。

第二，旁观式观察。

旁观式观察，是指记者公开自己的身份，进入现场去观察新闻事件和当事人的行动，往往只可远观，无法近距离接触，也不会对所观察的事件产生影响。通讯《纽伦堡审判记》的采写，就全凭记者运用敏锐的双眼在那种不允许记者提问的特殊场合里，细致观察现场情景，审视战犯的言谈举止及表情，感受现场特有的氛围。这类报道完全是记者凭借旁观者的冷静观察而采写完成的。

第三，偷窥式观察。

偷窥式观察，是指记者隐匿自己的身份，采用密查、暗访、偷听、私窥等侦探或间谍手段进行观察，一般用于批评性和揭露性报道。例如，约翰·斯威尼等三名 BBC 记者曾于 2013 年混入伦敦政治经济学院的学生考察团中进入朝鲜，暗访八天。

20 世纪 20 年代，北洋政府开会讨论备受关注的“金佛朗案”，严禁记者列席。著名记者邵飘萍雇车等候在会场外，在法国公使的汽车进门时尾随混入，得以获取会议的相关信息。如今，记者如果需要采用此种方式，必须谨慎规范，即便是出于维护公众利益的目的，也不能违背社会道德和相关法律。

相较于美国记者常用的这三种观察方式，以下七种观察方式更为常见，也更为普及。

---

① 赫尔克里·波洛：英国作家阿加莎·克里斯蒂（1890—1976）笔下的比利时侦探形象。

② 江户川柯南：日本漫画家青山刚昌（1963—）笔下的日本侦探形象，真名为工藤新一。

③ 狄仁杰：中国唐代名相，荷兰汉学家高罗佩（1910—1967）在《狄公案》的基础上将其塑造成中国侦探形象，被誉为“中国的福尔摩斯”。

1. 定向式观察

定向式观察，是指记者预先确定观察对象，其观察目的贯穿全过程。美国著名记者约翰·里德到俄国访问时，恰逢“十月革命”爆发，于是，他决定亲眼观察这次历史巨变，将每天的采访计划安排得满满的。他亲自到现场观察，目的明确，目击真相，见证历史，最终采写出了《震惊世界的十天》。

2. 随机式观察

随机式观察，是指记者事先并不知道将会发生什么新闻，也没有确定的观察对象和观察目的，因某种偶然遭遇引起了自己的注意而展开的观察。

例如，中美关系正常化之前，基辛格曾于 1971 年 7 月 9 日秘密访华。美国的一位记者曾因跟踪采访基辛格而飞抵巴基斯坦，但他并不知道基辛格的使命。基辛格下飞机后走进了一座大楼，那位记者想跟进去，却被拒之门外。他独自在外徘徊许久，突然发现有几个人从大楼里出来并走向一架中国民航班机。他察觉到其中一人做过伪装：“那不是亨利·基辛格吗?”于是，他预感到基辛格要到中国去，随即抢发了一条难得的独家新闻。

3. 直接式观察

直接式观察，是指记者直接到正在发生新闻事件的现场去采访，可以亲身观察到新鲜的、生动的、有趣的事实、细节、场面、气氛等。到新闻现场去，是记者的天职，许多记者都十分看重直接观察，这是写作视觉新闻的最主要手段。例如，记者们在采访“香港回归”、“澳门回归”、“党庆”、“国庆”之类重要庆典活动时，多用此种方式。

4. 间接式观察

间接式观察，又称还原式观察，乃是无奈之举，往往是记者在新闻事件发生时，由于种种原因没能亲历新闻现场，事后，记者邀请当事者、目击者或知情者陪同自己回到新闻现场，请他们回忆事件的经过、“还原”当时的情景，再结合他们的介绍进行现场观察。例如，在许多历史类专题片的采访中，记者们常用此种方式进行“情景式追忆”。

5. 宏观式观察

宏观式观察，又称鸟瞰式观察，是指记者以开阔的视野对事物的全貌作鸟瞰概览式的观察，是居高临下、远看全景的观察，具有总体性、轮廓性的特征。

陈祖继、韩太康采写的纪实文学《铁血》中就有多处描写得益于宏观观察，如“一列长长的货物列车刚从他们身边呼啸而过，此时又在他们脚下的山谷里盘来绕去，不见首尾。头顶上方，铁路静静地匍伏，像山地脊背，时而裸露在山的肌肤之外，时而又隐没于苍茫深处。”

6. 微观式观察

微观式观察，又称抵近式观察，是对事物局部和细节的观察，可以获得具体而细致的事实信息，具有特写性、具象性的特征。

例如，纪实文学《铁血》中有关“马黑木呷老爹祭奠烈士墓”的几段描写就得益于微观观察：“大伙儿用手轻轻地抚摸着墓碑，仔细地辨认着墓碑上的名字：李世强、王铁牛、徐德山、傅起强、陈小鸥、肖克勇、潘军毅……酒，举过马黑木呷老爹的头顶，然后慢慢地倾洒在烈士墓碑前，浓烈纯净的酒香飘溢在空中。他按照彝族的传统礼俗，向着巍峨的隧道单膝跪下去……”这些描写可谓细致入微的观察实例。

7. 综合式观察

综合式观察，是一种多角度的观察，可以粗看与细察结合、静观与动察兼顾，既有微观观察，又有宏观观察，既有点面结合，又有粗细结合。

所谓“横看成岭侧成峰，远近高低各不同”。同一事物或场景，观察角度不同，所呈现出的形态也会不同。记者们在采访“汶川地震”、“芦山地震”、“北京奥运会”、“上海世博会”等大型活动时，往往会用到此种方式。

例如，纪实文学《铁血》中关于“铁道兵第八师烈士墓地”的描写：“层层叠叠的墓群犹如一个团队排成的方阵，黑压压的，一个挨着一个，坟头都向着山下的铁路。夕阳勾勒出‘成昆铁路烈士纪念碑’的剪影，像一个巨大的惊叹号直刺苍穹。碑的基座上有两行斑斑驳驳的文字：中国人民解放军铁道兵第八师，一九七〇年七月一日建。”

三、观察的原则

观察是一门学问，观察什么，从哪些角度观察……都有一定的要求。记者观察时应坚持以下六项基本原则：

1. 目的性

观察要有明确目的，目的不同，着重点也会不同。观察时如果无目的或者目的不明确，即使有价值的新闻事实就在身边，也会视若无睹，只能得到一些表面粗浅的、模糊不清的印象，等到动笔写作，则成“无米之炊”。

具体来说，观察时要预先考虑到写作的体裁、题材、主题以及读者群等，从而设定好观察内容，可以有的放矢地进行观察。如果写作消息，观察一般宜粗不宜细；如果写作通讯，观察则宜细不宜粗；尤其是写作特写，记者往往要高度紧张地去捕捉最精彩的瞬间。

2. 准确性

俗话说：“内行看门道，外行看热闹。”记者观察时要确保准确、清楚、可靠，如果遇到不熟悉、不确定的事物,可以多向内行、专家请教,绝不可轻率推断、自以为是。面对反常的事物,要有灵敏的视觉反应。只有保持注意力的高度集中,才能辨别真伪。

美国新闻学家麦尔文·曼彻尔在《新闻报道与写作》一书中介绍了一个观察失误的典型教训:1961年9月,联合国秘书长哈马舍尔德赴刚果调停内战。在他预定到达机场的18日黄昏,等候在警戒线280米以外的记者们远远看到了一名金发男子走下飞机,随即抢发了秘书长到达的电讯。通讯社的编辑们又抢在秘书长的下一步行动之前,抢发了秘书长将同莫埃斯·卢蒙巴总统举行停火会谈的消息。第二天,许多报纸都刊登了这些报道。

但是,记者们看到的那个人并不是秘书长哈马舍尔德,而是一位英国外交官。在记者抢发消息的时候,哈马舍尔德已在机场北面10公里的森林地带不幸坠机身亡。可是,哈马舍尔德到达刚果并将同卢蒙巴总统会谈的消息还在媒体上传播着。为了更正错误报道,合众社和美联社分别耗费了8小时和4个多小时。这些记者在未观察清楚的情况下,就轻率地做出了推断,并把自己当作新闻来源,在抢发消息前互对笔记,最终铸成大错。

此类“张冠李戴”的失误,其实并不少见。由此可知,观察时必须准确、清楚、可靠,这一原则不可动摇。

3. 着重性

记者观察时要有一双目光犀利的“新闻眼”,根据受众的需求来确定重点,要明白受众想获知什么,然后从受众的心理出发去寻觅那些具有新闻价值的特征。记者要善于抓住事物与众不同之处,要捕捉人物在言语、行为、外貌、心理上区别于他人的个性特征。这样,写作时才能深刻独到、栩栩如生。

中国记者的先驱黄远生在通讯《外交部之厨子》中,通过对一名厨子的描写来切入当时中国社会的生态,令读者拍案叫绝。这名外交部的厨子与众不同,在前清“声势浩大,家产宏富,乃至能力回西太后之意,与中外赫赫之李鸿章对抗”;民国成立,仍盘踞外交部,利用“官长之爱财物未必不同”的心理,优游于官场;及至被开除,“犹可辇致巨金之外国银行,遨游青岛天津上海之间也”。

在每年的“两会”期间,“名人代表”、“明星委员”颇受群众关注,记者们在捕捉“台阶新闻”时也颇有“眼光”。例如:“3月5日上午,在摄像机和话筒的一路簇拥下,赵本山艰难地‘挪’到台阶前。警卫们几乎是硬把他从记者堆中‘拽’了出来。他一面大步拾级而上,一面弯腰回首挥手,眯着眼向‘老记’们说了声再见。这犹如明星谢幕般的举动,引来一片笑声,在39级台阶上跳荡。”

4. 细致性

记者观察时既要洞察入微,善于捕捉有意义的细节,又要能察微知著、以小见大。有了丰富的细节观察，写作报道时就能生动、深刻地揭示新闻人物的内心世界和精神状态，再现新闻场景，突出报道主题。如果观察不细，必不能妙笔生花。

有记者在采访气象学家竺可桢时，发现他的上衣口袋里经常插着一根铜壳温度计。为此，竺先生的兜盖容易磨烂，其夫人每每为他准备两块兜盖布。这一细节揭示了这位著名科学家一丝不苟的严谨作风和敬业精神。

1938年上半年，荷兰纪录片大师伊文思来华拍摄抗战纪录片《四万万人民》。他在武汉与蒋介石、宋美龄夫妇共进下午茶。后来，伊文思在《摄影机与我》中记述了自己的细致观察："蒋介石的头脑和姿态都是典型的军人，他听了我们的拍摄计划，但没有说什么。"对于宋美龄的印象则是"一个妩媚动人、精力充沛的妇女。这种魅力是综合了中国人和美国人的——她在美国接受的教育"。

5.时机性

所谓"机不可失，时不再来"，记者在观察时要把握时机性，要远观全貌、鸟瞰全局，近观局部、细察特色，把握时机、凝固瞬间，选择最佳时机和位置来获取最佳的观察效果。

人民日报华东分社社长曹焕荣介绍说：国庆35周年时，北京大学学生游行队伍自东长安街往西行进，突然间，潮涌般的人群中打出一条巨大的横幅标语——"小平您好"。这时，位于天安门金水桥上的《人民日报》摄影记者王东，赶紧按了几下快门。横幅很快消失了，再想拍也寻觅不到了。王东抢下了三张珍贵的新闻照片，第二天放在《人民日报》刊出，此后又被多家大报转载。

可见，这位记者具有敏锐的新闻视觉，选择了最佳的观察位置，把握了稍纵即逝的时机，从而获得了最佳的观察效果，记录下了这一历史瞬间。

6.包容性

记者观察时经常会遇到反常的现象、离奇的事件，此时，要坚持"求异思维"，能够接受最难以置信的事实和真相，不要忽略任何看上去荒诞不经的现象。特别是观察复杂的新闻事件，要有健全而敏锐的观察力，善于辨别真假，善于透视现象背后的本质，能够看出表面上并无关联的事物之间的联系。

电视连续剧《威胁》(2001年)取材于"7·17"广西南丹透水事故。编剧远方曾赴辽宁、河北、北京的多个矿山进行采访，他观察到的矿难原因并不仅仅是人们通常认定的腐败问题。他调查发现，许多矿工为了谋生而缺乏自我保护意识，也是造成事故的重要原因。

四、观察的规律

医学研究发现，视力正常的人观察事物时，仔细观察某一点的时间约为250毫秒。其中，物体映入眼帘再输入大脑、“校验”观察到的信息正误并决定是否继续观察，约各占 40 毫秒；剩下 170 毫秒则是对观察到的信息进行译解和思考。记者观察事物时，掌握一定的规律，就可以花费较短的时间来扫描信息，并获取更多的信息量。

1. 先观察动态，后观察静态

动态事物，形象生动，稍纵即逝，只要全神贯注，就能在一瞬间将其捕捉住，写入报道会很有吸引力。而对静态事物，则可以从容观察。

2. 先观察全貌，后观察局部

人们观察事物，习惯于先记事物的轮廓，获取全貌上的印象，然后再看事物的局部与细节。留意观察局部、细节的特点，才能全面、深刻地理解事物的本质。

3. 先观察近处，后观察远处

近处的事物容易看得真切、清楚，最能引人注目；远处事物，目力所及的范围有限，难以看清，引人注目的程度相对较弱。

4. 先观察外观，后观察内部

观察事物，一般先看外观、表象，后看内部、本质。观察人物，一般先观察其面部、体态、服饰、言谈、举止，后观察和揣摩人物心理。

总之，观察是有规律和有层次的，记者在观察时应当掌握这些基本规律。

第八节　新闻采访的记录技能

记录是新闻采访的第五项基本技能。各类媒体的记者在采访时都会强调记录的重要性，有了准确的记录，才能奉献出准确的报道。同时，记录也是记者保护自身的“护身符”，如果采访对象在事后发难，否认自己说过的话，这些记录将成为证明报道真实性的凭据。

一、采访记录的方式

不同媒体的记者在采访时会采用不同的记录方式。平面媒体记者主要依靠文字记录和图片记录；广播记者还要依赖声音记录；电视记者则以音像记录为主。因此，记者在采访之前一定要准备好纸、笔、采访本、采访机（录音机）、照相机、摄像机、磁带、胶卷、电池等记录用具。

1. 文字记录(书记)

记者在采访时一定要坚持做笔记,不能全靠脑记。如果过分自信,一旦记忆出现混乱、遗漏或差错,就会酿成损失。

2. 图片记录(拍照)

拍照摄影,是图片记者的记录方式。一幅角度独特、蕴含深意的新闻图片,可能胜过洋洋洒洒数千字的一篇报道。文字报道,再配发照片,图文并茂,相得益彰,可以活跃版面,显得意趣盎然。同时,新闻图片也是历史瞬间的形象记录,往往会具有重要的文献资料价值。

3. 声音记录(录音)

录音,也是记录的重要手段,即使用采访机或录音机把采访对象的话语原原本本地记录下来。这样,对方说话时的语气、节奏、情感以及现场的音响气氛等,都可以“原汁原味”地予以保存。尤其对于广播电视采访而言,声音记录非常必要,可以使报道具有不可替代的真实感。

平面媒体记者在采访时如果发现由于时间、场合、口音等因素而不便做笔记,例如对方有长篇谈话或口音较重,就可以使用录音。张纯如在采写《南京大屠杀:被遗忘的二战浩劫》时,由于对一些“南京大屠杀”幸存者的方言听不太懂,就采用了现场录音手段。

除非是隐性采访,录音一般都要征得采访对象的同意。录音可以帮助记者节约时间、提高效率。记者可以腾出手来,在同样的时间内提出更多的问题,可以专心地引导谈话。当然,在录音的同时,记者也可以适当做一些笔记,记录下要点。需要提醒的是,录音时最好使用带有计数器的采访机或录音机,不要使用立体声录音机,要注意随时检查机器运转是否正常。

4. 音像记录(摄像)

摄像,是电视采访中记录新闻信息的主要手段,摄像机则是摄像记者的常规武器。众所周知,影像和声音是电视荧屏的最主要元素。通过摄像,记者可以记录下生活的原生态,保证电视采访的时间同步性和空间现实性。尤其在现场报道中,电视新闻报道的优势非常明显,既有声音,又有图像,生动形象,可视性强。

二、文字记录的方法

记者采访时应当一边倾听、一边记录、一边观察、一边思考。如果记者把采访时的所见所闻所感所想,都事无巨细地用笔记下来,既不可能,也毫无必要,只会浪费时间。如果记者一直埋头记录，就会无暇观察对方说话时的体态、神情，也没有时间去思考，因此，在做文字记录时，需要掌握一些行之有效的方法。

1.简记法

简记法，就是少而精地做笔记，记观点、要点、亮点、疑点、易忘点，记有个性色彩的原话，记印象深刻的细节，记自己的联想。记下之后，还应做好标记——要标明哪些是逐字逐句记录的原话、哪些是梗概大意，以免时过境迁、产生混淆。例如，记录下那些稍纵即逝的警句妙语，就可以在写作报道时作为直接引语。

记录时简明扼要，往往比面面俱到更为高效。简记法可以帮助记者节省时间，在倾听对方说话时，观察对方说话时的表情、手势，捕捉有意义的细节，同时揣摩其隐含的意思，并思考新问题。

2.速记法

速记法，就是快速而准确地做笔记。记者如果总是打断采访对象的话、重复提问，既会妨碍采访的连贯性，又会使对方厌烦，甚至会导致谈话中断。而记者如果掌握了速记法，就可以随时跟上采访对象的谈话节奏。

速记时要注意记录那些关键的字词、陌生的内容、复杂的情况等。如果对方的前一句话尚未记完，又发现其后一句更重要，就应迅速跳跃到后一句话来做记录，而前一句话，可待有空时再补记。可以用不同颜色的笔来标记不同的内容，以免混杂不清。

对于采访对象的重要言论，如果要逐字引用，就必须迅速地将每个字都记录下来，可以不厌其多，但一定要精细，尤其是采访对象提供的姓名、地址、数字之类的信息，一定要记录准确，最好能找恰当机会来及时核对。记者也可以使用一些自己才能看懂的速记方法，但在采访结束后要赶快整理出来，使杂乱无章的材料变得有序，筛选出有用的材料，以免拖延时间后难以辨认。

3.心记法

心记法，也叫脑记法，就是用脑子记住那些不便或不需用笔记录的内容。有些采访对象因心存疑虑、怀有戒心而害怕甚至拒绝记者做记录；有些采访对象见到记者做笔记就紧张起来、不敢说话；有时采访环境不允许记者做笔记……面对这些情况，记者别无选择，只能依靠心记，往往可以让采访对象放松戒备、缓解疑虑，甚至滔滔不绝地回答问题。

因此，记者要培养较强的记忆力，在采访时更是要全神贯注地观察和倾听。在使用心记法时，首先要将注意力高度集中，进行细致观察；再通过巧妙联想，把事物形象化；最后反复背诵，加深印象。

心记是各种记录方式的重要辅助手段，记忆力强的记者多采用这一方法。他们在采访过程中也做些笔记，但只是把数字、要点等关键信息记下来，而将其余大量内容默记在心，甚至仅是佯装记录，以示尊重与鼓励。

4.补记法

采访时如果全凭心记，也不可靠；事过境迁，就算记忆力再强，也很难记住全部内容，时间一长，总会忘掉一些信息。因此，采访过程中或采访结束后应当适时补记，最好能在一两个小时之内及时追记完毕。即便是训练有素的记者，也不能全靠记忆，在采访结束之后也得补充记录，否则，就可能存在隐患。如果采访对象事后否认自己的话，而记者又拿不出任何书面记录，甚至自己都已记不清楚，就会陷入尴尬窘迫的境地。

5.偷记法

偷记，是指记者有意不让采访对象看见，利用各种办法来悄悄地做笔记，往往是因为采访对象害怕甚至拒绝记者做笔记。

美国电影故事片《水门事件》(1976 年)讲述了《华盛顿邮报》的两名记者追查采访“水门事件”的曲折过程。片中，《华盛顿邮报》记者卡尔·伯恩斯坦来到一位女簿记员的家中，希望了解有关“总统连任竞选委员会的秘密基金”的问题。由于受到威胁，簿记员非常害怕，不敢提供信息，也不愿记者记录。伯恩斯坦在其家中连喝了 20 杯咖啡，坐了六个小时，趁着簿记员走开的空当将所获信息记在火柴盒和餐巾纸上，从而大有收获。

俗话说：“草字出了格，神仙识不得。”如果字迹太潦草，时间长了，连自己都很难辨认。因此，采访结束后要及时整理记录材料，将其整理成清晰易辨的文字。要随时记录、随时整理，切勿延误时间。可以将原始手稿保存起来，将复制件拆散，再依照主题来分门别类、编好页码。如果更换主题，最好另起一页，不要在同一张纸上两面记录，以免给分类造成麻烦。

俗话说：“磨刀不误砍柴工。”整理记录看起来耗时，却是分析材料、理清思路、明确主题的过程，可以在整理过程中形成粗略的写作提纲，这就可以为后面写作报道提供便利、节省时间。美国著名记者爱泼斯坦就有几大箱采访笔记，有的是手稿，有的是整理后的宝贵资料，都成为其写作时取之不尽的材料源泉。

第三章 平面媒体的新闻写作

第一节　消息的文体概述
第二节　消息的标题写作
第三节　消息的讯头写作
第四节　消息的导语写作
第五节　消息的主体写作
第六节　消息的结尾写作
第七节　消息的外部结构
第八节　消息的基本类型
第九节　新闻引语的写作
第十节　新闻背景的写作

平面媒体，是指以纸张为载体、通过单一的视觉维度来发布信息的媒体，包括报纸、杂志等，是传统媒体中的“长子”。通过视觉、听觉来多维度传递信息的“立体媒体”兴起后，平面媒体遭遇到越来越大的挑战，但平面媒体新闻凭借其公信力、思想性与权威性，仍旧具有突出的优势。

对于平面媒体而言，通常所说的新闻报道在体裁上有广义和狭义之分。广义的新闻泛指消息、通讯、深度报道、新闻评论、图片新闻等各种体裁，狭义的新闻则专指消息这种体裁。本章所讲授的平面媒体新闻写作，主要涉及消息的写作。

第一节　消息的文体概述

消息属于记叙文体，对新近发生的、有重要价值的、能够引起广泛关注的新闻事实进行准确、简明、迅速、通俗、有力的报道，是平面媒体向公众传播新闻信息的最主要、最有效、最基本的报道方式。其他报道方式都是由消息衍化而来的，所以，写作消息是记者的基本功。

一、消息的基本要素

写作消息一般要具备五个 W 和一个 H，也即“新闻六要素”——When(何时)、Where(何地)、Who(何人)、What(何事)、Why(何因)、How(何果)。中国新闻界又称之为“六何”。如果除去 How(何果)，也称“新闻五要素”。

一般来说，一条消息中，如果缺少某些要素，即使只缺少其中的一两个要素，就会造成所报道的事实残缺不全，给人们留下模糊印象，使消息大为逊色。以下面这则消息为例：

社员吕璞修掏钱设“冬瓜奖”

据新华社成都1月19日电　四川新津县冬瓜种植能手吕璞修最近向全县农民悬奖挑战，凡冬瓜达到他创造的两万斤水平，他私人掏钱每亩奖给100元。群众把这叫做“冬瓜奖”。

吕璞修是这个县长乐乡杨柳大队的农民，今年六十一岁。他在党的建设社会主义新农村的政策鼓舞下，对传统的冬瓜种植方法进行了改革。他利用优胜劣汰的自然淘汰规律，选育瓜苗，并根据冬瓜生长发育的特点，将播种季节由“惊蛰”改在“立春”，再加上一整套科学管理方法，他种的瓜亩产量近几年都超过两万斤。吕璞修因此致富。

为了让更多的农民掌握种瓜的技术，实行农业种植多种经营，吕璞修决定设立“冬瓜奖”，推广他科学种瓜的技术。

——《人民日报》2004年8月20日

这条消息全文约280字，把何时、何地的人设“冬瓜奖”，为何设“冬瓜奖”的前因后果都讲得清清楚楚。时间——最近，地点——四川新津县长乐乡杨柳大队，人物——农民吕璞修，事件——设“冬瓜奖”，何因——为使农民致富，何果——推广科学种瓜技术。

消息的要素是根据消息的特点提炼出来的。报道一项工作、一次会议、一件事情、一个人物，总得报道地点、人物、事件的来龙去脉，总要把前因后果讲清楚、说明白，因此，写消息必须交代这些要素。再来看下面这则消息：

60名成都老板进京读党校

他们将接受清华人大等校名师的“智慧补钙”

昨日，成都仙牌灵芝集团总裁刘大富欣喜地收到了中央党校的“录取通知书”。刘大富本想给夫人一个惊喜，没想到妻子也神秘地掏出了自己的“录取通知书”。原来，夫妻俩听说工商联组织民营企业家赴中央党校的消息后，分头报了名，而且都被录取了。

和刘大富夫妇同时首批获得录取通知书的还有58名成都民营企业家。19日，他们将赴京当一周的“全日制学生”，接受中央党校、清华大学、中国人民大学等校名师的“智慧补钙”。这次成都市非公有制企业经营管理者理论培训是由成都市委组织部、市委统战部和市工商联联合组织的。

和外人想象的“富人就学”不同，60名成都企业家在北京将接受严格的全日制教学管理，必须遵守无秘书、无随从、无轿车的“三无”校规。与此同时，课程设计将严格按照国际化思路设计，理论与实践相结合，既有国际形势的综观分析，又有征战市场的“野战”培训。在7天的培训中，学校将开设“民营企业的财政、税收与投资”、“中国和平崛起的国际环境和国际战略”、“企业家在对外经营中需注意的法律问题”、“修宪与民营企业发展”等讲座，并开展交互式讨论，就四川民营经济的实际运作进行交流。此外，企业家们还要赴西柏坡，接受革命传统教育。

大批川企老板对这次难得的“读书机会”表现出非常高的热情。来自成都机电行业协会的何建宏先生说:“这次培训是我们拓宽眼界、参透政策的好机会,含金量绝对高。”据成都市工商联有关人士介绍,截至8月31日,已有200多人报名。在首批人马赴京入学后,市工商联将争取组织更多的企业家参加这样的培训。

——《华西都市报》2004年9月11日

这则消息可以按照“六何”来界定:时间——2004年9月10日,地点——成都仙牌灵芝集团,人物——以灵芝集团总裁刘大富及其妻子为代表的民营企业家,事件——收到中央党校“录取通知书”,原因——对民营企业家进行“智慧补钙”,结果——这次培训是拓宽眼界、参透政策的好机会。

二、消息的基本特点

消息的基本特点是“真、短、快、活、强”,即准确、简明、迅速、生动、有力。

第一,真,就是真实准确——这是新闻报道的生命。

它包含两个方面的内容:一是作者所报道的事实,包括人名、地名、时间、数字、引语等,都必须准确无误,不容许有任何差错、虚构、夸大、缩小;二是作者对事物的说明和解释应符合事实的本来面目,不能有任何曲解或掩饰。新闻消息要经得起历史和实践的检验,真正发挥它的宣传、鼓动作用,就必须具备这些条件。

第二,短,就是简明扼要——文字少、篇幅短是消息的优势。

这是消息区别于其他文体的一个特点,也是对消息的一个基本要求。胡乔木同志曾提出,消息要有五分之四在五百字以内。消息多为电讯,所以又称为“电报文体”或“电讯体裁”。消息写得短,首先是对报道事实进行提炼,或一事一报,或提取精华,或巧取一隅,或选取典型,或以小见大,或跳跃组合。当然,消息求短还应讲究在有限篇幅里增大容量,增加分量,传递更多的信息,这样才更有价值。

第三,快,就是迅速及时——报道时间一定要快。

消息发表不快成了旧闻,就失去了新闻的价值。“快”是新闻的传统。网络新闻的面世,把这个传统发挥到极致。许多网上新闻报道的是刚刚发生、正在发生的事儿。记者要有熟练的新闻写作技能和争分夺秒的精神。熟生巧,巧生快,这是一条规律。不要等采访完了,四平八稳地坐下来写,应该在采访的同时就构思写,甚至是边访边看边写。同时,要擅长写短消息,短才能快。

第四,活,就是生动活泼——不能是老一套、老框框、老面孔。

毛泽东同志提倡文章和文件都应该具有三性:准确性、鲜明性、生动性。活,就是指生动性。把消息写活的关键是深入现场采访,具体表现人与事在现场的情形。有了人物,有了活动,把一件件事例和一个个镜头展现在受众面前,消息就可以写活了。

第五,强,就是坚定有力,要做到思想性强、政策性强、针对性强,严格遵守宣传纪律。

记者写作新闻要精心选择事实、研究事实,在新闻作品中提出某个切中时弊的问题,或是指出某个群众普遍关心却又感到困惑的问题的解决途径。这样的作品必然会使受众感到正中下怀,这样的作品也自然有分量,其思想性、指导性必然显著。而思想性与深刻性的结合,这取决于记者对问题研究的深刻、透彻程度。

第二节 消息的标题写作

一般而言,消息的内部结构由标题、讯头、导语、主体(含背景材料)、结尾五部分组成。这五部分未必齐全,但必须能够组成一个整体,构成一则消息。

标题是主题思想的高度概括,其作用主要有三点,即吸引受众、揭示意义、美化版面。

一、标题的常见类型

消息的标题根据其作用与功能的不同,可以分为正题、引题、副题、分题、提要题等常见类型。

1. 正题(又称主题、母题)

正题是一则消息中最主要的标题。在写作上,正题的字号最显著,以区别于引题和副题。

2. 引题(又称眉题、肩题或上辅题)

引题就是指正题上面的标题,一般用来交代背景、说明原因、烘托气氛、解释意义等。重要消息的引题可以占多行位置。

3. 副题(又称辅题、子题)

消息的副题与通讯、新闻评论、调查报告等体裁的副题有明显区别——消息的副题不用破折号,而通讯、新闻评论、调查报告等体裁的副题,起始处必须用破折号来表示。重要消息的副题也可以占多行位置。

【范例】

四川中药蕴藏量居全国第一(引题)

社区卫生站都要配中医(正题)

我省在发展中医药过程中将实施“利民工程”,制定中医药服务体系(副题)

——《成都商报》2006年10月30日

4.分题(又称插题、嵌题、小标题)

分题,俗称小标题,是穿插在篇幅较长的新闻报道正文中间的、字号大于正文或字体异于正文的标题。其作用有二:一是显得段落清晰、层次分明;二是概括各段落的核心内容,方便受众阅读。

【范例一】

养老金上涨　全川一起动(正题)

我省下发《关于2005年和2006年增加企业退休人员基本养老金的通知》(副题)

(正文中有三个分题)

市州标准和成都基本一样

部分人员不得纳入调整范围

补发部分月底前发到手中

——《华西都市报》2006年10月22日

【范例二】

龙年春晚细品亮点 群龙无首

(正文中有五个分题)

变 混搭很惊艳,跨界有新意

萌 不拼大场面,胜在小清新

老 熟面孔不倒,大合唱怀旧

星 偶像特别多,星星数不停

忆 本山对不起,差点忘了您

——《扬子晚报》2012年1月23日

5.提要题(又称纲要题)

重要的长新闻往往需要在正副标题之后、正文之前拟出提要题。

【范例一】

百位中外名校校长聚会北京(引题)

哈佛秘诀:独立思考最重要(正题)

(正文前为提要题)中外大学校长论坛22日在北京开幕,主题是“大学校长如何领导和管理好大学”。论坛吸引了哈佛大学、牛津大学、斯坦福大学、东京大学等世界著名大学的16位校长和部分专家，以及国内教育部直属高校和国防科工委、中科院所属有关高校等82位现任校长参加。这是我国高等教育界规模最大、人数最多、层次最高的中外大学校长的聚会，也是教育界应对国际竞争和挑战、适应我国经济社会发展新要求的一项重要举措。

——《新闻晚报》2002年7月24日

【范例二】

以色列总统称俄罗斯能阻止叙冲突 实现中东和平

（正文前为提要题）据外媒报道，以色列总统佩雷斯8日表示，他相信俄罗斯可以阻止叙利亚的流血冲突，实现中东和平。他还表示，多年来，以色列和叙利亚边境相安无事，希望这种和平能一直持续下去。

——中国新闻网2012年11月9日

二、标题的组合形式

消息的标题与一般文章不同：一般文章或许只有一行标题，或许在主标题后面再加上一个副标题，而消息的标题在组合形式上则有单行标题、双行标题、多行标题之分。

1. 单行标题，即一则消息只有一个标题

范例一：东海沉船是贩毒船？（《世界新闻报》2002年5月9日）
范例二：“春兰”获现代企业管理特等奖（《解放时报》2000年4月1日）
范例三：穿越历史，红色长征不只是记忆（《华西都市报》2006年10月22日）
范例四：岁末将至，明星纳税成监督重点（《华西都市报》2006年10月31日）

2. 双行标题，即一则消息有两个标题，或正题与副题搭配，或正题与引题搭配

【范例一】

小提琴第一“金”川人拿了（正题）

川音学子宁峰在世界顶级赛事第51届帕格尼尼国际小提琴比赛中获得金奖（副题）

——《成都商报》2006年10月31日

【范例二】

奥运赛场变成“乌龙院”(引题)

国旗易帜 放国歌跑调(正题)

——《大连晚报》2012 年 8 月 3 日

3. 多行标题,即一则消息有三个及以上标题

【范例】

希拉克:喜爱文学和相扑的法国总统(引题)

希拉克访华谈核电高铁(正题)

法国总统希拉克 25 日抵京,开始对中国进行为期 4 天的国事访问(副题)

——《成都商报》2006 年 10 月 26 日

三、标题的写作要求

写作消息标题,需要遵循一些基本原则和要求。其具体要求有如下三点:

1. 具体准确

根据客观的新闻事实来写作标题,涉及语言表达的问题。标题要从新闻事实中提炼精华,突出基本的新闻要素,使读者望题而知意。具体之余,还要准确而贴切,不能题不对文、扭曲文意。以《新快报》2009 年 9 月 23 日刊发的一则消息的标题为例,既具体又确切:

陈水扁要告奥巴马(正题)

以所谓“台湾定位不明”和人权问题提控告(副题)

2. 简明生动

消息标题要用概括性的语言来浓缩新闻事实,用尽可能少的语句来清楚地表达尽可能多的内容,做到字少句明、词约意丰、言简意赅——言辞虽少,却富有文采、生动形象,可以小中见大,吸引读者的阅读兴趣。

例如,《汴梁晚报》在 2012 年 11 月 22 日刊发了一则消息。文中报道,该市首批房奴即将迎来房贷清款大限,进入无债一身轻阶段,其幸福与否引发探讨。其标题简洁明了,又生动形象:

我市首批房奴——(引题)

酸甜苦辣,谁解其中味?(正题)

3. 协调一致

写作消息标题,要首先了解标题的种类、特点及作用,再根据表达需要进行恰当地选择与搭配。标题之间、题文之间都要做到协调一致。采用双行标题、多行标题时,要组合得当;可以主次搭配,互为补充;也可以虚实结合,相互映衬。下面的范例一中,正题为因,副题为果;而范例二中,正题为果,引题为因,都相互补充,搭配协调。

【范例一】

广电总局将严查中美合拍片(正题)

《敢死队 2》《钢铁侠 3》能否获得"合拍片身份"令人忧(副题)

——《东南快报》2012 年 8 月 26 日

【范例二】

新画面单方面提高《十三钗》最低票价(引题)

拒涨 八大院线京城"逼宫"张伟平(正题)

——《成都晚报》2011 年 11 月 23 日

按标题的表意程度,消息的标题也有实题和虚题之分。实题具体标明新闻事实,而虚题则表意形象化、内容虚化而抽象。使用单行标题,最好为实题,以标明必要的新闻要素;使用双行标题、多行标题,则可以将实题与虚题搭配起来,以更好地表情达意、吸引读者。

【范例】

(正题)牛博士:夜宴将至　静待尾"升"(虚题)

(副题)昨日中石化暴涨 6.28%,带动泸指大涨 28.34 点,收于 1837.99 点,再创本轮行情的收盘新高(实题)

——《成都商报》2006 年 11 月 1 日

第三节　消息的讯头写作

报纸上的消息在正文起首部分往往冠以"本报讯"或"新华社成都某月某日电"之类的字样。网络上的消息的正文起首也常出现"新华网成都某月某日电"之类的字样。这个特殊的部分就是消息的讯头，也称消息头。当然，并不是所有的消息都有讯头，不同地区、不同媒体对讯头的处理也不尽相同。

如今，包括报纸新闻消息在内的一些新闻消息开始在写作中将讯头省略掉，但在标准的消息写作要求中，讯头是必不可少的。它是消息区别于其他文体的一个独特标志，其作用是标明消息来源和版权所有，既表示担负文责，又便于读者判断消息的真实性与权威性。例如，新华社与美国的美联社（AP）、英国的路透社（Reuters）、法国的法新社（AFP）并称当今世界四大通讯社，如果在讯头中出现这些媒体的字样，则消息的可信度相对更高。

消息的讯头中常见的字眼有“讯”、“电”两种。

“讯”，主要是以邮寄或书面递交的方式向媒体传递的新闻报道。凡是报社等媒体通过自身的新闻渠道所获得的本埠消息，一般都标明“本报讯”之类。如果新闻是从外地传来的，还应标明新闻发布的时间和地点，如“本报北京某月某日讯”。

“电”，主要是通过电报、电传、电子邮件、传真、电话等方式向媒体传递的新闻报道，如“本报北京某月某日电”、“新华社成都某月某日电”等。

可见，“讯”和“电”只是在传递手段上有所区别，其性质和作用是相同的。

【范例一】

俄罗斯《生意人报》3月26日讯　中国国家主席胡锦涛26日开始他为期三天的俄罗斯之行。他到莫斯科与普京总统一道，为在俄罗斯举办的“中国年”揭幕。

【范例二】

共同社莫斯科26日电　中国国家主席胡锦涛26日抵达莫斯科，开始对俄罗斯进行为期三天的正式访问，并与俄总统普京举行了会谈。两国首脑就合作解决朝鲜及伊朗核问题进行了确认。双方预计还将就加强中俄战略协作伙伴关系及国际形势进行磋商，并于当天签署联合声明。

【范例三】

路透社莫斯科26日电　中国国家主席胡锦涛26日抵达俄罗斯。这是他以中国国家领导人身份第三次对俄罗斯进行访问。他会向莫斯科提供商业机会和国际合作，以扩大两国的联系。

【范例四】

美联社莫斯科25日电　中国国家主席胡锦涛26日将抵达莫斯科，开始对俄罗斯进行国事访问。这次访问的目的是加强中俄合作。中国和俄罗斯之间的政治和军事联系不断增强，并竭力加强经济联系。

【范例五】

新华社莫斯科3月26日电　在俄罗斯举办的“中国年”开幕式26日晚在莫斯科克里姆林宫大礼堂隆重举行，国家主席胡锦涛和俄罗斯总统普京共同出席并致辞。中俄两国元首在致辞中一致表示，要以举办“国家年”为契机，增进两国和两国人民的相互了解和友谊，深化两国各领域交流合作，促进双方人员往来，为中俄战略协作伙伴关系长期健康稳定发展注入新的活力。

如果是转发其他媒体的消息，通常要冠以“本报讯 据某报报道”之类的字样，以示来源和版权。在转引报道时，不能扭曲事实，但可以删节摘编，往往还要完成报道立场与叙述口吻的转变。

1975年4月5日，清明节，蒋介石去世。国民党“中央社”在报道中将其描述为“一代完人”：“国民革命之伟大导师、中华民族之大家长、大陆人民之心系领袖、拯救民族危亡之英雄、改变历史之巨人”。之后，新华社根据“中央社”的报道，在《人民日报》4月7日一期的最后一版(第4版)上刊发了消息，如下：

蒋介石死了

新华社一九七五年四月六日讯　台北消息：国民党反动派的头子、中国人民的公敌蒋介石，四月五日在台湾病死。

据国民党中央通讯社四月六日报道，蒋介石死后，蒋帮由伪“副总统”严家淦接任伪“总统”，以继续维持其对台湾人民的反动统治。

蒋介石自从一九二七年背叛孙中山先生领导的民主革命以来，一直作为帝国主义、封建主义和官僚资本主义在中国的代表，坚持反共反人民，独裁卖国。他双手沾满了中国革命人民的鲜血。但是他的血腥统治始终未能阻挡历史车轮的前进。在伟大领袖毛主席和中国共产党的领导下，中国人民经过长期革命武装斗争，终于推翻了蒋介石集团的反动统治，建立了人民的新中国，开创了中国历史的新纪元。

蒋介石逃到台湾后，在美帝国主义的庇护下苟延残喘，继续坚持与人民为敌。蒋介石集团的反动统治遭到台湾人民的强烈反对，内部矛盾重重。蒋介石死后，有着爱国光荣传统的台湾省人民，必将进一步为解放台湾、实现祖国统一而展开斗争。怀有爱国心的蒋帮军政人员也将更加认清形势，积极为实现解放台湾、统一祖国作出贡献。中国人民一定要解放台湾！

——《人民日报》1975年4月7日

新华社的这篇消息具有鲜明的政治立场和感情色彩，“蒋帮”、“伪”、“中国人民一定要解放台湾！”等用语极富时代特征。

时代变幻，当蒋经国于 1988 年 1 月 13 日辞世后，新中国领导人还是对其不幸逝世深表哀悼，并于 1 月 14 日发表谈话，肯定了其生前的一系列行动，如坚持一个中国，反对“台湾独立”，主张国家统一，表示要向历史作出交代，并为两岸关系的缓和作出一定的努力。

《人民日报》在头版刊发了新华社的消息，同样是根据台湾电台的广播报道，但是题目已显得中性，没有用“死”字，也未用“解放台湾”等用语。但是，对于台湾当局的政治机构及职务称谓，仍旧使用引号，如下：

蒋经国昨天病逝

新华社北京 1 月 13 日电 据台湾电台广播，中国国民党主席蒋经国于今天下午 3 时 50 分因病逝世。蒋经国，浙江奉化人，生于 1910 年。早年留学苏联，1937 年回国后，曾任“三青团”中央干部学校教育长。国民党到台湾后，任国民党台湾省党部主任委员、“国防部总政治作战部”主任、“国防部”部长、“行政院”院长、“总统”等职。1975 年 4 月担任国民党主席。

至今，大陆媒体在报道台湾当局的政治机构及人员职务时，无论自行采写，还是转发引用，都要进行改动处理，代之以“台湾地区领导人”、“台湾行政机构负责人”、“台湾民意代表”之类的用语，最起码要加以引号。

第四节　消息的导语写作

导语，即“导读之语”，是引导读者阅读之意，属于新闻专用术语，特指消息的正文开头部分。消息的正文开头往往会以简明扼要的文字将消息中最新鲜、最重要、最吸引人的事实概括提炼出来，从而形成导语，即古人所谓“立片言以居要，乃一篇之警策”。

毛泽东特别重视导语的写作，强调说：“一切较长的文电，均应开门见山，首先提出要点，即于开端处，先用极简要文句说明全文的目的或结论(即导语)，唤起阅者注意，使阅者脑子里先得一个总概念，不得不继续看下去。”

只有消息的开头被称为导语，属于专用名词，其他文体的开头不能被称为导语。这又是消息区别于其他文体的一个独特标志。

一、导语的常见类型

导语经过一百多年的发展和演变，可以划分为四代：

1. 第一代导语——全要素导语

第一代导语诞生于19世纪60年代，当时的导语，五要素或六要素齐全，称为“全要素导语”，就像把全部要素挂在一条“绳”上，也被形象地称为“晒衣绳导语”。

【范例】

萨摩亚群岛阿皮亚3月30日讯 南太平洋有史以来最凶暴、最具破坏力的飓风3月16日与17日横扫了萨摩亚群岛，结果一支由6艘战列舰和10艘其他军舰组成的舰队，或在港口的珊瑚礁上被碾成碎片，或被抛到阿皮亚这座小城前面的海滩上，142名美国与德国的海军舰艇官兵在距其故土数千英里之外，永远长眠于珊瑚礁下或葬身于没有墓碑的坟茔中。

2. 第二代导语——摘要式导语

第二代导语出现在20世纪三四十年代，突出部分要素，其他要素在主体部分叙述，我们将其称为摘要式导语。

【范例】

美联社1945年8月14日电 日本投降了！

美联社在抢发这条爆炸性新闻时，导语干脆利落——五个字包含了两个最核心的要素——who(日本)、what(投降了)。第二段再写道：“杜鲁门总统今晚7时宣布，日本已无条件投降，造成历史上空前巨大破坏的战争随之结束。盟国陆海军已停止攻势。”when(何时)这个要素被放在第二段。因为，何人何事，才是这一大事件中最为重要的。这条导语虽短，但有千钧之力，当时被新闻界公认为“最佳导语”。

以上两代导语都属于直接性导语，也称硬式导语，在第一段单刀直入，直截了当地叙述最主要的新闻事实——何事发生、何时发生、在何地发生、关键信息及来源等，多用于动态消息。

【范例】

以色列空袭加沙致死人数升至28人

新华网加沙11月16日电 据加沙地带医疗部门消息，以色列16日夜间继续轰炸加沙地带，造成4名巴勒斯坦人死亡、数人受伤。这使得在以色列空袭中丧生的巴勒斯坦人总数升至28人。(导语)

——新华网2012年11月16日

3. 第三代导语——延缓式导语

第三代导语出现在20世纪70年代，先不交代核心的新闻事实，而是先行设置悬念来调动读者的阅读兴趣，这种导语被称为延缓式导语，也称软式导语。延缓式导语通常以一则事例、一件趣事或一个场景来设置某种情景或唤起某种情绪。

【范例一】

200名中学团委书记齐聚衡水中学，传递“青年好声音”

中国青年网衡水4月4日电（记者 周志刚） 最近几天，在申钢利的记录纸上，写满密密麻麻的心得体会。这位来自山西省运城市康杰中学的团委书记准备把这些“学习成果”带回学校，梳理后向校长汇报。

3月30日，第二期全国中学团委书记培训班在河北省衡水中学开班。申钢利与其他来自全国各地的200余名中学团委书记一起参加了为期五天的培训。

——中国青年网2014年4月4日

【范例二】

美报纸档案馆达到一百万页的里程碑

美国《华盛顿邮报》6月17日报道 1906年，在一场大地震袭击旧金山后的数小时，有关这场灾难的新闻迅速传播开来。现在，人们可以通过两年前启动的一个大型数据库，上网搜索这个国家几十年来的报纸。20年来，国会图书馆和全国人文学基金会（NEH）合作保存旧报纸，一开始是用微缩胶卷，现在则采用数字化手段。

昨天，这两家由联邦政府拨款的机构的官员齐聚新闻博物馆。他们宣布，“美国编年史”项目现在已录入了第一百万页内容。NEH代理主席卡萝尔·M.沃森说，收集到的大量新闻报道有助于人们了解国家的历史。

——《华盛顿邮报》2009年6月17日

当然，并非任何事件和有趣的故事都能被写成延缓式导语。导语必须与报道主题、新闻要点保持一致，必须能引导读者直接进入事件的核心。比较而言，直接性导语适用于“硬”消息，延缓式导语则适用于“软”消息；前者更具时效性，后者则更具可读性。

4. 第四代导语——“多元素导语”

第四代导语出现在20世纪80年代，在报道同一新闻人物或事件时，有两个或更多的事实需要写进导语里，这种导语叫作多元素导语。

【范例】

比利亚世界杯绝唱留经典 掩面而泣令人动容

中新网6月24日电　在今天凌晨进行的一场世界杯小组赛中，西班牙3∶0大胜澳大利亚。老将比利亚在世界杯舞台上写下了属于自己的最后一笔，包括一个精彩的进球，和赛后悲伤的眼泪。

——中国新闻网2014年6月24日

四代导语各有优点，要以新闻报道的内容与价值为依据来灵活运用。在新闻写作模式的变革中，记者也在不断探索导语的写作形式，不断丰富导语的写作技巧。

二、导语的写作要求

有这样一则新闻——宁波警方查获了一个贩毒组织，逮捕期间，一名主要毒贩突然说："我姓李，是记者，正在以卧底身份采访。"警察灵机一动，问道："新闻稿子的第一段称为什么？"此问一出，"李记者"竟不知道答案是"导语"，立即露馅儿，被警方当场拿下。

可见，会写新闻导语绝对是记者的基本能力。写作导语的基本要求有以下两点：

其一，是抓住事实核心。

写作导语时，要能迅速抓住新闻事实的核心，提纲挈领，牵引全文。例如，《武汉晚报》在2012年7月12日第21版刊发了一篇消息，正题为《年度最烂，没有之一；年度最欢乐，没有之一》，副题为《〈大武当〉横空出世》。标题中点出了有关事实的两个关键词——"最烂"与"最欢乐"。为何既是"最烂"又是"最欢乐"呢？仅看标题，已很有悬念感。而导语部分就要交代核心事实——为何"最烂"，为何"最欢乐"。其导语如下：

当一部分观众还在网上"吐槽"《画皮2》的时候，另一部分观众已经发现其实《画皮2》也不算太难看了——那是因为已经有比它更烂的电影横空出世，再一次刷新了他们对烂片的认识。由杨幂、赵文卓、徐娇、樊少皇等主演的电影《大武当》6日上映，目前该片在豆瓣上的评分仅有3.6分。尽管许多观众都认为它是"今年到目前看过的最烂电影，木有之一"，但是观影的过程却能获得意想不到的欢乐。有网友称："强烈推荐《大武当》，能治疗抑郁症。一点不装，导演非常了解烂片该怎么拍，苦心满足了烂片的所有条件。"

四川传媒学院广播电视编导专业的学生在学习新闻采写时，为了提高消息导语的写作能力，校方曾多次组织学生采访因参加“中越边境自卫反击战”而致残的英雄钟兴民同志，并请钟兴民同志来校演讲。针对这次革命宣讲活动，老师要求同学们抓住核心事实，各选角度来写作消息。下面列举三例消息导语：

【范例一】

本报讯　今天上午，四川省荣军校一位因参加“中越边境自卫反击战”而致残的一级伤残革命军人——钟兴民同志应邀来我院进行了深刻的爱国主义思想教育，使同学们深受鼓舞。

【范例二】

本报讯　2006年11月30日上午，四川传媒学院邀请到参加过“中越边境自卫反击战”的战斗英雄钟兴民同志来校为同学们授课。他通过结合自身真实经历的演讲，使同学们深受感染。

【范例三】

本报讯　1979年2月17日凌晨5时30分，中国对越自卫反击战在中越长达2400公里的边境线上，全面打响。在杨得志、廖锡龙司令员的带领下，我军节节胜利。2月23日晚，钟兴民同志所在连队接到上级命令，进攻由越南王牌316A师驻守的107高地。

新闻事实的核心是“钟兴明应邀来校进行革命传统教育”。因此，范例一和范例二在导语写作上都抓住了这一核心事实，范例三则没有抓住“现实”，而去阐述“历史”，有“走题”现象。

其二，是迅速吸引读者。

导语要能迅速吸引读者的阅读兴趣，要具有感染力和诱惑力。

导语的感染力首先体现在精准的角度上，要能精准地触动人们思想感情的敏感部位，因此，必须坚持“三贴近”原则，努力反映广大读者最为关心的问题，尤其是与群众利益密切相关的问题。具有感染力的导语往往选择富有人情味的角度，可以轻松地吸引读者的注意力。

【范例】

我市首批房奴——

酸甜苦辣，谁解其中味？

近日，微博上一条关于我国首批房奴将迎来房贷清款大限、进入无债一身轻阶段的博文引来众多网友“吐槽”。一时间，网上出现了许多关于首批房奴幸福与否的探讨。有网友认为，首批房奴多年前所置房产目前已大幅增值，由“负翁”变为了富翁，不得不说是一场精明的投资。但也有网友认为，经过多年房贷压力的折磨，精神上的损失远大于资产的增值，所以这笔账并不划算。那么，我市首批房奴到底幸福吗？

——《汴梁晚报》2012 年 11 月 22 日

另外，导语的诱惑力体现在新颖的内容上，要选择最具新意的内容来激起读者往下阅读的欲望。写作富有新意的导语需要一定的技法，可以运用设问、震惊、冲突、夸张、误会、谐音等方法来设置悬念、引发兴趣，最好能使读者阅读全文后有“意料之外，情理之中”的新奇之感。

例如，可以运用设问的方法将读者引入“问题情境”，激发其好奇心，调动其阅读的积极性。《参考消息》在 2004 年 7 月 6 日刊发的题为《男女比例失调造成中国“光棍”阶层》的消息中，报道了中国男女比例失调的问题——越来越多的父母利用胎儿性别鉴定技术在胎儿出生之前就把女孩打掉，这不仅使女孩出生率降低，而且还将致使一大群年轻男子难以讨到老婆，无法开始自己的家庭生活。

其导语采用设问法来设置悬念：“如果社会上数以千万计的青年男子娶不到老婆，你会担心吗？这正是中国和印度现在必须面对的令人感到烦恼的一幕。”从而迅速吸引住读者。

导语中运用故事情节来设置悬念，可以唤起读者天然的故事情结，也很常见。《参考消息》在 2004 年 9 月 4 日刊发的题为《中国同新的自然灾害——色情作斗争》的消息，关注了中国社会同色情作斗争的情况。

其导语中加入了一段富有悬念的故事情节：“一个身怀六甲的女人在拥挤的人行道上穿来穿去。她低声对路过的两个男人说：‘要黄片吗？’黄片就是色情电影。挺着大肚子，她带着那两个男人走到一个长满草的地方，拨开一堆草，里面露出几张盗版的美国和日本黄片光盘。她四处张望看看有没有警察，然后报价两张光盘 20 元。接着，她一阵风似地就不见了踪影。”

第五节 消息的主体写作

消息的主体是指消息导语后面具体展开新闻事实的内容。导语总括了所要报道的新闻事实，主体则具体展开新闻事实及其细节，以满足读者了解新闻事实详情的需要。消息主体的作用主要有如下三方面：

一、详述新闻事实，解答读者疑问

导语往往只是交代新闻事实的概况，既未涉及详情，又难以涵盖全部新闻要素，读者阅读后，会有颇多疑问与不解。因此，主体部分就要将导语中概括的事实具体化，补充基本信息，解答读者的疑问，加深读者的理解。

【范例一】

扁出庭拒答28次

台湾《苹果日报》6月3日报道 台北地院2日开庭审理"前总统"陈水扁被控收贿、图利案，首度由两名公设辩护人出庭替扁辩护。但陈水扁态度强硬、不合作，除当庭说："我不认罪，不答辩，不传证，不诘问，我没有犯罪"，接下来对审判长蔡守训的问话，扁28次拒答。

合议庭2日针对特侦组追加起诉扁珍共同收受陈敏薰、辜仲谅3.1亿元部分进行准备程序。庭讯前，公设辩护人曾德荣与陈水扁沟通，表示会为他声请具保停止羁押。陈水扁说，很期待保释，要公设辩护人一开庭就提出来。

阿扁2日出庭，未如往日抱着厚厚的卷宗，庭讯中也不再做笔记。他歪着身子，冷眼看着合议庭3位法官。

开庭后，公辩人便替陈水扁声请停止羁押，不过合议庭未裁定。接着，蔡守训问扁是否明白检方的起诉内容时，扁只说："我不认罪，不答辩，不传证，不诘问，我没有犯罪"。之后，改由公设辩护人曾德荣、唐祯琪代答。

后来，蔡守训再度要求陈水扁表示意见，但扁靠着椅背坐着，双眼紧盯荧屏，歪着头不愿开口。蔡只好要书记官记下"不答"后，念完所有问题。总计扁被记下"不答"共28次。

直到公辩人声请传珍作证，证明陈敏薰交付1000万时，扁并不知情，扁才开口："为表达对本案政治报复、司法不公的抗议，我提出新的'四不一没有'。珍没传唤必要，公设辩护人应尊重我，撤回，不要再拖延诉讼"。公辩人只好撤回传唤珍。

律师刘思龙认为，陈水扁提"四不一没有"声明，应是认定一审会被判有罪，要等二审再来翻盘。但律师庄秀铭认为，扁此招其实是险棋，一审宣判时，扁可能会被依仍有串证之虞续押。

——台湾《苹果日报》2009年6月3日

【范例二】

理财方式男女有别

路透社纽约7月17日电　研究显示，男性和女性处理个人财务的方式非常不一样，男性更容易密切关注自己的开支和投资，并及时支付账单。

一份对美国全国约3500名雇员进行的调查发现，理财中存在着性别差异。

数据显示，三分之二的男性会定期全额支付信用卡账单，但这么做的女性只占三分之一。

而且，90%的男性称，他们每个月会及时支付账单，但只有74%的女性会这么做。

调查称，71%的男性花钱的时候有节制，每个月开支会比收入少。同样情况在女性中只有53%的比例。

超过一半的男性说，他们有一个紧急基金，如果失业可以支付好几个月的账单。不过有紧急基金的女性只有三分之一。

40%的男性说，他们对自己的投资有信心，投资分配合理，女性这一比例只有24%。73%的男性说他们对股票、债券和基金有着全面的认识，相比之下女性的比例只有40%。

休斯敦一位女性金融问题专家马尼沙·撒克说，在个人理财方面，女性一般所受教育较少。

撒克说，通常在学校里学不到跟个人理财有关的知识，但很多男性会在他们传统角色——养家者——中学到如何理财。女性的传统角色——照顾者——不会令女性学到与理财相关的知识。

撒克说："男性在社交时常会谈论生意和金钱。女性谈论的是养育培育的话题。"

——路透社2009年7月17日

二、描述新闻细节，满足读者兴趣

新闻事实的细节之处包含着无穷的魅力。读者对于自己感兴趣的新闻，会急于了解其细节，以获得满足。消息的主体部分恰恰有充足的篇幅来描述细节，可以尽量满足读者的兴趣。

【范例】

莫斯科戒备森严地迎接奥巴马

俄罗斯《共青团真理报》7月4日报道　美国总统奥巴马上任以来将首次访问俄罗斯。俄方从年初就开始部署安保工作，按照美国有关方面的要求采取了一系列安保措施。专机降落的机场严格保密。俄罗斯防空系统对机场设置了“双重保护”。专机抵达莫斯科之前几小时，直升机将在机场上空巡视。从机场到克里姆林宫沿线，俄罗斯警方安排了上万名警察和特工，每一米路面都在严密监控之中。安保人员还多次检查了沿途居民楼等设施，以及地下管道排水口、过街天桥和地下通道。工兵排除了对柏油路面和土路面所有松动之处的疑问。

现在，奥巴马的“凯迪拉克”座车已由美国代表团“先遣队”的波音飞机运抵莫斯科。这辆钢、铝和钛结构的超级轿车造价43.5万美元。车身长5.49米，高1.78米，车门用的是20厘米厚的钢板。总统座位前面安装了移动小桌，布置了笔记本电脑和卫星电话，奥巴马随时可以与副总统和五角大楼通话。专车司机在美国中央情报局接受过训练，仪表盘上装有GPS系统和通信设备。车上配有电子炮、机枪和催泪瓦斯。车底座装有一种特殊的金属液体，一旦发生车祸或遭遇破坏，可防止翻车。随行的奥巴马保镖伸手可及报警按钮。

访问期间，奥巴马专车所到之处严格禁止其他任何车辆通行。在一路绿灯的莫斯科街道上，“凯迪拉克”座车的时速可达到120－150公里。

——俄罗斯《共青团真理报》2009年7月4日

三、扩展信息含量，交代背景意义

新闻消息是一种信息产品，应当为受众提供尽可能多的信息量。主体部分要充实报道内容，尤其是对事实的背景材料、意义影响等进行必要的补充和交代。例如，四川传媒学院曾组织广播电视编导专业的学生采写关于战斗英雄钟兴民同志的新闻消息，在消息写作练习中，钟兴民的英勇战斗事迹作为重要的背景材料，必不可缺，如下：

1979年2月17日凌晨5点，“中越边境自卫反击战”打响。钟兴民排长与野战军战友们，立誓言，写血书，把国家集体利益放在首位，即使抛头颅、洒热血也在所不惜，英勇地投入到自卫反击战的前线。

107高地攻坚战打响，隆隆的炮声响彻云霄。107高地，被称为越南对中国防御的三大防线之一。钟兴民排长和他的战友们担任穿插任务。经过十多小时的血战，他和战友们逼近了107高地前沿阵地。突然，不幸的事情发生了，对方用重炮轰炸封锁了107高地。在炮弹的爆炸声中，他不幸被炮弹击中。战友们冒着生命危险，对他奋力抢救。反击战取得胜利，钟兴民身负重伤。作为一名革命军人，无论何时何地都应把国家集体利益放在首位。他说：“在索取和奉献中不能画上等号。”

在写作消息的主体部分时，要合理安排层次段落，遵循规范的写作要求，如下：

第一，必须紧扣主题，精心选材；切忌随意拼凑，重复赘述。

第二，必须具体准确，言之有物；切忌笼统抽象，空洞无物。

第三，必须脉络清晰，层次分明；切忌杂乱无章，逻辑不清。

第四，必须环环相扣，衔接紧密；切忌松散零碎，东拉西扯。

第五，尽量多选角度，深化主题；切忌千篇一律，表面肤浅。

第六，尽量波澜起伏，生动活泼；切忌平铺直叙，呆板生硬。

第六节　消息的结尾写作

元代戏曲家乔梦符说："作乐府亦有法，曰凤头、猪肚、豹尾六字是也"，或曰"豹头、熊腰、凤尾"。其意是说，文章的结尾要精彩而有力。写作一篇结构完整的消息，不仅要写好标题、导语、主体，还要写好结尾。

写作消息的结尾，一般要遵循以下原则：

第一，紧扣新闻主题，深化主旨；切忌跳跃脱节，前后矛盾。

第二，段落宜精宜短，力求简练；切忌冗长赘述，重复交代。

第三，仍以叙述为主，内寓褒贬；切忌空发议论，无谓抒情。

消息结尾的写作方法多种多样，要根据其具体内容来酌定写法。下面介绍十种常见写法：

一、总括式结尾：文尽意足，总括全篇

【范例】

在中国互联网大会举行期间，中国互联网协会各位理事、专家、学者、网站负责人和网民代表等与会人员经过热烈讨论，一致认为网络空间是现实社会的延伸，所有网站和网民都应增强自律意识和底线意识，并赞同共守"七条底线"。

——《中国互联网大会倡议共守"七条底线"》，新华网北京 2013 年 8 月 15 日电

二、点睛式结尾：突出要点，画龙点睛

【范例】

观看革命样板戏已不再是一种任务，而是一种商品，一种人们能购买并欣赏的

东西。不过这恰是当初样板戏想教人们摒弃的资本主义社会的东西。

——《革命题材戏剧再次走红中国》,《华盛顿邮报》网站 2009 年 6 月 15 日

三、展望式结尾:前景展望,趋势预测

【范例】

除非中国的教育制度或经济出现重大变化,否则在一段时间内,西方人在绝大多数中国人里找不到西藏、达尔富尔和环境问题的盟友。如果有关西藏的争论把今年夏天的奥运会变成人权运动会,以为中国人会对政府发怒的西方人最后会发现,中国人发怒的对象是他们。

——《忠诚的中国青年》,《纽约时报》2008 年 4 月 13 日

四、场景式结尾:场景特写,瞬间定格

【范例】

于是,从上周起,马什梅特街头便出现了奇特一幕:女巡警当中走,两边各有一名强壮的男保安。

——《警察雇保安》,俄罗斯《共青团真理报》2009 年 6 月 10 日

五、自然式结尾:顺势作结,戛然而止

【范例】

井上清在书中说,大量历史资料表明,至少从 16 世纪以来,钓鱼岛及其附属岛屿就是中国的领土……早在 1785 年日本出版的《三国通览图说》及其附图上都用不同的颜色标明钓鱼岛及其附属岛屿是中国的领土。

——《钓鱼岛是中国固有领土》,新华社 1996 年 10 月 18 日电

六、引语式结尾:人物话语,收束全篇

【范例】

最后,撒贝宁为肖琳的讲述作了一番动情的“批注”,寥寥数语,却画龙点睛:“我们年轻人,只要需要我们的地方,需要我们的时候,我们随时做好准备!”

——《村官肖琳亮相央视〈青年中国说〉》,《大学生村官报》2014 年 5 月 9 日

七、背景式结尾:背景材料,充实结尾

【范例】

据悉,叙利亚2011年3月爆发骚乱,并迅速演变为反对派组织与政府军的武装冲突,至今已持续一年有余。据联合国收到的各方数据,截至目前,叙利亚已有2至3万人在冲突中丧生。

——《以色列总统称俄罗斯能阻止叙冲突 实现中东和平》,中国新闻网2012年11月9日电

八、补充式结尾:未尽信息,补充交代

【范例】

此外,履职福州市委书记期间,习近平还曾在《福州晚报》上发表过七律诗。

——《〈追思焦裕禄〉编排经过》,《郑州日报》2014年3月21日

九、动态式结尾:动态叙述,言尽则止

【范例】

12时,在省人民医院急救中心抢救现场,记者看到,被用上呼吸器的小苏磊心跳次数在一点点地下降,他的呼吸已经完全停止。医生说,他的内脏已经破碎,颅内严重受创,这两种伤都是致命的。事实上,小苏磊已经死亡。孩子的亲属在抢救现场悲痛欲绝!近凌晨1时,记者在事故处理部门被告知,肇事车司机已经接受讯问。

——《白色皇冠拖着被撞伤者狂逃众出租车怀着满腔义愤猛追》,《大河报》1997年8月25日

十、论析式结尾:篇末评析,阐发见解

【范例】

然而此时片方不仅把影片搬上银幕,还定下一个很“坑”的票房目标——5000万到8000万……真的很想问一句:“这么敢预期,凭什么?真的当‘蜜蜂’(杨幂、冯绍峰粉丝)是傻瓜吗?”目前冯绍峰和杨幂的粉丝已经在网上发出呼吁,要求大家联合抵制。一方面,冯绍峰当年的古装扮相太屌丝了;另一方面,杨幂被人质疑整过容,因为10年间她的容貌变化实在太大。这也是粉丝愤怒的地方,认定电影的上

映是在抹黑偶像，所以坚决不能容许这样的行为发生。

——《这是要把“蜜蜂”当傻瓜吗?》，《武汉晨报》2014年1月20日

第七节　消息的外部结构

新闻消息的外部结构形式有倒金字塔结构、金字塔结构、组合式结构、延缓式结构、悬念式结构、立体式结构、故事式结构、并列式结构、提要式结构、因果式结构、对比式结构、散文式结构、沙漏式结构等多种。

本节重点介绍倒金字塔结构、金字塔结构、组合式结构、延缓式结构、并列式结构五种常用的消息外部结构形式。

一、倒金字塔结构

倒金字塔结构，通常将最重要的材料，如事件的结果、事实的精要，放在消息的开头，形成导语，次要的材料放在后面，最不重要的材料放在最后，恰如头重脚轻的“倒金字塔”形态。它打破了中国传统的叙事顺序，要求记者具备较强的逻辑思维能力和语言表达能力，既要做到段意明确、层次分明，又要注重段落之间的内在逻辑关系与衔接。

1844年，美国的莫尔斯发明了电磁电报。19世纪60年代，美国爆发“南北战争”，战地记者们纷纷利用刚刚发明的电报来发送消息，以方便读者尽快获得有关战争的动态消息。由于电报技术处于初始阶段，记者在沿用编年体的结构形式发消息的过程中电报经常出现故障，发报的新闻时常被截断，以致重要的新闻信息不能及时发出去。

这就迫使记者为了改变这种状况不得不冲破传统的编年体结构报道模式，开始发报就抢先争取尽快把最重要的新闻信息发回报社。于是明智的记者就尝试着在消息的开头一段即导语，抢先播报最引人关注的新闻的主要内容或者说核心信息（包括时间、地点、人物、事件、原因、结果等精华的内容），如果发报机正常，再播报次要的新闻内容（放在第二段），再次要的则放在第三段，最次要的放在结尾。这样，最重要的新闻内容已经发出去，即使再碰到电报技术故障，报社编辑部收到了最重要的新闻消息，仍可编发一则简要新闻。

战争环境中的新闻采写实践，迫使记者在新闻的写作结构上进行变革，催生了倒金字塔结构。它有力地保证了战争信息的传播、储存和阅读。把最重要的

新闻内容写在消息的导语部分，然后按新闻内容重要性先重后轻的次序写作，最不重要的放在最后的结尾来写，颇像倒置的埃及金字塔，顶端大而分量重，越往下分量越轻。

记者在而后的新闻采写实践中，逐渐适应了这种结构形式，直至第一次世界大战时仍广泛运用这种结构模式，在相当长时间内成为独一无二的新闻结构模式。迄今为止，倒金字塔结构一直是写作新闻消息的一种常用的结构形式。

倒金字塔结构的特点又被称为“三度反复”，对同一新闻事件，从标题至导语，再到主体，分三步呈递进式展开叙述。第一次是标题引出事实，起索引作用；第二次是导语概述事实，补充标题；第三次是主体详述事实，展开导语。它最适用于报道以事件最新动态为主的动态消息。

【范例一】

肯尼迪遇刺丧命

约翰逊继任美国总统

路透社达拉斯 1963 年 11 月 22 日电　急电：肯尼迪总统今天在这里遭到刺客枪击身死。

总统与夫人同乘一辆车中，刺客发三弹，命中总统头部。

总统被紧急送入医院，并输血，但不久身死。

官方消息说，总统下午 1 时逝世。

副总统约翰逊将继任总统。

【范例二】

BBC50 岁男记者不堪女同事性骚扰自尽

［提要］英国广播公司又传性丑闻，不过这次的受害人是一名 50 岁的男记者。他因无法忍受一名女性员工对其多次性骚扰，于 22 日自杀身亡。

本报讯　英媒最新披露，BBC 记者乔斯林在 5 年前被一名女同事“盯上”，多次对他性骚扰，最终自杀身亡。

据悉，在乔斯林拒绝她的性要求之后，这名女性向他发了许多辱骂性内容的简讯，通过这种方式诅咒和贬低他。在乔斯林向公司投诉这件事之后，公司管理层有“许多机会”来干预这件事，但他们“没有采取任何行动来帮助乔斯林”。

乔斯林在求助无门的情况下，在前周撞巴士自杀未遂后，被送往精神病院。上周一，他被发现用塑料袋包着头部，窒息死亡。

BBC 日前被爆出已故主持人萨维尔涉嫌性侵 300 人，其中还包括未成年少女，但他多年来一直被总裁恩特威斯尔包庇。包括这次传出的性骚扰事件，BBC

对此仍是知情却不加制止，导致员工走向绝路。

——《广州日报》2012 年 10 月 30 日

【范例三】

世界哪些国家自杀率高

西班牙《世界报》5 月 19 日报道 根据世界卫生组织（WHO）日前公布的世界自杀排行榜，东欧的自杀情况需要予以特别关注。

WHO 心理健康问题专家亚历山德拉·弗莱施曼指出，东欧国家的自杀现象与酗酒、精神疾病和文化背景有关。东欧人不太愿意到医疗机构寻求帮助，患有心理疾病的人很少会在患病初期接受适当的治疗。

立陶宛是世界上自杀率最高的国家，每千名男性中就有 68.1 人自杀，其次是俄罗斯和哈萨克斯坦，接下来的是匈牙利、斯洛文尼亚和爱沙尼亚。

每千名日本男性中有 34.8 人自杀，圭亚那 33.8 人，比利时和芬兰都是 31 人。

来自希腊的欧洲议会议员察姆帕齐建议审慎对待这些数字，因为这样的统计结果很可能并没有反映出真实情况。

——西班牙《世界报》2009 年 5 月 19 日

范例一共五段：导语突出了何人、何时、何地、何事、何果五个新闻要素，仅何因未明而无法写出；第二段至第四段展开导语所概括的新闻事实，每段简短、段意明晰，重要性则依次递减；第五段则是结尾，交代总统身亡后的继任信息。

范例二的开头交代了事实的概况，然后讲述详细过程，最后交代新闻背景，也是典型的倒金字塔结构。

范例三也共五段：第一段作为导语，解答了标题中的悬念；第二段阐述了东欧国家自杀现象较多的原因推断；第三段具体报道东欧的自杀率排名情况；第四段则交代了其他国家的排名情况，以作对比；第五段作为结尾，补充了不同意见。

倒金字塔结构的优点有如下六点：

第一，最具有新闻性。新闻导语开门见山，写出最重要、最新鲜的新闻事实，往往 5 个 W、1 个 H（为什么）齐备，相对独立成段，即使不读下文，也可大体掌握新闻的主要信息，最大限度地争取新闻时效。

第二，最具有逻辑性。它按照先重后轻、先主后次的逻辑顺序安排材料、段落，后面的段落不断补充前段的内容，而不是按照新闻事件发生、发展的时间顺序来安排层次段落，换言之，即头重脚轻。

第三，最具有层次性。一段只写一个事实，每段文字简练，往往只有三、五行。

第四，最具有时效性。比较适用于写作突发性新闻事件，但往往简略叙述新闻事件的过程。

第五，最具有模式性。它有利于记者快写、编辑快编、读者快读，贴近受众心理，能引起读者的“新闻欲”。

第六，最具有客观性。全部叙述事实，记者不发议论。

倒金字塔结构的缺点则有如下三点：

第一，不适用于写故事性强的新闻、富有人情味的新闻和某些非事件性新闻。

第二，表现程序固定、单一，显得呆板枯燥、缺乏生气，结尾有气无力。

第三，忽略表现技巧。

倒金字塔结构虽有若干弊端，但为客观报道提供了一个稳定的写作规则，尤其是动态性硬新闻必不可少的写作模式，至今还没有一种新的写作模式可以完全取代它。

二、金字塔结构

金字塔结构，又称时间顺序结构，或编年体式结构。这种结构形式的消息，没有概括性的导语，直接按照新闻事件发生发展的时间先后顺序来写作；开头就是新闻事件的开端，主体顺承事件发展的自然顺序，结尾就是事件的结束，犹如小说，高潮在后，较为符合中国传统的写作习惯。

【范例一】

我军横渡长江情景

新华社长江前线 1949 年 4 月 23 日电　前线记者阎吾报道人民解放军在安庆、芜湖间某地敌前强渡长江时的情景称：21 日黄昏，江北某地解放军的阵地上空，突然升起银光四射的发光弹，顷刻，整个北岸阵地发出了震天动地的雷鸣，从解放军的炮兵阵地上，无数道火线飞向南岸，接着整个南岸国民党军的阵地就完全陷于一片火海中。炽烈的炮火映红了江面和天空。接着，从各个港口涌出了无数只大小船只。它们立即散布江面，像箭似地向南飞驶而去。北岸的江边，站满了当地的居民、民工和解放军的指战员们，大家都屏息凝视着火光掩映的江面，等候着。忽然，在南岸飞起了登陆的信号，枪炮声、喊杀声连续不断。北岸所有的人们立时迸发出一片欢呼：“过去了！”“过去了！”无数船只继续从各港口涌出来，加速向对岸驶去。对岸的解放军则开始不断发出前进的信号，和响起前后各部队间联络的号音。在宽阔的江面上，解放军的指挥灯不断闪耀着，渐渐枪炮声、喊杀声越来越远了。工兵们紧张地搭起许多码头，无数民工忙着把无数的弹药、器材、粮食、蔬菜送到船上，随着大军运过江去。这时，在大江南岸，布满着无数匆匆登岸的解放军，到处可以听到船工们和解放军战士们兴奋而亲热的告别声："同志们，再见了！""老乡们，辛苦了！南京再见！"

——《东北日报》1949年4月25日

【范例二】

在俄罗斯捕获一条长着人类牙齿的鲫鱼

俄罗斯《共青团真理报》7月18日报道 俄罗斯人瓦列里坐在距离车里雅宾斯克市40公里的湖边钓鱼，突然发现芦苇丛中有一张被水淹没的渔网，他出于好奇将网拖到岸边，网中竟然有一条活鲫鱼。这条鱼的嘴长得挺怪，仔细一看，它竟然长着人牙！

瓦列里担心鱼有毒，戴上手套抓住鱼并带回了家，撒上盐晾晒起来，现在他一心想卖个大价钱。互联网出现了关于这条鱼的消息，已有数十个外国有钱人打算买这条鱼收藏。这条奇鱼重两公斤，长40厘米，鳞片正常。

——俄罗斯《共青团真理报》2009年7月18日

金字塔结构的优点有如下三点：

第一，便于构思与行文，适合于写作一些内容较为单一、时间跨度较小、"故事性"强、以"情节"取胜的新闻。

第二，叙事脉络清晰，情节完整，现场感强，具有生动性和吸引力。

第三，亲切、自然，易为读者理解和接受。

金字塔结构的缺点则有如下两点：

第一，一般无导语，平铺直叙，新闻性弱，往往缺乏吸引力。

第二，读者要了解事件真相，非读完全文不可，精华往往淹没在长篇叙述中。

针对这些弊端，记者在写作实践中又创造了另外一种外部结构形式——组合式结构。

三、组合式结构

组合式结构，全称为倒金字塔与金字塔组合式结构，在导语部分按照倒金字塔式写作，把核心信息放在前面，主体部分则按照事件发展的时间顺序写作。这样，导语交代了新闻的基本要素或关键信息，具有典型的"倒金字塔"特点；从主体到结尾，按照时间顺序来交代事件的来龙去脉，又具有典型的"金字塔"特点。

【范例一】

答辩专场 老师来到重症病房

一名成绩优异的大四女生，却因为毕业前的一场重病无法参与论文答辩。昨日晚上 8 点 45 分，华西医院第一住院大楼重症病房里，三名老师和一个学生的专场答辩开始了……

实习之际突遭疾病

23 岁的刘杨在成都理工大学广播影视学院师生们的眼中，不仅成绩优异，还是学院女生部很负责的好干部。去年上学期，刘杨与所有大四同学一样，开始了毕业前的实习。然而刚到电视台不久，她就感觉身体不舒服，小腹胀痛且大便带血。怕远在郑州的家人担心，刘杨并没有把病情告诉当医生的妈妈，而是偷偷地到医院做了检查。

今年 1 月，回郑州过春节的刘杨突然晕倒，被家人送到医院一检查才确诊患的是重症溃疡性结肠炎，100 多厘米的结肠已全部坏掉。失去意识、休克昏迷的刘杨躺在病床上，根本不知道医院下达了病危通知书。幸运的是，经过精心治疗，刘杨终于从死亡线上被拉了回来，不过虚弱的身体不允许她返回成都，只能边治疗边在就近的电视台实习。

坚强女生坚持写论文

由于病症反复，刘杨最终放弃了实习工作，长时间住院治疗。想着马上就要毕业，她心里怎么也不踏实，经常在病床上掏出书本，准备起自己的论文。可往往是坐不了一会儿就累得不行，又只有休息好一阵才重新开始。就这么断断续续地，刘杨坚持完成了自己 8000 多字的论文稿——《浅谈"韩流"的成因及背后的思索》。

"妈妈，送我回成都吧，我们学校要论文答辩了。"今年 5 月，躺在病床上的刘杨数次央求妈妈。然而看到女儿虚弱的样子，杨立婷开始并不肯松口，希望到 6 月份答辩前再送孩子回来，答辩完后立马回郑州继续治病。一次，两次，三次……数次恳求，杨妈妈最终没拗过女儿，答应提前返校。5 月 27 日，刘杨在妈妈的陪同下回到成都理工大学，开始了她论文的第二稿整理。

特殊答辩病房里进行

就在 6 月 9 日学院论文答辩前夕，刘杨在 6 月 6 日出乎意料又开始便血，被紧急送往华西医院检查——"旧病复发"。这次，她再也没有力气下床来。"刘老师，我到时候能坚持来。"电话中，刘杨还是这么对班主任说道。8 日晚，虚弱的她睁不开眼睛，不得不遗憾放弃答辩。学校老师安慰她，实在不行就推迟一个星期，谁知道到了 6 月 14 日那天，她的身体还是不行。

如果不参加这次答辩，学校肯定就不能授予其学位，对她来说肯定又得耽搁一年。广播影视学院副院长兼编导与戏文系主任陈祖继教授决定为其专门组织一场单独论文答辩，时间就定在刘杨身体允许的情况下。

昨天，刘杨的身体稍微好转，学院便开始了紧张的论文答辩准备。一下午，刘杨都在翻看着她的论文，脸上洋溢着幸福。昨晚8点40分，三位老师赶到了华西医院，刘杨开始了期待已久的答辩。面对三位老师，刘杨显得很从容："韩流并不像某些媒体专家写手吹捧的那么不可一世……"一旁，看着认真答辩的女儿，杨妈妈感动得哭了。昨晚9点50分，刘杨终于以优良的成绩顺利通过论文答辩，完成了大学学业。

——《华西都市报》2007年6月16日

【范例二】

一边没有新郎 一边没有新娘

电话婚礼

新郎在绵竹救灾，新娘留在名山老家，昨晚分别在两个地方同时举行的婚礼感人至深

没有欢快的音乐，没有响亮的锣鼓，没有绚丽的焰火……甚至新郎也没有出现在婚礼现场。昨晚7时30分，在名山县蒙顶山下一个翠竹掩映的农家院落里，22岁的邓晓静的结婚典礼正在举行。在众多亲友的见证下，她和天全县的一名预备役军人彭爽结为夫妻。但这一天，彭爽作为一名预备役军人还战斗在绵竹抗震救灾的第一线，他们只有通过电话彼此相向行了结婚大礼。

今年34岁的彭爽原是武警驻某地某连的连指导员，4年前，他通过姐姐的介绍认识了在雅安某部队医院当护士的邓晓静，去年，彭爽退伍回到了家乡雅安天全县。几个月前，他俩把婚期定到了5月22日。然而，5月12日下午2时28分，山崩地裂，汶川特大地震发生了。当晚，集结的号令吹响。作为一名预备役军人的彭爽，只给邓晓静和父母各发了短信，便迅速赶赴集结地点。

接下来几天，通讯不畅，邓晓静只有守在电视机前，希望能在救援队伍的画面中，找到彭爽的身影。

举行婚礼的日子一天天临近了，彭爽还战斗在抗震救灾一线。邓晓静坚持按时举行，她要用一个人的婚礼表达对爱郎的爱和崇敬。

5月21日是婚礼的前夜，按照当地习俗，这晚应大放焰火以示祝贺，邓晓静的父母也早早在场镇上买回来最好的焰火。但21日是举国哀悼汶川大地震死难者的日子，邓晓静一家退还了焰火，推掉了婚礼的司仪。农家小院里一个房间布置得大方而素净，很少有大红的装饰，一个红双喜字提醒宾客这是新婚洞房。

昨晚7时30分，一个电话从绵竹方向打来。彭爽所在的救灾队伍决定在短暂的休息时间，为彭爽举行一个简短的婚礼，这个电话将新娘和新郎连在了一起。男女双方的父母并排坐在农家小院的街沿上，电话里传来了主持人“鞠躬”口令，邓晓静恭恭敬敬地向父母敬了礼。当电话里传来“夫妻对拜”的口令时，邓晓静朝着彭爽战斗着的方向深深地鞠了一躬……

——《成都商报》2008 年 5 月 23 日

【范例三】

中国韩国印尼 4 对女双选手为何奥运赛场集体竞相求败

为何奥运会羽毛球女双比赛会出现“集体求败”的闹剧？

从本届奥运会起，国际羽联采取新的比赛规则，原来的单淘汰方式改为“先小组循环赛、再进行淘汰赛”的制度，希望减少爆冷的机会，确保有实力的选手能晋级淘汰赛。

但根据赛程安排，小组赛后的淘汰赛分上下半区，其中 A 组第一和 D 组第二有可能在上半区相遇，A 组第二和 C 组第一有可能在下半区相遇。

于是，闹剧开始了。

D 组比赛

在率先进行的 D 组最后一场比赛中，排名世界第二的田卿/赵芸蕾（中国）意外输给丹麦选手，只列小组第二，若打进半决赛，有可能在上半区遭遇 A 组第一。

A 组比赛

于洋/王晓理（中国）已经出线，为了不在决赛前提前与队友田卿/赵芸蕾“火并”，并增加中国队夺金系数，甚至能包揽冠亚军，于洋/王晓理选择故意求输。

根据韩国媒体昨日解释，两对韩国选手都无绝对实力进入半决赛，韩国方面想让两对选手在 1/4 决赛中碰面，以确保至少一对选手进入半决赛，这样夺取一枚奖牌的可能性就大很多。

而 C 组中河贞恩/金旼贞战胜印尼选手排名 C 组第一较有把握，因此，于洋/王晓理的对手郑景银/金荷娜（韩国）一旦输球排名 A 组第二，韩国组合就可在 1/4 决赛中碰面。

为此，在已经出线的情况下，郑景银/金荷娜也想求败。

C 组比赛

A 组战罢，为了不在 1/4 决赛遭遇实力最强的 A 组第二名于洋/王晓理（中国），均已出线的河贞恩/金旼贞（韩国）、波莉/乔哈里（印尼）都故意求输。

在裁判取消比赛资格的威胁下，两队选手“被迫认真”比赛，结果河贞恩/金旼贞 2∶1 取胜，按赛程将在 1/4 决赛迎战于洋/王晓理。

——《东方早报》2012 年 8 月 2 日

这种结构形式将倒金字塔结构与金字塔结构的优点相互结合、取长补短。其优点有如下三点：

第一，选取最重要、最核心的事实置于篇首，重点突出，体现新闻性。

第二，导语中设置“悬念”，吊住读者胃口，待到篇末再和盘托出。

第三，主体部分按照事件发展的顺序写作，逐段展开，叙事清晰、具体、完整、有趣，便于阅读。

四、延缓式结构

延缓式结构，是抓住新闻事实的本质或情节的高潮，采取由浅入深、由表及里、由小到大、由近及远的方法来谋篇布局的结构形式。其突出特点是“逐层蓄势”，不将最精彩、最亮点的内容和盘托出，而是一段一段地娓娓道来。

其开端采用归纳性导语，不交代具体事实，却会给读者留下一个问题，牵引住读者的注意力；在主体部分逐层展开精彩的新闻材料，而不是一个层次写完精彩的事实；报道的事实不断深化，不断提供新信息，直到最后揭开本质、推出高潮。

【范例一】

点火仪式开始了！

日本代表团 你咋不见了？

从7月28日开幕式至今，已经有越来越多的人对伦敦举办奥运会的能力提出了质疑，而昨天又爆出一条奇闻——日本代表团在伦敦奥运会开幕式上被直接引导出了体育场，没能参加点火仪式。此消息被证实后，日本网民一片哗然。

伦敦奥运会开幕式各国代表团入场式上，按照惯例各国代表团绕场一周后会被引导到场地中央。但是当天，日本代表团亮相绕场后，却被引导员从旁边的出口直接引导出了体育场现场。等到后来各国运动员都已经站在场地中央集合时，日本代表团已经不见了！此事经日本网友写博客爆料后，日本媒体致电日本奥委会询问缘由，对此日本奥委会回复说：“中途退场事件是确实发生的事情，虽然事前代表团提出中途退场是有可能的，但是我们日本代表团没有提出过申请。这是奥组委的失误，导致了日本奥运代表团的中途退场。其次，除了日本以外，其他国家也遇到引导错误，而且被引导中途退场的事情也有过发生。最后，日本代表团表示不会特别看重这个问题，因为这对竞技比赛不会产生任何影响。”

有趣的是，开幕式上发生的这起乌龙事件都已经过了一周才爆出来，这7天日本代表团以及媒体竟然没有任何人提出此事，直到网友写博客爆料在网上形成轩然大波之后日本媒体才跟进报道，也许真的是像日本奥委会官员声称“日本人专注比赛不关心这些事……”而有消息称，伦敦奥组委承认是引导员的失误，造成了日本代表团提前退场。不过，此后美联社记者斯蒂夫·威廉森更新 Twitter 解释此事却说：“奥委会主席罗格证实，日本代表团开幕式亮相后选择离开是他们自己的选择。”而从日本奥委会接受采访时所言，不是引领失误，而是因为开幕式的时间太长，为了让选手得到好的休息，所以日本代表团进场的 44 名选手中有 30 多人提出尽早回去休息的要求，没想到 44 人都被直接带出了场，出去就不能再进来了。

总之，各种说法让日本代表团的提前离场事件成了一个谜，而网友也是发挥娱乐精神尽情“吐槽”：“当全世界的代表团都在看着圣火点燃的时候，整个日本代表团都在场外思考人生。”“事实证明，伦敦奥运的这名日本代表团的引导员来自中国的晋察冀边区，他叫王二小！”“伦敦消极举办奥运会，要求取消其举办资格，并且终身禁赛！”

——《成都日报》2012 年 8 月 3 日

【范例二】

连环杀手的女伴在被害人之前得到赔偿

法国《巴黎人报》网站 5 月 20 日报道　毫无疑问，这是一起从道德上讲令人十分震惊的判决，但从法律上看却完全合法。

法国米卢斯法庭判决认定，因国家方面的严重过失而要向连环杀手嫌犯伊万·凯勒的最后伴侣塞夫里娜·鲍尔支付 1 万欧元的损害赔偿。凯勒是个园林工人，曾涉嫌于 1991 年至 2000 年期间在阿尔萨斯地区杀害了 23 名老太太。

2006 年 9 月 22 日，凯勒在被捕后接受了审讯，返回单人牢房后就结束了自己的生命。当时他是用自己的鞋带上吊自杀的。这是一起不应该发生的狱中自杀事件。

米卢斯法庭第一民事庭今年 2 月 27 日在十分保密的情况下宣布了上述判决。国家(机关)被认定对凯勒的自杀负有责任。判决书明确指出，“法庭认为公共司法部门未能履行其所肩负的使命”。判决书要求国家(机关)向凯勒的最后女伴支付 1 万欧元的损害赔偿。对此，国家(机关)决定不上诉。

但是，被凯勒杀害的 23 位老妪的家属迄今却未得到任何损害赔偿。

——法国《巴黎人报》网站 2009 年 5 月 20 日

【范例三】

孝感“吊瓶班”无人考上一本

本报讯　据《楚天都市报》报道，5 月 4 日晚，湖北孝感一中高三(3)班学生集体在教室挂吊瓶，一张边打氨基酸补充能量边复习的照片，被传上微博后引起网友及媒体的强烈关注，一度被调侃为“史上最牛‘吊瓶班’”。眼下，各大高校即将开学，曾经的“吊瓶班”学生考得如何？近日，记者再次来到孝感一中探访，该校领导首次正面回应此事。

前日下午，记者再次来到孝感一中时，教职员工们正在开会安排开学等新学期相关事宜。“就在刚刚开会时，我们还反思了‘吊瓶班’事件。”该校副校长张胜华苦笑着说。

那么，如此刻苦备考的“吊瓶班”，其学生今年高考成绩如何呢？面对这个问题，张胜华略显尴尬，并以“一般”二字概括。据介绍，该校今年有近 1300 名学生参加高考，其中达到一本线者 222 人，达到二本线及以上者 659 人。遗憾的是，“吊瓶班”全班 50 多名学生中，无一人达到一本线。

对于这个成绩，张胜华解释说，该校近 20 个高三班级中，1 至 5 班是文科班，而其中 5 班是快班，1 至 4 班是平行班。该校 222 名达到一本线的学生中，文科生只有十几人，且均出自 5 班，“平行班学生的基础相对要差一些，所以没有一人能考上重点大学”。

——《新民晚报》2012 年 8 月 29 日

五、并列式结构

并列式结构，又称集纳式结构，适用于主体部分所包含的事实几乎同等重要的新闻，即几个段落之间是并列关系的新闻。写作时经常先写一个事实，再写另一个事实，轮番更替，每个事实之间都是并列关系。

并列式结构的优点是逐段并列，两相对照，一目了然，又不呆板；其各层次相对独立，为同一主题服务；可以没有中心事实贯穿全文，只是选取几个新闻事实片段或几个侧面。

【范例一】

奥运赛场变成“乌龙院”

国旗易帜 放国歌跑调

本报英国伦敦电 天性幽默、热爱自嘲的伦敦人一直把伦敦奥运会视作他们的“自嘲集锦”，事实上伦敦奥运会开赛至今的一系列“乌龙事件”也让不少当事人无可奈何，不过伦敦人倒是无所谓，他们只是耸耸肩，《泰晤士报》就调侃说：“还好，这一切还没超出我们的认知逻辑，我们早有心理准备。”

赛场“乌龙”一连串

在伦敦奥运会开幕前，足球小组赛就率先展开，怎料在朝鲜对阵哥伦比亚的比赛中，在开赛前介绍朝鲜队员时，大屏幕竟然映出了韩国国旗，组委会短短20分钟内就刊发道歉信，并诚恳请求朝鲜女足原谅，才让这场比赛得以避免罢赛危机。

所有人都认为这个“乌龙”能够提醒伦敦奥组委，但没有想到这却成了“乌龙”事件的起点。

由于孙杨和叶诗文在游泳比赛第一天夺金，奥运会游泳馆的工作人员变得异常忙碌，他们得赶紧安排中文的同声传译。但当一位帅哥把中文同传的标志贴上同传室外墙的时候，记者立刻傻眼了——在硕大的“Chinese”下面是三个汉字“日本语”，另外一块牌上面印的是“Japanese 中文”。在确认他们把两个国家给弄混了之后，万般无奈的工作人员只能临时用白色胶带盖住了“日本语”三个汉字，算是避免了被更多人知道这个笑话。

当然“乌龙”无所不在，在击剑赛场上，匈牙利剑手斯拉奇在男子佩剑中摘取金牌。但在颁奖仪式上，他却实在是笑不出来——组委会竟然播放了一首严重走调的匈牙利国歌。匈牙利击剑队队长卡姆蒂在接受采访时说：“国歌的节奏与音调统统不对。”而匈牙利媒体也无奈地表示，聆听国歌本应是非常庄严的时刻，但这一次却“让人感觉非常别扭”。

场馆乌龙令人直摇头

如果说赛场的“乌龙”可能因为工作人员过于忙碌，不熟悉相关内容可以解释，那么奥运场馆的相关“乌龙”，所有人都直摇头。

作为本次奥运会少有的几个新建永久性场馆之一，水上中心耗资4.93亿美元，可同时容纳17500人。这个由英国著名建筑设计师扎哈·哈迪德主持设计的奥运会水上中心屋顶框架存在遮挡视线的硬伤。

由于奥运水上中心的屋顶存在曲度和框架遮挡，有600个观众席因为位置问题无法看见跳水台的跳板。这样，包括奥运会和残奥会在内，共有4800名已购票观众，将只能看见跳水运动员入水的一刹那。

伦敦奥组委似乎也拿游泳馆的设计者扎哈·哈迪德建筑设计事务所没有办法。该事务所有关人士表示，奥组委两年前已对场馆设计审核验收。为此，除了承诺全额退票外，奥组委不得不允许不想错过比赛的观众可以离开自己的位置，坐在其他可以看见跳水台的位置，前提是不影响其他观众，及不影响他人通行。

“我们呈现了一个完美的赛场，而这个赛场并不是用来进行比赛的，而是用来观赏的，这是水上中心的设计理念。”BBC在针对水上中心引发的“大乌龙”后也只能自嘲式地表达无奈。

在奥运开幕式前，英国媒体曾刊登了一幅漫画，指奥运开幕式时，伦敦碗的钥匙找不到了，大家都在伦敦碗旁无可奈何地等待。没想到，奥运比赛开幕后，伦敦媒体透露，24 日早间，负责温布利球场安保工作的警察在对球场进行全面检查之后发现一副内部钥匙遗失，并将此事上报。伦敦奥组委坚称赛场安全没有受到威胁，伦敦警方也不认为这起事件是一起预谋的犯罪，但搜寻钥匙无果。这让英国的记者们很自豪他们未卜先知的功力。

——《大连晚报》2012 年 8 月 3 日

【范例二】

建立稳固家庭的野蛮而有效的方式

俄罗斯《共青团真理报》报道(记者斯韦特兰娜·库津娜) 在散布于非洲或一些海岛上的土著部落，人们千百年来遵循着很多奇怪甚至野蛮的结婚风俗。与充斥着争吵、外遇和离婚的“文明世界”不同，那些部落的人们在婚礼前要经历一系列考验，婚后要受到种种习俗的约束，往往生活得很和谐。

在尼日利亚东部地区，新郎在迎娶新娘的路上会遭到女方所有亲友的一顿棒打。此举是为了检验新郎是否做好了挑起家庭重担的准备。也门也有类似的习俗，只不过区别在于，棒打新郎时，新娘会在场观摩。

大西洋赫布里底群岛的男人在婚礼前夜必须一整夜站在壁立千仞的悬崖边上，稍有不慎，就可能失足坠海。虽然这里的习俗并不限制结婚的次数，但鉴于每次结婚都要重温一遍这种考验，当地几乎没有人离婚。

在居于赞比亚河沿岸的巴尼亚部落，未婚夫要到未婚妻家里劳动，像奴隶一样为女方家服务。倘若忍受不了，可以离开，但必须交罚金做补偿。

不同民族对未婚妻是否为处女看法不一。在某些部落，婚前失贞的女子根本嫁不出去。例如，在东非，若新郎发现新娘不是处女，男方就会“退货”，还要在新娘身上沾满羽毛以示抗议。

中美洲奇布查人的风俗恰恰相反，他们根本不需要处女。在当地，保持贞操的女子不受男人欢迎。

在中东某些地区，直到不久前还沿袭着如下风俗：未婚妻会被赶到大路边上，她可以与自己中意的男子发生关系，直到她能从那些男子那里获得 20 份贵重礼物，她才有资格成为新娘。

在巴利阿里群岛，女子被视为整个部落的财产。在婚礼前夜，新娘应当和所有来宾发生关系。

在印度、澳大利亚和南非的许多部落中，妻子是可以买的，用钱买也行，用牲畜交换也无妨。有些部落的男子还可以用自己的妹妹换来别人的妹妹做妻子。

在加纳的某些部落，父亲死后，儿子可以继承父亲的妻子(儿子的生母除外)，但要在服丧期满一年之后才能碰她们。

圭亚那的土著人不仅可以买妻，还能卖妻，只不过出售时只能按半价。

在纳米比亚和南非某些地区，妇女要想离婚并再婚，必须砍掉自己一根手指。

另外，对于害怕岳母的女婿而言，北非的印第安部落简直可以说是天堂。在那里，从订婚之日起，岳母就无权直视女婿的脸，也不能跟他说话。

很多部落都不限制男子娶妻，一夫多妻的现象很常见。在这种情况下，妻子们难免会争风吃醋。为减少吵架，各部落自有高招。

在南非的卡佛尔部落，丈夫一般都不会让妻子们住在同一个屋檐下，安排她们各自住在不同地方。

在非洲的克鲁姆部落，第一位妻子顺理成章地成为后娶妻子的管理者，有主管分配家务的权利。有时候，"大老婆"甚至会请求丈夫多"纳妾"，以便有更多的人帮自己做家务，把脏活累活推给她们做。

一妻多夫的现象也不罕见。在东非的一些部落，一个女人通常有 6 至 10 个丈夫。以 10 天为周期，几位丈夫轮流着陪妻子住。

背叛伴侣不是件光彩的事。在马里亚纳群岛，不忠的妻子会被赶出家门，一点财物都不能带走；她的情夫会被打死。阿散蒂部落的女人若有外遇就会被丈夫割掉鼻子。

有外遇的丈夫也会受到惩罚。在马里亚纳群岛，不忠的丈夫会遭到周围妇女的群殴。

在非洲的大巴萨姆，负心汉的待遇相当不错，只要送妻子一些金饰就能赎罪了。如果是妻子搞婚外恋，情夫就成了替罪羊：他得上门给这家做一段时间的仆人。

在俄罗斯，未婚夫和未婚妻都不需要经过任何考验。不过，婚前他们通常会与各自的朋友一起去洗浴桑拿一次。但这仅仅代表着与自由单身生活告别，并无任何实际意义。

此外还有很多神神秘秘、莫名其妙的风俗。例如，在交换戒指时，谁能把戒指戴得更靠近对方指根，谁就能在家里占上风。在门下放一把锁能巩固婚姻：这把锁应当锁上，在新婚夫妇从锁上迈过去之后就把钥匙丢掉，然后把锁珍藏起来。

第八节 消息的基本类型

消息根据其写作内容的差异，可以分为事件性消息与非事件消息两种基本类型。事件性消息，是以某一独立的新闻事件为核心来展开报道的消息类型，关注变动中的事件，时态多是突发性、跃进性的；又可以进一步分为突发性事件消息和可预见性事件消息。

非事件消息，则是对一段时间或若干空间内发生的情况、经验或问题等进行概貌性或阶段性报道的消息类型，时态往往是渐进性的；所报道事物的发展变化，非一朝一夕形成，都有较长的过程和时间。下面的范例一为事件性消息，范例二为非事件消息。

【范例一】

马航客机在俄乌边境坠毁 万米高空从雷达上消失

中新网7月17日电 据外媒报道，一架载有295人的马来西亚客机在乌克兰东部地区坠毁。另据法新社报道，马来西亚航空确认，已经与客机“失去联系”。

据报道，这架波音客机原定从阿姆斯特丹飞往马来西亚吉隆坡。飞机上共载有280名乘客和15名机组人员。

消息人士说，飞机在距离俄罗斯领空还有约50公里时坠毁，随后在地面起火燃烧。

另一消息人士则表示，飞机在10000米高度时从雷达上消失，随后在顿涅茨克Shaktarsk镇附近坠落。

目前，紧急救援团队正前往事发现场。

——中国新闻网2014年7月17日

【范例二】

印度人迷信多

埃菲社新德里7月17日电 从婴儿出生到选择职业和结婚对象，以占星术和宗教信仰为基础的迷信仍然影响着现代印度人生活的一切重大决定。

占星家决定父母该为孩子取什么名字才能带来好运，甚至应该学习什么专业，同什么人结婚，以及开始夫妻生活的良辰吉日。

工程师出身的占星家阿伦·维尔马说：“如果有人试图违背自己的星象运势，例如一对夫妻在未经占星学验证是否会和睦相处的前提下就结婚，那这场婚姻肯定会失败，除非发生奇迹。”

在印度，即便最“不信邪”和受教育程度高的人也至少会在作出重大人生决策时去咨询占星家的意见，以便了解自己的计划会得到怎样的预言。

维尔马说：“人们向我咨询的主要是婚姻、子女的教育或择业等问题。”

印度的占星专家为顾客们提供多种解决问题的方式，其中包括“宝石疗法”，所幸印度市场上的宝石价格并不高。

维尔马说："要想在教育上获得成功，我们会建议他们佩戴绿宝石戒指或钻石。"

他说："还有其他一些解决办法，例如，如果想消除你的星象中某个星体的负面影响，我们会建议您捐出某个与之有关的物件，或将某个物品沉入河底，也可以举办一场宗教仪式来冲淡这种影响。"

除了占星术以外，还有一些与印度传统信仰有关的迷信风俗，如在家门上贴出象神或万字图形以期获得好运，也是印度非常普遍的现象。

如果在路上遇到黑猫，会有很多印度人将某项重要工作改期进行，如果有奶瓶砸到头上或镜子碎了，也会整日闷闷不乐。

相反，如果水洒了，或者听到乌鸦叫，印度人就会期盼有人造访。

记者苏巴什·阿希尔说："孕妇在日食或月食期间的所作所为会影响到孩子。如果她正在切东西，比如蔬菜，那么孩子生出来后身上就会有切痕，如果出门见光，孩子的视力就会有问题。"

56 岁的企业高管 R.P. 辛格说："这些可不全是迷信，而是科学。"

不仅年长的人会受到迷信思想的影响，印度年轻人的生活中也充满了迷信色彩。

24 岁的辛格·阿罗拉手上戴着一枚镶嵌珍珠的银戒指，认为这样可以带来财富。他说："据说练巫术的人会把一串串的柠檬和辣椒扔到街上，把厄运带给别人。如果我遇到了，我宁愿不去踩，以防万一嘛！"

他说："只要这些说法不会给我添麻烦，我就会欣然接受。我愿意戴一些有特定意义的戒指，也许真的对我有用呢。"

但也有一些年轻人试图摆脱这些民间说法的束缚。来自新德里的哈什·梅赫塔说："我不信这些迷信。我看是那些不想努力工作的人才愿意相信。"

——埃菲社 2009 年 7 月 17 日

消息根据其写作特点的不同，又可以分为简明消息、动态消息、经验消息、综合消息、述评消息等基本类型。

一、简明消息

简明消息，又称"简讯"，是内容最简单、篇幅最短小、文字最精简的一种消息类型，能以最快的速度将事实报道出去；一般不用于报道重大事件，往往不苛求完整的结构与齐全的要素，交代何时、何地、何事这些最基本的要素即可。其文字简明扼要，可以不交代背景，长则百余字，短则十余字。最短的简讯又被称为"一句话新闻”，类似于电视媒体上的滚动字幕新闻和手机媒体上的快讯。

【范例一】

截至2013年12月，中国网民规模达6.18亿，手机网民规模达5亿。2013年，中国网民人均每周上网时长25小时，相当于每天近4小时在网上“趴着”。

【范例二】

《新闻晚报》将于2014年1月1日正式休刊，成为上海报业集团成立后首张休刊的报纸。《新闻晚报》1999年创刊于上海，是解放日报报业集团旗下的一份都市类晚报。

【范例三】

企鹅孵小鸡

美联社柏林6月4日电 德国一动物园说，一对同性恋雄企鹅正在喂养一只小鸡，而该小鸡是由被鸡妈妈和鸡爸爸遗弃的鸡蛋孵化出来的。

不来梅港动物园兽医约阿希姆·舍内说，在一对公鸡、母鸡4月底拒不孵化这只鸡蛋后，它被放在了一对雄企鹅的窝里。这对企鹅轮流孵化这只鸡蛋约30天后，终于孵出了小鸡，随后，它们接着照顾这只小鸡。目前尚不清楚小鸡的性别。

——美联社2009年6月4日

二、动态消息

动态消息，又称“纯新闻”，是最常见的一种消息类型，能够迅速及时地报道正在发生或新近发生的新闻事实，是反映具有新闻价值的新事物、新情况、新动向的重要消息类型。动态消息可再分为两种：一种是对刚刚发生的或新近发生的单独事件的报道；另一种是对在较长一段时间内有持续性变动的事件的报道。其特点是：强调反映事物的最新动态，给人以动态感；讲究“时间”要素，特别注重时效；往往开门见山，一事一报。

【范例】

美国副总统切尼因中情局特工身份泄密案被起诉

新华网华盛顿7月13日电(记者潘云召 杨晴川) 美国中央情报局前秘密特工瓦莱丽·普莱姆和她的丈夫、前美国外交官约瑟夫·威尔逊13日向法庭起诉副总统切尼等人，指控他们阴谋破坏她的职业生涯。

普莱姆夫妇在起诉书中指控切尼和他的前办公室主任刘易斯·利比以及布什

总统的首席政治顾问卡尔·罗夫等人故意泄露她的秘密特工身份，以作为对威尔逊公开批评布什政府伊拉克政策的惩罚。切尼等人的行为侵害了普莱姆夫妇的有关宪法权利和隐私权，并使普莱姆及其家人的生命处于危险之中。

2003年1月，布什为了给发动伊拉克战争制造舆论，在国情咨文中指责伊拉克试图从非洲购买铀以制造核武器。威尔逊当年7月初在报纸上发表文章披露，他曾在2002年初应中情局之邀前往非洲就有关伊拉克试图从尼日尔购买铀的情报进行调查，并在布什发表国情咨文前几个月提交调查结论，指出这份情报没有根据。但布什在国情咨文中仍将此事作为萨达姆政权的罪状之一，为此威尔逊指责布什政府为获得公众支持发动战争，不惜使用虚假情报。

在威尔逊的文章发表后，美国媒体发表文章援引白宫高级官员的话披露说，威尔逊的妻子普莱姆是中情局的秘密特工，威尔逊前往尼日尔是她推荐而不是中情局主动邀请的。普莱姆的间谍身份被曝光后，威尔逊指责白宫官员故意泄露他妻子的身份，目的是贬损他的名声和对他进行报复，贬低他关于购铀事件调查结论的可信度。

2003年12月，美司法部任命特别检察官对泄密事件进行调查。去年10月，利比被起诉，罪名是在泄密事件的调查过程中妨碍司法公正、发表虚假声明和作伪证等。据报道，切尼在威尔逊的文章发表之后感到非常烦恼，他在如何应对威尔逊对政府伊拉克政策的批评方面发挥了关键作用。

——新华网2006年7月14日

三、经验消息

经验消息，是我国新闻界“典型报道”的一种类型，是反映某地区或某单位在工作活动中所取得的典型经验、成功做法及其显著效果的一种消息类型，用以推动全局、指导工作，具有很强的针对性和指导性，可以为正在进行的工作提供直接或间接的经验。

经验消息中的“经验”选择有如下要求：

第一，选取具有新闻性的、新鲜独特的经验。

第二，选取针对性强、能解决当前突出的实际问题的经验。

第三，选取具有普遍启示和指导作用的、经实践检验后比较成熟的典型经验。

第四，抓住最主要的经验，不必面面俱到。

【范例】

校正择业导向 彰显育人理念
四川一村官当选母校优秀校友

本报讯 “他是学院迄今两万名毕业生中，最优秀的校友之一。”日前，四川传媒学院举办了一场简朴而隆重的发证仪式。院长马洪奎为2006届毕业生、北川县陈家坝乡平沟村党支部书记肖琳颁发了“学院优秀校友”烫金证书。这是该校创办17年来评选出的第5位优秀校友。

一位来自基层的普通大学生村官何以当选优秀校友？“学院的毕业生里当官的不少，大老板也很多，但肖琳是我最骄傲的学生。”院党委副书记康庆良动情地说。汶川地震第二天，肖琳就放弃了成都电视台的优厚岗位，顶着余震走进陈家坝当上了志愿者，后又留下来当村官，父母不理解、女朋友分了手……可他不叫苦不喊累，一干6年，修路、筑桥，仅建魔芋种植园一项，就为村民亩均年增收4000元。

院长马洪奎介绍说，学院优秀校友评选的一条核心标准是：“思想政治觉悟高，为国家建树显著或在某一领域表现突出”。在马院长看来，肖琳当选优秀校友，彰显了学院的育人理念，“他思想觉悟高、能力强、有爱心、肯奉献，是从我校一万余名服务基层的毕业生中涌现出来的优秀人物，与学院‘服务基层、追求真实’的育才理念契合，表现很突出！”

按照规定，该院评选优秀校友，先由院领导或教师提名，最终由院领导班子投票表决。此次肖琳当选，学院领导班子是全票通过的。张书玉副院长是第一个把票投给肖琳的领导：“我1974年下放乐山农村当知青时的条件都比他现在要好。蜜罐里长大的这一代，有几个能做到肖琳这样？他身上那份社会责任感，正是当代大学生最缺少的正能量！”

肖琳当选优秀校友的消息，在该校校园网上一发布，就引来很多师生拍手叫好：“给力！”“实至名归，挺他！”同时，也在该校掀起了一股村官报考热，“我以后也想当村官。”编导系学生张一舟回帖说。肖琳的大学同学、编导系副主任刘彤曾经对肖琳当村官的初衷表示怀疑，“这家伙是奔提拔去的，待不长”，没想到肖琳至今还在村里。最近，刘彤专门到平沟村实地考察了一回，彻底服气了，“他为老百姓的梦想拼了6年，还打算再留6年。青春有几个6年？我不如他！”

据悉，该校已作出决定，将给予肖琳实实在在的资助，出钱出人出力助肖琳圆富民梦。马洪奎表示，“我们就是要选树肖琳这样的典型，以激励学生扎根基层，奉献青春。”

——《大学生村官报》2014年5月23日

四、综合消息

综合消息，是对同类事物或同一事物的不同层面进行综合归纳式报道的一种消息类型。其特点是，表现面宽广，可以涵盖不同地区、不同单位、不同事件的情况、动向、成就或问题，带有全局性。动态消息一般是“一地一事”的报道，综合消息则可以是“一地多事”或“多地一事”的报道。

【范例】

把导演当骗子，三顾茅庐遭拒

“好歌曲”邀音乐人也吃“闭门羹”

名字和形式都酷似《中国好声音》，央视三套的《中国好歌曲》火了，一周七首原创曲目，其中不乏传世神曲和音乐大咖。不过连续三周收视傲视群雄的“好歌曲”，也引来网友一连串的疑问，这些才华横溢、颇有背景的音乐人上节目或多或少面临淘汰的风险，导演组又是如何搞定他们呢？

工作人员私信邀约 乌拉多恩把导演当骗子

乌拉多恩，一个名不见经传的音乐人，创作了200多首歌曲，却鲜有作品被人接受。前晚，乌拉多恩带着原创作品《鸟人》登上《中国好歌曲》，而在两个月之前，她差点与这个舞台失之交臂。

2013年11月中旬，乌拉多恩在微博上收到一条私信：“我是《中国好歌曲》节目组导演，觉得你写的歌很不错。你愿意来参加我们的节目吗？”尽管对于《中国好歌曲》曾有所耳闻，可看到那个头发染黄的微博头像，乌拉多恩不由起了疑心：“这分明是90后嘛，哪还有这样的导演？”联想到之前频频曝光的利用《中国好声音》节目名义诈骗的新闻，乌拉多恩嘀咕：“该不会是遇上了骗子吧？”

经过多方求证，乌拉多恩才稍稍安心。进入导师刘欢的原创大碟后，乌拉多恩兴冲冲地将喜讯告诉多年来一起学习音乐的学弟，没想到得到一声哀号。原来，乌拉多恩的学弟也收到节目组导演的私信，“我以为他是骗子，就没理他了！”

一顿火锅搞定“吃货” 刘相松披“袄”上阵

刘相松，南无乐队主唱。无论是在舞台表现还是在生活中，他都是一个颇具喜感的人。

“好歌曲”舞台上，31岁的刘相松将《中国好歌曲》变成《中国好味道》，不仅把平时烹饪的爱好融入原创歌曲《春来了》，还把杨坤喻为“清炒苦瓜”、评价蔡健雅“香菇油菜”、刘欢为“小鸡炖蘑菇”、周华健则是一道羊肉串。

其实，他与“好歌曲”的缘分真的是从“吃”开始的。一天，刘相松正和几个朋友吃火锅，肉刚刚下锅，手机就响了。原来是节目组邀请他参加“好歌曲”，兴之所至，导演便与刘相松海阔天空地猛侃，音乐、爱好、生活习惯……三个小时过去了，一锅肉早已吃完，连火锅店也快打烊了。事后，刘相松笑言：“用一顿火锅换来了‘好歌曲’，值了！”

待录制时也发生了一个小插曲，刘相松以为节目组会提供服装，穿着黑色小短袄就来了。到了现场才知道，压根就没有准备服装，导演组也没想到会有学员穿得这么随便。看着刘相松那略显滑稽的小短袄，导演将错就错，“挺好，就穿这个上节目！”于是，就出现了节目中周华健与刘相松的如下对话：“你这是唐装吗？”“棉袄。”“春天来了还穿棉袄？”“脱下棉袄，春天就来了。”

最后被自己作品打动 马上又两拒“好歌曲”

连着三期，期期都有音乐人驾到，著名制作人马上又绝对算得上是“大咖”。他曾为多部影视剧制作过音乐：陈凯歌导演的《赵氏孤儿》、《搜索》，宁浩执导的《疯狂的赛车》，此前热播的《悬崖》等多部电视剧配乐皆出自其手。

事实上，“好歌曲”启动之初，节目组多位导演都曾邀请马上又参加节目。考虑到自身的工作行程跟“好歌曲”有冲突，加上朋友力劝他要慎重考虑：“你是已经成名的音乐人，万一没人选你怎么办？”他一直犹豫不决。

直到有一天，马上又翻阅自己多年来的作品，却发现整整一个硬盘——《建党伟业》主题曲，《老有所依》片尾曲，《赵氏孤儿》配乐——尽是响当当的名号，却没有一首真正留给自己的作品。“写了这么多年，我实际一穷二白。”一番寻觅后，马上又终于交出一首名为《双城故事》的原创歌曲，事后他又变卦了。

原来，早在2001年马上又患上了狂躁型抑郁症，一般人根本无法与他沟通，妻子无微不至地照顾他。2005年的一天，马上又把新作《她》拿到妻子面前：“你听听看”，妻子热泪盈眶：“这是写咱俩的事儿的”——这首歌正是“好歌曲”舞台上的《她》。

——**《武汉晨报》2014年1月20日**

五、述评消息

述评消息，不仅具有动态消息的一般特征，还在叙述新闻事实的同时，直接发表一些必要的议论，简明地表达媒体和记者的观点；其叙述、评论兼而有之，是介于消息和评论之间的一种消息类型。

写作述评消息，不仅要遵循消息写作的基本原则，还要在叙述事实的同时，引出必要的评论，做到就事论虚、就事论理、虚实结合、以理服人。无论是夹叙夹议，还是边叙边评，都要以事实为前提，将事实与议论融为一体。

【范例】

陈水扁控告奥巴马　穷途末路

中评社台北9月23日电(记者 林淑玲)　被羁押在台北看守所的陈水扁祭出怪招，透过美国律师控告美国国防部长盖茨和美国总统奥巴马，要求启动"在台湾仍有效的美国军事法庭"，对他重新审判，同时应颁布特别命令，立即释放他，保障其人身安全。

陈水扁这一招让蓝营，以及绿营部分人士都感到啼笑皆非。在后面替他出主意的"控美案"主角林志升是"独派"极边缘的人物，他主张"台湾地位未定"，美国"有责任保护台湾"，到美国去控告美国政府。绿营主流人士对"控美案"都敬而远之，扁好歹也是当过"总统"的人，他投入"控美案"就好像在弊案爆发后找小孩子算塔罗牌、拉拢边缘政客那般地荒谬。

扁办自陈水扁被押之后所发起的一系列挺扁活动，响应的人愈来愈少，现在固定只靠少数、特定人士苦撑，每次办活动就以游览车从南部运人上来充场面，如果扁家不继续金援，应该很快地就无以为继。陈水扁转攻"控美案"除了制造新话题，别无意义，在许多绿营同志都不愿声援他的处境下，他的心态应该就是"拼拼看"吧！

只是尽管是"拼拼看"，陈水扁用控告奥巴马，"要求美国军事法庭审判"这招来自救，也未免太过自我矮化。这除了让外界看到他已经走投无路、无计可施之外，别无功能。他诉求希望能到美国出庭更被当成笑话，难不成他还期待美国法院里埋伏着挺扁的"暗桩"助他渡过难关。

美国行政部门对扁案的态度，已经透过"不愿表态"而表态，陈水扁是当年白宫、国务院的头痛人物，扁案又是涉及贪渎的司法案件，美官方岂有插手可能。至于美国学者孔杰荣及部分亲绿国会议员的声援，看来也起不了太大作用；道理很简单，大家都不是瞎子，不可能没看到扁家拒绝交出海外数十亿元密账的嘴脸，不会片面跟着扁家起舞，去声援所谓的"司法人权"。

扁想与"控美案"绑在一起，无非是要藉此争取"独派"支持，不过从2006年到现在三年多，"独派"因挺贪腐失去了道德高度，扁投机"挺独"荒谬不堪。陈水扁要求奥巴马颁布特别命令释放他，只是凸显他的穷途末路罢了。

——中评社2009年9月23日

第九节　新闻引语的写作

写作新闻时往往要引用新闻人物的话语，这些人物的话语就是新闻引语，也是新闻的重要组成部分。

一、新闻引语的分类

新闻引语可以分为直接引语、间接引语、混合引语。

1. 直接引语

直接引语，是指新闻中用引号引起来的新闻人物所说的话，引文必须原原本本、准确无误、一字不差，绝对忠实于讲话人的语言和思想。直接引语可以原汁原味地再现人物的讲话，实现一种“同期声”的效果，保真性较强。记者则主要是记录者的身份。

中央电视台记者自 2012 年以来坚持走基层，先后针对“幸福是什么”、“爱国是什么”、“家风是什么”等问题，采访各界人士，所获颇丰。在报道这些人物的回答时，多使用直接引语，以保证原汁原味。例如，一位辽宁鞍山的卖梨果农在回答“爱国是什么”时说：“咱这一个土老帽，不骗人就行呗，咱不祸害人就行。咱也不掺假那就行了呗。坏梨扔了，好的装上，上下一样就行呗。”

2. 间接引语

间接引语，一般是由记者用自己的话语对新闻人物所说的话进行转述，不用引号，往往经过归纳和提炼，阐述的是新闻人物讲话的主要意思。虽然不加引号，但引述的内容也必须与讲话人的原意保持一致，不能断章取义，更不能随意杜撰。可见，记者写作间接引语的难点，就在于归纳与转述新闻人物的原话时如何保证准确。

例如，新华网曾报道过习近平总书记的一次考察活动，如下：

新华网北京 11 月 27 日电　据新华社“新华视点”微博报道，习近平给市、县委书记们念了一副对联：“得一官不荣，失一官不辱，勿道一官无用，地方全靠一官；穿百姓之衣，吃百姓之饭，莫以百姓可欺，自己也是百姓。”他说，对联以浅显的语言揭示了官民关系。封建时代官吏尚有这样的认识，今天我们共产党人应该比这个境界高得多。

这则消息中的间接引语为:"对联以浅显的语言揭示了官民关系。封建时代官吏尚有这样的认识,今天我们共产党人应该比这个境界高得多。"这句话经过记者的转述归纳,提炼出主旨,使读者更直接地了解语意,既缩短了报道篇幅,又加快了叙述速度。消息中还提到了习总书记讲话中引用的一副对联,虽是援引古人之语,但却是由习总书记之口说出,所以属于直接引语。

经过记者提炼的间接引语往往更简明,便于读者阅读和理解,但人物的原话基本都被改头换面,以记者的语言方式和习惯重新表达出来,因而保真性较差。

3. 混合引语

混合引语,则是将人物原话与记者自己的转述混合起来使用,共同完成对一段人物话语的完整叙述。记者只保留符合叙述需要的人物话语成分,其余部分进行转述归纳。使用混合引语的段落,多有参差错落之感,写作时必须谨慎。

下面是新华网于 2009 年 7 月 29 日发布的一则消息:

台检方引宋太祖箴言批扁:下民易虐 上天难欺

新华网消息　据台《联合报》报道,扁案公诉检察官林怡君 28 日以宋太祖的戒石铭"尔俸尔禄,民膏民脂,下民易虐,上天难欺"16 字箴言,讽刺阿扁要有公仆的良心,而整个扁案就是良心的问题。

林怡君最后说,陈水扁曾经自问"阿扁错了吗?"台湾人民相信,合议庭会用判决来告诉阿扁"是的,你真的错了"。

林怡君以 power point 进行辩论,一开始就带出阿扁去年被羁押时,高举手铐喊司法迫害的画面,另一个画面则是阿扁当选"总统"接受民众欢呼。林怡君说,阿扁当选时,大家以为台湾开创了新纪元,没想到却是进入贪腐的时代。

她说,阿扁受人民托付八年,竟发生弊案丑闻,被羁押后,呛合议庭"押不押要看审判长的良心",其实整个扁家弊案都是良心的问题;阿扁身为台湾领导人,有没有良心呢? 扁听到当前位置,抬起头看着 power point 的屏幕。

接着,林怡君以一连串的质问,指控陈水扁的罪行,说扁诈领的机要费高达一亿四百多万元新台币,都是纳税人的血汗钱,阿扁有良心吗? 阿扁曾说自己主导金融改革并引为政绩,但龙潭购地弊案发生后,却说"这些都不是我的职权",信用何在?

林怡君说,阿扁为关说让陈敏薰担任大华证董座,"财政部"前部长林全不从,被逼得写报告,"'总统'不是乔事情的帮派份子大哥,阿扁大事没管好,竟去乔企业人事!"扁家将数亿元洗钱汇到海外,这就是阿扁口口声声说"爱台湾"的方式? 良心何在?

以这则消息的最后一段为例。该段落属于混合引语，其中，林怡君的原话为——"'总统'不是乔事情的帮派份子大哥，阿扁大事没管好，竟去乔企业人事！"记者转述的部分为——"阿扁为关说让陈敏薰担任大华证董座，'财政部'前部长林全不从，被逼得写报告……扁家将数亿元洗钱汇到海外，这就是阿扁口口声声说'爱台湾'的方式？良心何在？"

记者在写作时，如果值得引述的人物话语较多，就需要进行筛选。对于新闻价值较大的人物言论，应该使用直接引语；对于新闻价值相对较小的话语，则使用间接引语或混合引语；对于可以一笔带过的话语，多使用间接引语；如果人物话语中存在一些只起过渡作用而无需详加引用的成分，则可以使用混合引语。

总之，三种引语最好能交替使用，使行文跳跃活泼、错落有致、富有节奏。

【范例】

新闻出版总署署长柳斌杰称国内九成文艺作品属"复制"

前日在"2011中国版权年会"上，新闻出版总署署长、国家版权局局长柳斌杰表示，目前国内很多文化艺术作品创造力不够，90%作品属于模仿和复制的。今后国家将通过设立文化创意扶持体制和基金，提高文艺作品创新能力。

前日举行的版权年会上，揭晓了"2011年中国版权产业新锐人物"、"2011年中国版权产业新锐企业"、"2011年中国版权产业风云人物"等，其中，著名导演贾樟柯、中央电视台文艺部"星光大道"制片人毕福剑、新京报社社长戴自更、知名作家张抗抗等14人获"2011年中国版权产业风云人物"。

"文化创造的成果就是版权问题，但时下我国的文艺作品创造力还不够。"柳斌杰表示，目前中国文艺作品90%属于重复、复制和模仿，创新作品不多。他举例说，目前我国一年文艺作品达到4300多部，但公众知道的、阅读的却不多，"原因就是创新能力不强，这也就是为什么很多国人喜欢看外国大片，因为对方创意和传播能力比我们强"。

柳斌杰表示，为鼓励文化领域出新作品、新创意，政府将通过设立文化创意扶持体制和基金给予鼓励，"例如中央到地方提供资金扶助，福利彩票相当比例倾向文化领域。"他表示，针对目前个人和单位版权维权困难的现状，政府将通过行政执法手段调解版权纠纷问题。

——《成都日报》2011年11月14日

二、直接引语的作用

在新闻写作中，我们提倡保留有价值的人物原话，使用直接引语。其作用有以下五点：

第一，直接引语是新闻当事人或目击者言论的真实记录，可以提供明白无误的事实，并营造出有声有色的现场感。

【范例一】

川岛芳子确遭枪决　替死传闻假的

台湾《联合报》12月29日报道　“法务部”编纂完成的百年狱政档案书中，赫见知名女间谍川岛芳子执行死刑引发争议的调查文件，当年河北高等法院调查报告指出，川岛芳子陈尸监外，任人拍照，应无贿买他人替死传闻。此一历史文件存放在“国史馆”。

川岛芳子是中国满族人，本名金壁辉，日本战败后，她在1948年3月25日被政府以汉奸罪名执行死刑，但当时却传出有匿名检举者，指控女子刘凤玲原获允诺以10根金条的代价，代替川岛芳子受死，但刘女家属却只得4根金条。

“法务部”在“国史馆”中发现的史料记载，司法行政部一个多月后发文给河北高等法院，查明金壁辉是否贿买他人替死、仍在人间的说法。

负责执行的检察官何承斌调查时表示：“汉奸犯金壁辉为国际知名之女间谍，羁押一监已达两载……全体法警与多数新闻记者暨社会人士无不认识，不惟无人敢李代桃僵，且众目睽睽，又奚容移花接木，况于执行之，陈尸监外，任人参观拍照……是执行死刑者，确是金壁辉，毫无疑问。”

北平第一监狱典狱长吴峙沅强调：“执行死刑并经何承斌检察官验明正身，讯留遗书后，命令法警执行一枪毙命，事后经检察官率同检验员三次复验，确已死亡，始将尸体交由本监移出非常门外停放，以备各新闻记者参观暨拍照，同日午后并准由日僧古川大航具领掩埋。”

河北高等法院在调查后函复司法行政部指称：“所控贿买顶替一节，显系有意中伤，绝无其事。”

川岛芳子生死之谜多年来一直有人探究，甚至有历史学家坚信她成功脱逃，找人替死，还有人赴日取她的骨灰要作DNA化验，至今她的人生仍具话题性。

——台湾《联合报》2009年12月29日

【范例二】

卡扎菲：我是非洲王中王

《环球时报》4月1日消息　据英国《每日邮报》报道，利比亚领导人卡扎菲3月

30日在多哈出席阿拉伯领导人峰会的开幕会议时对沙特国王进行谴责。他宣称自己是王中王，并愤然离开了会场。

当日，卡扎菲在出席会议时抓起麦克风，谴责沙特国王是说谎者。卡扎菲和沙特国王2003年初曾就即将爆发的伊拉克战争发生过口角。卡扎菲称："在6年后，事实证明你是一个说谎者。你是英国产品，美国的盟友。"当主持会议的卡塔尔人试图让卡扎菲平静下来时，卡扎菲坚持称，他不会中断发言。他说："我是一位国际领导人，阿拉伯统治者的总管、非洲的王中王、穆斯林的领导人，我的国际地位不允许我降至比这低的档次。"他随后起身离开会议厅。

卡扎菲去年在叙利亚参加阿拉伯领导人会议时曾对其他阿拉伯领导人不敬，警告说他们可能像伊拉克前总统萨达姆一样被推翻。

——《环球时报》2009年4月1日

第二，直接引语可以拉开记者与新闻事件及当事人之间的距离，显示记者的客观立场，表明仅引用其话而未必赞同。这样，在报道一些敏感新闻时，记者可以保护自己、避免纠纷。

【范例】

布吕尼斥奥朗德称其用公款偷情

本报讯　据英国媒体10日报道，法国前第一夫人卡拉·布吕尼日前指责现任总统奥朗德，称其无权掩盖与女演员朱莉·加耶之间的私情，因为此事涉及了公款。

在接受《纽约邮报》采访时，在意大利出生的前模特布吕尼说，法国拥有世界上最严格的隐私保护法，但即使法国媒体不曝光奥朗德的丑闻，其他外国媒体也会曝光。

布吕尼说："你必须理解，法国有法律保护个人隐私。但在世界其他地方，还没有这样的法律存在。奥朗德动用了公款对吧？因此这不能算隐私。即使法国杂志不曝光这件事，比利时媒体也会，随后关于此事的报道会到处都是。"

——《广州日报》2014年4月12日

第三，直接引语可以保留新闻人物的语言特点，体现人物的个性化语言特征。例如，许多著名媒体人的新闻评论语言往往会成为相关新闻报道中的特色成分。以几位主持人针对食品安全问题的个性言论为例：

"有个段子说咱平时涮着苏丹红的火锅，吃着瘦肉精培育出的精瘦肉，喝着三聚氰胺的牛奶，吃着地沟油烹饪的大餐，本来就泡在毒药中了，这得病了，再喝着硫黄熏蒸的中药，这难道就是经常被提起的以毒攻毒吗？"

——不法商贩用硫黄熏蒸中药，韩乔生幽默讽刺

"一群牛听人开大会都在说'产业升级、机构转型'很不明白，老母牛于是前来

传授说：原本我们都是农民养的，算养殖业第一产业。后来他们往里加三聚氰胺，我们就算化工行业了，升级为第二产业。再后来国产奶没人买了，都跑香港抢去，我们间接促进了旅游、交通、服务业，我们就算第三产业了。”

——黄健翔

“我有一个梦想，50 个朋友一起开心吃饭，桌上的 50 种饭菜一半都可以放心吃；我有一个梦想，50 个朋友聚餐吃坏了肚子，送到医院，药是真的。”

——崔永元的“梦想”

“很多人是受害者，但也是加害者，馒头打死都不吃，出去买猪肉，那是含瘦肉精的，变成恶性循环。总结一顺口溜：撤一两个官员，抓三四个当事人，关五六天厂子，罚七八万块钱，八九不离十，这样的事卷土还会重来。”

——白岩松

第四，“言者，心之声也”，直接引语往往代表新闻人物的“心声”，成为新闻报道中的点睛之笔，给读者留下深刻的印象。使用直接引语可以使这些重要内容得到强调。

例如，大公中原新闻网在 2011 年刊发消息《男子不满女友提出分手杀其一家三口》，在报道行凶者的犯罪因由时，使用了直接引语。该段写道：

据介绍，曹文博初中毕业后上了技校。父亲因脾气暴躁，经常打他。在曹文博写给小玉的邮件中这样写道：“自幼被人瞧不起，所以我知道我做得再好别人也不会认可，所以我从最坏开始学……”

第五，直接引语有时本身就是一则新闻，许多媒体常将各界新闻人物发表的有价值的言论收集成“新闻语录”进行报道。

【范例】

元芳，你怎么看

元芳，全名李元芳，在电视剧《神探狄仁杰》中担任狄仁杰的卫队长。作为狄仁杰身边的得力助手，狄大人每次在遭遇难题时，都会习惯性征询元芳的意见，标准格式是：“元芳，你怎么看？”而元芳的标准回答则是：“大人，我觉得此事必有蹊跷。”那么，对于娱乐圈频发的掐架事件，元芳童鞋怎么看呢？这个圈子水深，估计元芳也闹不明白，但是掐谁、怎么掐能好看点，他还是有点看法的。

现在，让宇宙级咨询师李元芳先生带您领略 2012 年的各种掐架放狠话事件吧。

掐伙伴先博同情

“能毫不费劲一刀直插心脏的，往往是你以为最能信任的人。”

——2012 年 6 月，刘浩龙公布了与容祖儿恋爱的消息，何韵诗很受伤，随即连发数条伤感微博，并于不久后公开出柜。何韵诗、容祖儿与刘浩龙都传过绯闻。

“日久见人心，现在别说人心了，人都见不着。”

——2011 年 3 月，开始有知情人透露“双张”分手，两位当事人都未有过正面回应。2012 年 8 月中，张伟平终于透露：自己从《十三钗》首映到现在，都没见到过也没有联系上张艺谋，“双张”组合正式拆伙。

掐大牌一定要狠

“你是不是特别会钩心斗角，才一天到晚看到钩心斗角？”

——2012 年 5 月，《人民日报》批评《后宫甄嬛传》此类电视剧为迎合低俗市场，而留下一堆糟蹋历史、无益于人心、无益于精神文明建设的垃圾，对此《甄嬛传》的导演郑晓龙作出了回应。

“大家都想把剧弄好，但这个问题最好去问广大编剧和导演、演员们更公正。比如拍戏时，刘晓庆对戏有些想法，想让萧后在玄武门之变中发挥更大甚至是主要的作用……”

——2012 年 12 月 22 日《南方都市报》剧评《〈隋唐英雄〉：毁三观毁到隋唐史了》在微博上引来众多编剧热议，《隋唐英雄》编剧之一李正虎也借机“吐槽”。

掐同行徒劳无功

赵文卓：“耍大牌的不是我，耍大牌的另有其人。这个人不仅耍大牌，而且连剧组十几天的损失都转嫁到我的头上。一天损失一百多万，十几天就是一千多万。最后踢我出去不说，还损害我的声誉，这个人叫做甄子丹。”

甄子丹：“提防突然受到小人从中作梗，暗藏杀机。失望，痛心，但不动摇，今天继续拍戏，会拍得更好！”

——2012 年 3 月发生的《特殊身份》换角风波中，赵文卓接受《南方都市报》专访，点名称甄子丹是幕后黑手；甄子丹也不甘示弱，通过微博回应。

“既然选择站在阳光里，就没什么好隐瞒。”

——2012 年 12 月 3 日，《王的盛宴》宣传负责人李静在微博中承认使用网络水军。而影片导演陆川也自爆在看到《王的盛宴》被水军“黑”了后，他的网络舆情维护团队紧急申请 5 万专项资金，希望也利用“水军”，把影片在影评网站上的分数往上调。

掐小三理直气壮

“那个女的，敢再发些奇怪的短信或照片给陈先生，我就微博发你名字和电话，听到没？”

—— 应采儿与陈小春结婚两年多，但仍有女星“倒追”陈小春，应采儿 2012 年 2 月在微博宣示“主权”。

掐亲人柾扬家丑

董洁团队："身为男人，你怎么就不能勇敢地告诉大家，你们的分开是因为你的嗜赌成性、粗暴无理？"

潘粤明："被认出来的好事者偷拍实属正常，一张赌桌上的照片就能证明嗜赌如命了？……如果说我是个赌徒，我承认！我用我的一生赌这个家庭的幸福，可是我赌输了！"

——2012年10月，董洁、潘粤明闹离婚，双方打起了口水仗。

"他爸，因离婚引起想跳海事件纯属胡编，我就怕你多想，一直想给你电话，今天又遭到很多记者围攻，本来不想理他们，但想到你我还是大胆地回应跳海纯属虚构，我和剧中的妹妹种丹妮为了新电视剧才接受此节目的采访。"

——2012年9月，买红妹在综艺节目《最佳现场》中落泪称与孙楠离婚后曾想跳海自杀，孙楠微博公布买红妹短信，称跳海事件纯属胡编。两人因此被不少网友骂为"极品夫妻"，孙楠旋即又对微博进行了删除操作。

掐谣言谨记淡定

"去查！不用佩服。姐只能帮你到这了。"

——2012年12月，微博认证为"中盛投资集团有限公司执行董事"的王利群，发微博称王菲、李亚鹏发起的"嫣然天使基金会"内幕相当黑暗，并叫阵道："请问每年嫣然慈善基金的款项敢公开吗？敢公开我就佩服！"对此，王菲淡定回应。

"对那些仍在用心问我是否牵涉其中的人，五个月前我就给过正面回应，今天，再给你们个更正面的回应，回去问你妈，你妈在，我就在。"

—— 章子怡被指遭调查、禁出境的传闻流传5个月后，于2012年9月再度发起反击。

——《南方都市报》2013年1月2日

第十节 新闻背景的写作

新闻背景是指阐释、烘托、深化新闻主题，与新闻事实关系密切的附属性材料。任何一条新闻的产生，都是在一定的条件之下，即一定的历史、政治、社会、地理和现实条件下酝酿、生成的，那些与新闻事实密切相关的历史材料、现实材料及环境材料，就是新闻背景材料。

写作新闻时运用背景材料，可以让读者明白新闻事实的来龙去脉、前因后果；理解新闻事实的意义和影响；丰富新闻的内涵、提高新闻的价值，使新闻报道更显客观;可以帮助读者增长知识,增强新闻的可读性。无论是短消息还是深度报道,都离不开背景的广泛运用。

一、新闻背景的基本类型

新闻的背景材料按照内容的不同,可以划分为人物背景、政治背景、历史背景、现实背景、地理背景、事物背景等多种类型。而按照其作用的不同,则可以分为三种基本类型:

1. 比衬性材料

比衬性材料,即将此与彼、新与旧、历史与现实等进行横向或纵向的对比,报道新闻事实的由来与发展,衬托出新意,凸显新闻焦点,阐明新闻事实的独特性或延续性。

【范例】

"这次地震与唐山地震震级和能量相当。"中国地震局地震预测研究所研究员张国民说。他指出,和唐山地震相比,这次地震不仅造成房倒屋塌,而且带来大量的地质灾害。由于震区都是悬崖峭壁,震后到处都是滚石和崩塌的山体,这是特殊地区的震灾特点。唐山地震的特点是城市直下型地震,且发生在夜间,地震设防情况更差,所以造成的损伤危害非常大。

——新华社 2008 年 5 月 14 日

2. 说明性材料

说明性材料,侧重于阐述与新闻事实产生相关的客观条件,点明新闻事件发生的原因、环境、效果等,介绍新闻人物的身份、来历、地位等,以加深读者对新闻事实的理解,激发阅读兴趣。

【范例】

湖南:"女书"故里 19 岁女生设计女书旗袍获国家专利

新华网长沙 11 月 14 日电 记者从"女书"故里湖南省江永县了解到,当地一位 19 岁的女大学生设计的 5 件女书旗袍最近均获得国家专利,让目前世界上唯一的女性文字——"女书"又多了一个宣传载体,推动了女书的保护和传承。

过去女书载体局限在纸、书、扇、巾四大类。目前在湖南女子学院就读的周京晶为使家乡的"女书"走出深闺,让更多的人感受和领悟它的神奇魅力,多才多艺的周京晶萌发了将女书绣织于旗袍上的想法。

经过两个多月的精心构思设计,这个江永女孩设计出红、黄、青、蓝、紫五件不同颜色的女书旗袍,旗袍上有大小不一的"女书",相互构成精美、秀丽的图案。经国家知识产权局审批，5件女书旗袍分别获得外观设计专利证书。

“女书”是湖南省永州市江永县及其毗邻的道县、江华部分地区历史上出现过的一种只在妇女之间使用的神秘文字，当地称之为“女书”。它字形娟秀，造型奇特，呈长菱形，有近2000个符码，可采用当地方言土语吟咏。

——**新华网2012年11月14日**

3.分析性材料

如果新闻报道所涉及的事实错综复杂、不易理解，就需要用分析性材料来指点迷津、化难为易；一般是在“何因”这个要素上做文章，要尽量通俗生动、深入浅出。

【范例】

解让球争议：田卿赵芸蕾输球是起因 双方争输球

北京时间昨天凌晨，奥运会羽毛球女双小组赛结束了A组与C组的最后一场比赛，4对参赛选手的消极表现被现场观众狂嘘。为何会出现这种情况？下面我们仅从淘汰赛的对阵形势进行解读。

导火索：田赵失利引乱局

北京时间7月31日下午，羽毛球女双进行了D组最后一场比赛的角逐，2号种子田卿/赵芸蕾意外败给丹麦组合佩特森/里特。中国组合以D组第二身份晋级，这令整个女双的形势大乱，强强相遇的对阵很可能提前出现。

根据本届奥运会羽毛球女双的规则，在小组赛开始前，随后的八强对阵形势表就已经出炉。田卿/赵芸蕾获得D组第二身份，于是掉入上半区，极有可能在半决赛就和头号种子于洋/王晓理相遇。就是这个意外的结果，引发了随后一系列争议事件的出现。

第一幕：谁输谁就占先机

北京时间昨天凌晨1点30分，都已经获得出线权的中国组合于洋/王晓理与韩国组合郑景银/金荷娜进行了A组最后一场比赛的较量。这场比赛的胜负将决定中韩两对选手的小组排名，以及淘汰赛的对阵。而这也是出现争议的第一场比赛。

这场比赛的结果对于中韩选手究竟意味着什么？如果于洋/王晓理输球，她们将会落在A组第二。这样她们就将与田卿/赵芸蕾各守半区，不会出现中国组合半决赛对决的情况。对于韩国组合来说，她们显然更希望看到中国选手提前相遇的局面，这会增加她们进决赛的几率。20多分钟后，这场比赛宣告结束，于洋/王晓理0比2不敌郑景银/金荷娜，顺利留在下半区。

第二幕：避开中国必须输

A组名次落定后，将在1/4决赛中与A组选手捉对厮杀的C组，展开最后一场比赛争夺。对阵双方是韩国组合河贞恩/金旼贞与印尼组合波莉/乔哈里，这两对也都获得出线资格的选手再次演出了一场让人看不懂的比赛。

如果输球，这两对选手此后要面对的赛程会怎样？韩国组合本场比赛里先输后赢，这是印尼选手乐于看到的，因为C组头名将与A组第二相遇。A组第二已确定为赛事头号种子选手于洋/王晓理，为了让自己走得更远，谁都不愿在八强战就和这对实力最强的中国选手遭遇。而若韩国组合告负，她们将获得C组第二身份，小组晋级后挑战已获得A组第一的另一对韩国组合郑景银/金荷娜。尽管会出现韩国选手提前遭遇的局面，但韩国队就可以成功避开头号种子于洋/王晓理，至少能够进入四强从而获得争夺奖牌的机会。在半决赛中，韩国组合很有可能对阵实力稍逊一筹的田卿/赵芸蕾。面对2号种子，韩国队认为如果发力冲击，可能会有获胜可能，从而进军决赛。

——《北京晨报》2012年8月2日

二、新闻背景的写作要求

写作新闻背景，必须遵循四点要求：

第一，紧扣新闻主题，烘托核心事实。

新闻背景要能够突出表现新闻主题，烘托核心事实。背景材料与核心事实的关系，犹如绿叶配红花，要起衬托作用。写作时应当选用联系密切的材料，舍弃联系不强和无关的材料。

第二，内容既少且精，防止喧宾夺主。

交代背景材料要适度，要少而精。如果过多，往往喧宾夺主、模糊主旨。只有一些特殊的稿件，如解释性新闻、大特写等，才会运用大量的背景材料。

第三，写作目的明确，切忌无的放矢。

写作背景材料时，要满足受众的心理需求。记者要设身处地地从读者的阅读角度考虑，不要以己度人。如果不得要领、随意添加，则会横生枝节，使读者看不懂或厌烦。

第四，灵活穿插背景，行文生动活泼。

背景材料的写作很自由，没有固定的格式，可以独立成段，也可以灵活地穿插在导语、主体或结尾之中。

第四章 广播新闻节目的创作

第一节　广播新闻现场报道

第二节　广播新闻录音报道

第三节　广播新闻直播报道

第四节　广播新闻特写报道

第五节　广播新闻趣话节目

第六节　广播新闻稿的写作

任何媒体的新闻报道都离不开写作环节。新闻写作对于新闻信息的传播效果,即平面新闻的可读性、广播新闻的可听性、电视新闻的可视可听性,都具有决定性的影响。新闻写作能力强,就能增强新闻信息的传播效果;反之,则会减损新闻信息的传播效果。

依据不同的媒体形态,自然会形成不同的写作思路。简单地说,平面新闻是为"读"而写,广播新闻是为"听"而写,电视新闻是为"看"而写。

广播媒体的传真性强,几乎不受空间、地域的限制,其新闻节目可以很好地发挥其媒体优势。可以说,广播新闻节目是一支驰骋在听众耳畔的"轻骑兵",要让听众能听得懂、记得住。理解是记忆的前提,记忆又反过来促进理解,因此,广播新闻节目创作首先是一门研究如何"听"的技艺。

第一节　广播新闻现场报道

"现场报道是随着电子技术的发展而出现的独特的广播报道形式,在国外被称为实地报道或实况报道。"①所谓广播现场报道,就是记者在现场边采访、边解说、边录音制作的广播新闻。现场报道有两种播出方式:直播,在现场直接播出,报道与播出同步;录播,现场录音回来后经剪辑播出。

一、广播现场报道的优势

现场报道有助于增强广播新闻的时效性、感染力和亲切感,下面借助《新闻实践》杂志《立足广播优势抢夺第一报道权第一解读权——"浙江交通之声"突发事件报道的实践体会》②一文说明这一问题。

浙江电台交通之声作为浙江首家交通专业广播电台,每天有 800 多万人收听,已成为浙江有效覆盖面最广、品牌影响力最大、成长最快的广播媒体。交通之声秉

---

① 王宇:《现代广播新闻实务》,中国广播电视出版社 2009 年版,第 116 页。
② 作者张家英、王一、鲍平(浙江 FM93 交通之声广播电台),《新闻实践》2009 年第 10 期。

承“动态广播，服务媒体”的办台理念，收听目标锁定移动人群，突出广播“公共服务”的特性，以动态报道和资讯服务见长，特别是面对突发事件的报道，严格制订与实施《突发应急报道预案手册》，充分发挥广播自身优势，抢夺突发事件第一报道权、第一解读权，牢牢把握正确的舆论导向。

1.突发事件中的广播

优势一：决策快、前进快、追击快。

广播新闻的长处就是“快”。当突发事件发生时，哪家媒体接报第一线索最快，谁就有可能最先发出声音。交通之声经过多年培育，建立了以 300 多名出租车司机为主的车友队伍，他们每天在大街小巷穿梭，发现突发事件就会第一时间报告。

典型案例：《我看见了英雄》

2007 年的《我看见了英雄》是速度取胜的代表作之一。交通之声金华站记者接到了听众电话，说当地通济桥上有个女子要跳江，好多群众围观。11 点 15 分，交通之声就播出了记者陈瑶的第一则军人孟祥斌奋勇跳江救人的连线报道，可谓是第一家报道这位“感动中国”人物事迹的媒体。记者赶到现场后，当天连续播发了 12 篇现场报道，使得孟祥斌见义勇为的事迹很快传播到全省各地，社会反响极其强烈，继而形成了金华等地群众自发到桥上缅怀英雄的大规模行动。市民朴实的语言道出了心声：平时我们都在寻找英雄，其实英雄就在我们身边！根据听众的需求，交通之声随即又及时组织出租车司机接送参加孟祥斌追悼会的老百姓，共有百辆的士放弃营运，免费接送。这个“一座城对一个英雄的感念”的行动，进一步提升了文明之风对社会的影响力。

优势二：不受时空限制，异地连线播报、交互性强、伴随性强、运行成本低。

典型案例：《拨开风雪听 93》

2008 年初，浙江省遭遇罕见的冰雪灾害，交通之声频道领导迅速作出“科学布控，持久作战”的指示，从 2 月 1 日 6：00 开始拉通全天 24 小时的节目，为冰雪灾害报道开路，40 多名记者、编辑、导播、主持人轮番上阵，持续作战。从交警指挥中心、高速公路现场、交警巡逻车、路面值勤点、车站、机场、气象台、120 急救中心等各个现场，发回权威的交通信息和服务报道。天气趋势明朗后，进一步推出“众志成城抗冰雪，齐心协力保家园”特别节目，继续拉通全天节目。

在这次特别报道中，记者与主持人共连线近 200 次，政府职能部门纷纷通过交通之声向公众发布告市民（旅客）书。记者坚持深入交通最前线，赶赴抢险现场采访，缓解被困司机与乘客的烦躁情绪。杭州交警支队的“路灵灵”也通宵作战加入直播,为出行的人们提供信息;气象主播也加大灾情的播报密度。当车站出现旅客严重滞留、高速交警连夜铲雪抢通道路时,交通之声又积极倡议社会各界关爱奋战在冰雪一线的交通人,并组织人员到一线给他们慰问和加油。

2. 突发事件的第一报道权

突发事件的第一报道权,体现在交通之声构建的信息交流平台,同时在关键时刻成为政府信息交流职能的重要载体。在突发性公共危机事件中,媒体功能发挥得好,公共危机公关沟通就顺利。

构建信息平台不只是一般的通报信息,而是信息链接、信息执行、信息最有效的反馈,由此而成为一种社会良性运行的舆论链条和社会各个环节有效衔接的链条。

典型案例:《杭州"8・4"交通事故报道》

"8・4"交通事故发生后3分钟,交通之声就接到"阳光车友"报告,5分钟内迅即组织报道:一面派记者赶赴事故现场和抢救医院,一面连线现场"阳光车友",请他介绍亲眼目睹的事件经过,随即跟进交警的调查信息通报。

21∶35,交通之声发出第一篇现场连线报道,一线的初步信息迅速反馈回来,坐镇指挥的执行总编立即布置:记者严密关注交警部门的调查结果,并判断警方如何对酒后驾驶等违法行为进行整治;迅速组织记者、主持人行动:"捍卫斑马线"!

次日10时,交通之声记者、主持人来到杭州8条爱心斑马线,举牌引导行人过马路,连续3天组织志愿者进行劝导,之后由杭州市文明办接着继续组织这项活动。同时,交通之声推出"榜样的力量"活动:介绍公交车、出租车司机行车礼让的心得。此外,还制作了大量的"请勿酒后驾驶"的公益宣传带,派出记者随警出动,大密度曝光交通违法行为,连续一周推出"酒后百态——醉猫现形记"节目,警示驾驶员守法行车。

3. 突发事件的第一解读权

第一,深入解读事件真相,主动承担社会责任。

典型案例:《"70码"的问责,我爱斑马线》

主持人:听众朋友,现场插播重要路况。根据热心听众万师傅的爆料,在杭州文二路南都德加门口东向西方向,刚刚发生了一起交通事故,一名行人被撞,倒在血泊之中,生死未卜。目前肇事车辆在路边停留,请经过这一路段时注意减速避让,且不要驻足围观。本台记者已经赶往现场,稍后会发回详细报道。

这就是交通之声报道突发事故通常采用的格式。在对这起事件的报道中，交通之声首先做到了不失语，迅速赶到现场，客观准确地把信息传递给受众；其次，随着事态的发展，也就是第一次新闻通报会后，记者首家采用原生态记录手法，推出对 70 码车速的质疑报道，并运用专业知识引导听众关注事件本质（超速）；最后，当这起飙车事件被网络媒体传播后，交通之声保持冷静，把握舆论导向的分寸，及时报道交警部门从“骑马（码）难下”转到“公开道歉”的动态过程，运用专家观点表明媒体立场，既发人深省，又铿锵有力：“不要让每一次政府公信力的重塑都带有倒逼的意味，因为那样要付出沉重的社会成本。”

“5·7”飙车事件发生后，某些媒体变得浮躁，传递了充满猜测的信息，使得一起交通事故变得复杂起来。作为交通专业广播，保持冷静显得尤为重要。由于我国汽车时代的提前到来，民众意识还未跟上汽车生活的步伐，这对矛盾并不是仅仅谴责肇事者、抨击管理部门就可以解决的。之前，温州一辆货车在斑马线上撞倒了学生，交通之声正在以此为新闻由头策划“文明出行 我爱斑马线”的媒体行动。当“5·7”飙车事件发生后，交通之声更有责任和义务引导驾车者重新审视驾驶行为和习惯。交通之声领导马上决定，提前实施“我爱斑马线”行动，广泛宣传公交车司机的正面典型，组织记者、主持人上路劝导，响应的市民达到 109 万人次。在随后的飙车案报道中，交通之声不跟风、不猎奇、不炒作，保持媒体独立的判断，这在杭州众多媒体中独树一帜，真正做到了为政府分忧，让百姓满意。

第二，解读也可以用实际行动体现。

典型案例：《杭州出租车计价器集体失灵后》

2008 年 8 月 8 日 0 点，杭州 1000 多辆出租车计价器集体失灵，全城近七分之一的出租车没能正常营运！这个信息很刺激：时间特殊（奥运会开幕的日子），背景特殊（油价看涨，国内已经有出租车司机群体罢运事件发生）。此事非同寻常，事态控制不好将造成重大社会隐患。于是，交通之声一方面派出记者赶赴现场调查真相，一方面与相关职能部门沟通。当时，司机排队修车，前望不到头，后望不到尾，现场没有人维护秩序，情绪很焦虑。交通之声记者赶到现场后，立即让司机把收音机调到 FM93，承诺连续播出准确的信息，并请他们相信，有关部门一定会妥善处理好这件事的。

记者一路步行把现场排队、维修进度与有关部门采取的措施及时播报出去（其实很多措施是交通之声给的建议，如增加维修技术人员，登记排队车辆顺序，劝导司机回去休息，给现场司机发食品等）。报道中，还通过司机劝导司机，说明这个故障将很快得到排除。

在交通之声的引导协调下，杭州市政府很快到现场召开协调会，公开通报信息，承诺赔偿司机损失等。

在这一突发事件的发生、处理、平息和解决过程中，媒体的速度起到了重要作用，让我们真正体会到了“主动权决定话语权”的深刻内涵。对于突发性事件，了解事情真相非常关键，能否把真相告诉听众？在什么时间告诉听众？这也非常关键。我们的体会是：媒体要时刻记住“社会责任”，抢眼球、抢耳朵有时必须放在次要位置。

二、现场报道的注意事项[①]

随着社会的发展，特别是交通业的发展，广播又焕发出了新的生机，呈现出“不鸣则已，一鸣惊人”的发展势头，各地交通广播雨后春笋般地蓬勃兴起就是最好的证明。相对于电视、网络等媒体，广播的优势在于“动”和“快”，这也是在飞驰的车辆中、在漫步的道路上、在广阔的田间地头，广播“大有作为”的原因所在。

近几年来，现场连线报道越来越被人认同和看好。随着现场报道大量被使用，具有时空立体感受的“视听”效果被逐步挖掘出来。

现场报道应该说是对广播记者捕捉新闻能力、理解力、把握驾驭新闻事件能力、采访能力等多项素质的综合考核，那么，要做好现场报道，广播记者又需要从哪几方面入手呢？

第一，要有职业责任感和现场报道的能力。

现场报道是一项“出口成章”的工作，同步播放的特点，缺少了一些类似报纸、杂志等媒体的审阅环节，因此，要求现场报道的记者具有较高的政治觉悟和强烈的社会责任感，对自己报道工作的言语行为负责到底。在日常报道中，并非所有的报道都能做成现场报道，现场报道在一定程度上受制于题材、环境和新闻事件本身，只有那些现场情节强的新闻才最具备做现场报道的条件。记者要在繁杂的报道中瞪大眼睛，准确把握住这样的机会。

第二，现场报道要与受众多进行“互动”。

现场报道体现出记者的一种客观，但是采访事件发生、发展以及产生的影响，并不是人人皆知的，采访一下受众，换个角度考虑同一问题，扩大了记者报道的视野。如果是人物报道，通过对方所说话语可深入挖掘人物内心世界。此外，通过与受众的交流、沟通，达到了教育人的目的，使得广播更加贴近群众。

第三，现场报道要有背景交代，语言要求口语化。

现场报道是说新闻，就必须朗朗上口，不能让书面语过分浓重，否则会给人不是

---

① 宫晖：《广播现场报道应注意的问题》，《青年记者》2010 年第 14 期。

说而是读的感觉。现场报道句式不能太长，要力争多用短句，多用通俗的口语化词汇，要用动词展示现场和进展，这样才能让受众跟着录音报道“动”起来。此外，要按照现场报道的要求和听众的听觉习惯，把事实充分报道清楚。有时为突出新闻的中心意义，加上几句背景交代，更多的时候是采用听觉刺激的场景编辑切换，引发受众听下去的欲望，对记者的现场报道产生一种别样的感受和领悟。

现场报道关系到广播的发展。不妨设想一下，一次次精彩的现场报道，加之广播本身在信息传递方面不可比拟的优势，如速度快、遍及广、手段灵活、不受时空制约等诸多条件，那么，展示给受众的就不仅仅是一个个声音，而会呈现出一幅幅视听新闻画面，为广播插上“视听”的翅膀，它将超越广阔时空。广播目前的发展状况已经证明：中国广播的整体实力没有萎缩，融入了新媒体的一些元素后，它的核心竞争力在不断提升，广播事业发展前景一片光明。

三、现场报道的实战练习

1. 现场报道导语[①]

现场报道的导语一般都比较简单、直接，它的主要功能是开门见山地交代新闻事件发生的时间、地点等重要信息。因为现场报道的解说要在现场完成，记者在录制解说词的同时还要关注事件的进展，构思下一步的报道或是采访，短时间内构思较复杂的短语并不切合实际；同时因为广播节目线性传播、不可回复的特性，记者也需要在第一时间把最重要的信息传达给受众，所以导语部分一般采取直接的介绍方式。

目前国内不少广播新闻采用栏目式编排方式，用主持人的串联来引入记者的现场报道或是录音报道。例如中央人民广播电台中国之声频率每天的《新闻和报纸摘要》就是这样的方式，这种情况下报道的导语部分实际上是在后期编辑时完成的，然后由主持人播读出来，而记者的现场报道则通常是直接切入正题。例如：

主持人：昨天是元宵节，学生返校客流高峰开始，与农民工返城叠加，春运客流量仍保持较高水平。铁道部门将在学生客流比较集中的时间和方向组织开行学生专列。请听报道。

【火车站嘈杂背景声】

记者：哈尔滨火车站今天迎来了学生返校流高峰，在哈尔滨火车站候车室里随

---

① 参阅杜桦：《广播节目编导》一书部分内容，中国传媒大学出版社 2009 年版。

处可以看到学生的面孔。

【采访录音】

学生：我到南昌，先到北京……

——**中央人民广播电台 2008 年 2 月 22 日**

这样的处理方法有助于减轻记者在现场的负担，可以使记者将更多的注意力集中于新闻事件本身，同时也有助于形成整个新闻栏目较统一的风格。但值得注意的是，现场报道的记者不应由此形成对后期编辑的依赖，仍应该尽量使现场报道完整。因为有些现场报道节目会出现在新闻资讯、深度报道、新闻评论等不同的栏目形式里，如果现场报道本身不够完整就不利于节目资源的反复利用。所以比较合理的做法是，记者尽量在现场完成完整的报道，包括导语、中段的临场解说、音响、采访等内容。

导语的形式一般有以下几种：

(1)概括式导语

主持人：棉花期货今天在郑州商品交易所挂牌上市，这是中国期货市场经过 8 年整顿后经国务院批准的第一个上市新品种。请听记者从现场发回的报道……

主持人：奥运火炬昨天在河北唐山市传递，请听中央台、河北台、唐山台的报道。

(2)叙述式导语

主持人：今天下午 2 点，我省黑河市嫩江县嘎拉山林场点烧防火线时跑火，下午 5 点，山火已经蔓延到大兴安岭韩家园林区。请听黑龙江台驻黑河站记者刚刚发回的报道……

主持人：各位听众，现在是北京时间 7 月 13 号 22 点 06 分，莫斯科时间 18 点 06 分。决定 2008 年奥运会举办权的国际奥委会第 112 次全会进入了最后阶段，开始进行第二轮投票。中央台记者陈建奇正在莫斯科世贸中心会议现场。现在，就请他介绍第二轮的投票情况。

(3)描述式导语

主持人：前天夜间以来，黄海、渤海、东海出现 1969 年以来最强的温带风暴潮，海面 11 级狂风掀起几层楼高的巨浪，惊心动魄。昨天光是东海就有 111 人海上遇险获救，中央台值班编辑昨天电话连线各地记者，现场了解风浪情况。

记者：一场秋雨一场凉。持续十来天的阴雨天气，让宁夏银川市大庙社区卫生服务站的患者多了起来。

【采访录音】

居民：社区医院离家住的地方又近，又方便，最重要的是还省钱……

(4)评论式导语

主持人：听众朋友，流失海外105年的大沽钟昨天终于回到了故乡——天津塘沽。如果它有生命的话，一定会感慨万千。因为它承载过屈辱的历史，也见证了新世纪的和平、友谊。请听本台记者李贺采写的报道：《离家百年，钟回故里》……

(5)提问式导语

主持人：新的时代，好工人该是什么样？青岛港一位叫许振超的工人给了人们生动的答案……

(6)引语式导语

主持人：陕西台记者孙华林报道，元旦前夕，国家扶贫开发工作重点县之一的蒲城县，耗资数百万元，历时两个多月，举办"迎元旦万人歌咏比赛"，在当地引起强烈争议。昨天比赛结束后，记者在蒲城县文化局、交通局、地税局、城关镇等十多个部门、乡镇暗访时，发现很多干部群众对这场比赛十分反感，说是"穷扎势"、"瞎摆阔"，一些局长、乡镇长甚至在骂娘……

2.现场的层次①

现场报道要有层次。在做现场报道时，我们应准确、有层次地对这些现场进行描述，有"远景"、有"全景"、有"中近景"、有"特写"，要让听众通过记者对现场不同景别的描述，来感受现场。如1999年中国之声特别节目"珠海回归欢乐夜"的现场报道中，就用不同的景别，报道了在澳门回归祖国那一刻，与澳门一水之隔的珠海人民欢庆澳门回归祖国时具有历史见证意义的热烈场面。

首先是给听众一个记者的"近景"画面，向听众交代现场报道的时间、地点及记者本人；其次，交代现场正发生什么事之后，要给听众一个"全景"画面，描述自己看到的大环境、最具特点的现场环境。因为在做澳门回归现场报道时，记者选择了距离澳门最近的湾仔镇广场，这里与澳门只有一河之隔，距离不到一百米，能清楚地看到澳门的标志性建筑。于是，在报道中记者做了这样的描述："各位听众，我现在

① 参阅《用"画面"的思维方式做广播现场报道》，来源：中国广播网。

在珠海市湾仔镇广场，这里与澳门只有一水之隔，在我对面一百米左右就是澳门妈祖庙，抬头向远处我可以清楚地看到澳门的标志性建筑——中国银行和葡京酒店，此时的澳门灯火辉煌。"在介绍完自己看到的最具典型特点的环境后，"画面"回到了自己身边的"近景"——此时湾仔镇广场的热烈场面，用几个连续"近景"画面来介绍此时广场上的情景，舞台上一位歌唱演员激情地唱着歌曲《走进新时代》，台下有的人在欢呼，有的人跟着演员一起大唱，有的人在使劲地鼓掌。在做描述的同时，背景是现场音乐声、欢呼声、笑声等，一幅生动的画面展现在听众的眼前。最后，记者走入人群中，对不同的人进行采访，有湾仔镇的老居民，有从珠海市内赶来的外地移民，还有湾仔镇的教师、领导等，通过采访给听众展现一个个人物特写。如在采访一位老妈妈时，通过问话进行描述："阿姨，您好，我刚才看到您一直在笑，像孩子一样地跳，您是不是特别高兴?"老妈妈回答："是啊，我特别激动，特别高兴，澳门终于回到祖国了……"

由此，一篇生动的、有层次的、步步深入的报道就展现在听众"眼前"，使现场报道的特点和优势全部体现出来，调动了听众的想象力，使报道更加"好听"。

3. 现场报道的音响

现场报道的音响有别于录音报道的音响，由于新闻的采制是在现场一气呵成，所以音响效果不会有录音报道那么讲究，音响不会那么"干净"，但这同时也正是现场报道区别于录音报道的一个特点。基于这一特点，我们在做现场报道时，就要对报道内容进行现场音响策划。如进行现场描述时应该在现场的什么位置，采访时应该在什么位置，让听众通过音响结合记者描述感觉到"画面"在变动，这样的现场报道能够让听众有更强烈的现场感受。

如沙尘暴肆虐，某台在我国西北、华北地区进行了几个地区的组合报道。几地的记者对当地的沙尘暴天气进行了现场报道，记者对天气、街道、人们在沙尘中的状态进行了描述，但听众听到的报道中，只有一位记者的报道让听众对沙尘暴有真实的现场感受，而其他几位记者的报道缺少了音响部分，记者在这种现场感应当很强的报道中忽视了"画面"中的音响，使报道失去了些许色彩。试想，如果我们的记者能够在室内先对报道进行一个简单的概述，给听众一个"远景"，然后走到户外，以自己对沙尘暴的感受给听众呈现一幅沙尘暴的"特写"画面，这时现场呼呼的风声，也许会使记者报道的声音受到影响，但从没见过沙尘暴的人会更直观地感受到沙尘天气的危害，感受到环境对人们生存的影响，使人们对环保问题有一个更深刻的认识。现场感越强，报道越生动，对听众的震撼力也会更强，同时，广播的特点也会表现得更为淋漓尽致。

第二节　广播新闻录音报道

广播录音报道是以新闻发生的现场音响和记者的叙述(或写成文字稿由播音员播读)为手段的一种广播形式。由于内容不同和宣传的需要,录音报道又可分为录音新闻、录音通讯、录音特写、录音记问等。它给人以强烈的现场感,听其言,闻其声,如临其境。录音报道受题材和条件的限制比较大,凡是缺少现场音响或捕捉不到典型场面的新闻,就不适宜录音报道。

采制录音报道的要点在于文字解说,其作用是说明现场(交代时间、地点、人物),铺叙事件,提示主题。由于现场中的音响效果和人物谈话还不能使听众明确地了解报道中的时间、地点和人物,关于事件的过程及其意义,也不是实况录音所能完全表现的,因此,在录音报道中必须穿插解说。解说词要简洁、鲜明、生动,不要过长地追述。有些录音报道,开始出一点实况,结尾出一点实况,中间却大段地追述背景、过程。比较理想的方法是:在需要解说背景时,由采访的记者逐步引导被采访的对象用一问一答的方式说出来,或用介绍现场图表的方式来说明,还可以用实况作陪衬加以必要的解说,这样就化背景的东西为现场的东西了。文字解说和现场实况还起着互相补充的作用,凡现场实况的录音素材在报道中能说明问题的,就无须再加以解说。另外,文字解说要和音响效果、人物讲话恰当地穿插起来,协调起来,起止不要太突然,要给人以波澜起伏的感觉。

音响是录音报道中的有机组成部分,能反映事物的特征,说明典型的环境,生动、形象地帮助文字展开情节和表现主题。因此,要善于在复杂的现场中选录最有特点、最有意义、最能提示人物精神面貌、最能深刻表现主题的音响素材。现场所没有的,绝对不能造假,更不能为了陪衬头面人物而录一些杂乱无章、枯燥无味、说明不了主题的音响。①

录音报道:因广播而美丽②

青海新闻网讯　她曾获得14项全国性奖项和30多项省级奖项;她是中国广播电视播音与主持作品一等奖、全国“金话筒”铜奖、百优节目主持人、首届青海省广播电视“十佳播音员、主持人”、全国“健康金话筒”奖和全国第十届长江韬奋奖、长江系列奖的获得者。她就是青海人民广播电台经济频率新闻主持人王越。今天

① http://wenwen.soso.com/z/q132221910.htm。
② http://news.sina.com.cn/o/2009—11—06/181816566907s.shtml。

的《新闻焦点》请听青海台记者韩晓红采写的录音报道:《因广播而美丽》。

(出现场音)

收音机前的听众朋友您好,欢迎您收听来自青海广播经济频率的《王越直播室》节目,我是您的朋友王越。有一个人永远占据我们心底最柔弱的地方,我们愿意用自己的一生去爱她,有一种爱它让你肆意地索取、享用,却不要你任何的回报,这个人叫母亲,这种爱叫母爱……

听众朋友,你听到的这段亲切、大气的播音是青海人民广播电台经济频率新闻主持人王越在主持母亲节一档节目的录音。从小热爱表演、主持的王越,1995年从青海师范大学艺术系音乐专业毕业后,考入青海人民广播电台。十四年,一路走来,王越的青春岁月因广播而熠熠生辉,因广播而美丽。

(出录音)

我觉得我真的是一个特别幸运和幸福的人,因为一个人的兴趣爱好、所学专业,还有所从事的职业做到完美结合,我觉得这就是一种非常理想的职业状态,我现在真的达到了这样一种理想状态。所谓热爱才是最好的老师,我特别热爱这个工作,从小,我在高中的毕业留言册上曾经郑重其事地写下过我的理想,而很多年之后我的理想实现了之后,我觉得我的选择是没有错的。

(录音止)

正是因为心中那份永恒、炽热的广播情怀,十四年来,从柔风细雨的清晨到落日朦胧的黄昏,从春光烂漫到冬意融融,王越勇挑重担,经常深入农村、牧区、厂矿、学校,上青南,走戈壁,尽职尽责,为听众传递着最前沿的新闻动态。

(出现场音)

熊宁、黄成生活在西安,熊宁是一个志愿者,不仅拥有美丽的容颜,更重要的是有一颗充满爱心的心灵……

心在一起了,自然就有了亲近感,广播作品就有了亲和力。王越的节目第一考虑的,就是贴近百姓的生活、尊重听众。她常说只要和听众在一起,每一点辛苦都会变成幸福的浪花,她也将真诚的情与爱融入听众之中。十四年来,她先后主持了《经广早新闻》、《乘着歌声的翅膀》、《七彩时空》、《财富黄金档》等十多个新闻、音乐、综艺、少儿、服务、访谈类栏目,制作播出了大量的优秀节目。其中《和小树一起成长》获得中国广播电视新闻奖广播社教节目奖对象性节目三等奖、青海新闻奖一等奖;《四月八里漫花儿》荣获中国广播电视文艺奖三等奖、全国经济台优秀节目文艺类二等奖;《"花儿"就是这样红》获得中国广播文艺奖音乐节目三等奖;《关注野生动物 争做环保小卫士》获得中国广播电视新闻奖广播社教节目三等奖、青海新闻奖一等奖。

（出录音）

欢迎李老光临《王越直播室》。谢谢。您今天精神真好。哎，您最初来青海支边已经四十多年的事了，那个时候您放弃北京优越的条件来到青海，回忆当年感慨万千……

（录音止）

青海人民广播电台第一个以主持人名字命名的新闻访谈类节目《王越直播室》，更以独特的新闻视角和具有亲和力的主持风格赢得了社会广泛的好评，两度荣获全国经济电台十佳栏目奖，其中《生命的激情像一团火》荣获中国广播电视播音与主持作品一等奖。

（出录音）

2003年4月开播的《王越直播室》，可以说给我提供了极大了历练和成长的空间，当时，这个节目创办之初，就定位为新闻访谈节目。从节目开播以来，已经有将近上千位的嘉宾走进直播间，来面对听众。我觉得这个节目我不想把它做大，我只是觉得它更易于贴近老百姓更好，从一些小事入手，能够让老百姓入心入理，增加节目的互动和亲切感。同时，这个节目当时我也有一些想法，就是采取广播的多种形式，比如说热线、短信甚至在节目中制作一些片头片花，增加节目的互动性、可听性。

（录音止）

零下十几度的高原，滴水成冰，作为广播剧主角的她，拖着9个月的身孕在野外一站就是十几个小时，整个人都冻透了。吃饭时，冻红的手指连筷子都拿不起来；汶川特大地震发生后，王越在第一时间联络多家单位，举办了多场募捐直播，募捐金额达140多万元；在平均海拔4500多米、高寒缺氧的格尔木肯德可克铁矿区，她为了采录到井下的效果声，下到300米矿井深处，与矿工们零距离接触……

（出录音）

我记得我采访过很多、非常多的性格独特、心灵美好的高原人，这些人总是给我留下非常深刻而美好的印象。就像是2007年12月7号，我来到海拔4300米的格尔木肯德可克铁矿，当时是在严冬，气温非常低，我们下到的是矿井深处300米的作业区，里边空气更加稀薄，而且感觉非常寒冷，应该说是刺骨的寒冷。耳边是钻机的轰鸣声，闻到的是刺鼻的柴油味，当时，我就在想，我们生活当中什么叫苦、什么叫累、什么叫脏、什么叫险，在那一刻我真正感受到了。但是，我采访那些矿工们的时候，通过他们那种纯真的眼神，那个时候我突然明白了什么叫爱岗敬业，什么叫无私奉献。

（录音止）

作为一名执著追求的新闻主持人，因为热爱，广播工作已经成为王越生命的一部分。期间的眼泪与欢笑、历练与收获在不知不觉中化为她的一笔财富，见证了她的成长，也培养出王越的一份沉静从容与勤奋坚韧。如今，站在中国新闻界最高的领奖台上，她依然是那样地平和、谦虚。

（出录音）

获得中国新闻工作者这样一个最高荣誉——长江韬奋奖，不仅仅是我个人的荣誉，而是对所有高原新闻工作者的一种褒奖，我只是其中的一个代表，比我优秀的人还有许多。但是，我相信，拿到这样的奖对我是一种巨大的精神鼓励，作为我个人来说也是无上的光荣，同时，这种巨大的动力也会推动我在新闻这条道路上能够和所有热爱新闻战线的工作同仁们一起快乐前行。

（录音止）

第三节　广播新闻直播报道

20世纪80年代中期以后，随着广播节目制播器材的不断更新和经济社会的发展，直播形式逐渐兴起，特别是90年代中期以后，自制节目中，直播部分的长度很快超过录播部分。1986年12月5日清晨，以大板块、主持人和热线电话为主要特征的“珠江模式”诞生。[①] 在此之前，中国广播节目的形态仍以单向传播为主要特征。直播节目的广泛涌现，除了大大聚揽了“人气”之外，也给了电台极大的增值空间，如与移动公司共同经营短信业务、在参与式节目中播出即时互动奖品等赞助式广告。

当前，无论是中央级广播媒体还是省市县地方广播电台，新闻节目、服务节目、热线节目、谈话节目等，基本上都通过直播方式播出，自制节目中只有专题节目、记录节目、知识性节目、广告节目等还主要通过录播播出，但时间长度较前者短。另外一个值得注意的现象是，有一些大型的广播节目主要形式是直播，但会在直播的过程中穿插录制的短节目或片段、广告等，使直播节目变得不再纯粹，成为实际的混合播出。

综观国内各广播电台组织的新闻现场直播，多取材于受关注度较高、有较广泛社会意义的重要题材。对这样的题材进行大时段、大容量、多方位、多媒介的现场的、集中的报道，其新闻价值、社会影响力显然是其他许多广播手段所不可比拟的。如1997年6月30日到7月1日，中央人民广播电台组织的“百年长梦今宵圆”报

① 董旸：《广播节目策划与制作》，中国传媒大学出版社2007年版，第289页。

道活动对香港回归进行了大时段新闻直播，这是中央台也是中国广播史上罕见的规模大、时间长、横跨多区域、技术传输复杂、多兵种运作的宏大作品。它以香港回归期间香港、北京两地为中心，辅之以专家评述、要人采访、主持人背景介绍、历史音响回放，融新闻、历史、文学、音乐于一体，并且实现北京同内地六省市以及海外报道密切配合，把广播特长发挥得淋漓尽致。它的另一层意义便是，新闻现场直播往往能显示、代表一家广播电台在采、编、播、录、制等各方面的实力。

那么，什么是广播直播报道？根据《广播电视实用辞典》的解释，广播直播报道是指“从现场直接播送实况的电声广播”。我国最早的远距离现场直播是中央人民广播电台 1949 年 10 月 1 日对开国大典的实况报道。如今，广播直播在对灾难等突发新闻事件的报道中发挥着重要作用。

一、广播的及时性和现场感

广播媒体最大的优势是对突发事件迅速、及时的报道。由于制作成本低廉和只要所在位置能往外打电话就能实现同步的“零时差”的现场实况播出特点，使广播媒体在面对突发事件时可以立即成为传递、交流和沟通各种信息的平台，从而在突发事件中有效地发挥协调、动员和组织的特殊作用。广播在播报如战争、自然灾害等突发事件时还具有现场感强等独特的优势。比如，利用直播间与新闻记者连线，使得广播新闻的时效性和现场感大大增加。①

2008 年 5 月 12 日 14 时 28 分，震惊世界的“汶川大地震”发生了。在非常时刻，成都人民广播电台进行了如下报道：

▲ 14 时 55 分 55 秒，在余震不断的情况下，成都人民广播电台果断中断正常节目，在交通频道推出抗震救灾特别报道　《我们在一起——抗震救灾大型特别节目》。这是成都上空对地震灾情的第一声播报。

▲ 16 时 32 分 03 秒开始，电台四个频道打破常规，并机播出。在重要关头，成都市政府“第一号通告”最先到达广播电台。成都人民广播电台最早向社会昭示成都市委市政府抗震救灾的决心和信心。

▲ 14 日，成都人民广播电台在全国率先开设《灾后心理慰藉》专题节目，中央电视台作专题采访；16 日，开通 24 小时“心理慰藉”热线。

▲ 从 5 月 12 日 14 时 55 分开始，到 5 月 22 日凌晨 6 时转入常态为止，成都人

① 参阅《广播在突发事件中的特殊作用》，http://www. lwkoo. cn/Freepaper/Wenxue/Xinwen/201009/38004. html。

民广播电台《我们在一起——抗震救灾大型特别节目》不间断播出时间达232个小时。

“5·12”汶川大地震发生后，成都人民广播电台不仅成为成都地区最早播出准确地震消息的媒体，而且为市委市政府正确决策和指挥抗震救灾建立起“空中调度平台”。当时，在成都乃至成都以外的地区，出现了万人收听广播的景象。在通讯中断、情形万分危急的时刻，广播以其独特的媒介特点，对安抚人心、稳定社会发挥了积极的作用，被人民群众誉为“民间指挥部”。

成都电台的一位频道总监曾自谦道：“我们是弱势媒体。”在大地震发生后最紧急、最关键的情况下，“弱势媒体”却成为“强势媒体”。

二、收听广播的廉价性和方便性

广播受到青睐的又一个重要原因是收听广播的廉价性，同时，广播接收机携带的方便性也是它更广泛地被受众接受的重要原因之一。与报纸、电视、网络等媒体相比，广播媒体的成本最低，同时受众接收成本也最低。目前，广播媒体由于其便于移动收听而重新进入时尚人群的主流生活，根据美兰德信息公司“2002年部分广播电台听众调查”，广播是最容易携带的媒体。而我国由于汽车普及率和人们户外休闲活动的增加，移动收听广播的比例呈明显上升趋势。调查显示，2002年广播移动收听的比例已经达15.5%，比2001年高出0.6个百分点，中国广播的核心听众正从农村转向城市，从固定收听转向移动收听，每年以20%的速度递增。不论是早晨锻炼身体、坐车上班、旅游还是在地里劳作，都可以移动收听广播。全国广播“村村通”工程的实现，在一些突发事件来临，其他媒体往往不能发挥作用时，广播会起到重要的宣传与鼓动作用。比如，突然发生洪水灾害时，受灾现场电视肯定无法打开，报纸也很难及时送到灾民手中，但广播此时可以发挥特殊作用，以无线传播的形式对正在抗洪抢险的人们进行鼓舞士气式的宣传，这时广播媒体在突发事件报道中的作用是无可替代的。

三、广播的情感抚慰功能和互动优势

广播在突发事件中具有情感抚慰功能，这种功能体现在多个方面：首先，通过广播的即时报道使人们减少恐慌，产生心理安全感。心理学研究表明，处于紧张状态的人对声音异常敏感，极度渴望有吸引力的声音。汶川特大地震发生后，成都交通台仅用了半个小时就恢复播出，中间虽然两度中断，但“我们和你在一起”发挥着无可替代的情感慰藉的特殊作用。此外，广播由于通过热线电话或者短信互动方式便可参与，听众可以与主持人和其他参与者直接对话，实现双向或多向交流，随时获得反馈信息，让人产生集体感，坚定了人们的信念。

河南省公安厅把交管指挥中心放到了电台，全天实时播报信息，现场协调和发布指令，共同应对各种复杂的问题。广东省公安厅也同当地电台联合开办专题节目，同样效果很好。广播在突发事件中的特殊作用也受到了学者的关注，中国传媒大学广播战略研究中心主任、博士生导师曹璐教授呼吁，政府要重视广播在突发事件中不可替代的特殊作用，国家有关部门应当在制定突发事件的应急制度或措施中明确广播的地位与作用，认为各级政府在平时就要重视广播，增加投入，研发针对不同人群使用的收音机，以保证广播在突发性事件来临时发挥更大的作用。

第四节　广播新闻特写报道

广播特写报道可以视作“广播中的纪录片”。它是以各种声音元素为素材，以再现真实的声音场景、刻画典型的声音形象为主要方式，兼具广播新闻和艺术特性的一种节目体裁，也是一种被广泛运用于新闻、艺术、教育、服务类广播节目中的创作方式。广播特写是广播新闻节目中时效性最弱的一种，它基本摆脱了新闻报道的时效性限制，但仍以记录真实的人和事为主，兼具纪录手法的真实性和表现手法的艺术性，是广播新闻节目与广播文艺节目之间的一种边缘性类型，也是最能发挥广播媒体特点、最能体现广播节目编导综合能力的一种节目类型。

广播特写是由英国广播公司(BBC)提出、20 世纪 20 年代为世界各国广播电台开始广泛采用的一种配音、配乐广播报道形式，当时主要以文学性、传记性内容为主，后来出现大量的虚构内容，使广播特写这一形式一度非常接近广播剧。但是到了 20 世纪 80 年代以后，随着国际广播界交流的逐步深入，非真实性的广播特写被逐渐废弃，获得国际奖项的很多广播特写节目也以真实性内容为主，用声音讲述一个非虚构的故事成为广播特写的主流。总体来看，广播特写基本包含了电视节目中的纪录片和专题片(或将两者总称为非虚构性节目)的题材范围。

广播特写在电台更多被看作是一种综合使用语言、音乐、音响的创作方式，而不是一种固定的节目形式。所以在新闻、文艺、教育、服务类的很多节目中我们都能看到特写的名字，如录音特写、音响特写。而有的节目虽然没有使用特写的名字，例如有些特写报道、文学专题、配乐广播或是音乐专题节目，但在创作中体现了特写的风格。大家可以比对电视节目中纪录片与纪实片风格的关系去理解广播特写作为节目形式和作为创作风格的关系。①

一、文艺性较强的广播特写报道②

广播特写是广播记者在新闻现场亲眼所见、亲耳所闻，更具科学性，因而也更具说服力。广播特写具有持久的感染力，它把文学手法融进新闻采写之中，既保证了新闻的准确性，又以细腻的笔触和生动的描绘增强了感染力。让我们来看一看2005年6月19日上海人民广播电台播出的王曼华撰写的广播特写《周小燕与〈长城谣〉》：

我国著名声乐教育家周小燕教授的17位曾经获得国际声乐大奖、现活跃在国内外歌剧舞台的拔尖学生，今天（18日）晚上在上海大剧院隆重举行了一台"周小燕优秀学生音乐会"，音乐会上周小燕和她的学生再次选择了抗战歌曲《长城谣》。周小燕的一生与《长城谣》这首著名的抗战歌曲紧紧联系在一起，从她几度演唱这首歌曲的经历，我们可以看到她那一颗滚烫的爱国之心。

1937年，抗日烽火燃遍祖国大地，武汉街头，简易舞台上，一位年轻姑娘深切地唱着："万里长城万里长，长城外面是故乡……"歌声悲愤苍凉，如泣如诉。

【实况：周小燕40年代唱片《长城谣》……】

这位姑娘就是周小燕，那年她20岁不到，正从她求学的上海音乐专科学校回家过暑假。抗日战争爆发了，武汉成为全国抗战的中心，周小燕全身心地投入到抗日救亡运动之中。她和妹妹们帮助母亲为抗敌将士缝制棉衣，去医院护理伤病员，参加武汉合唱团，用她那独特的歌喉，在街头、在学校、在医院演唱抗日歌曲，《长城谣》、《歌八百壮士》、《最后的胜利是我们的》等抗日名曲，都是由她首唱的。

1995年，抗战胜利50周年，长城上，身穿黑底红花旗袍的周小燕，以78岁的高龄，再次放歌《长城谣》。

【实况：周小燕唱《长城谣》……】

"万里长城万里长，长城外面是故乡。没齿难忘仇和恨，大家拼命保故乡。四万万同胞心一样，新的长城万里长。"歌声中，周小燕想起了自己的弟弟为了抗日，献出了自己年仅18岁的生命。无数的先烈为了保卫国家，前赴后继英勇奋战，她

---

① 杜桦：《广播节目编导》，中国传媒大学出版社2009年版，第66—67页。

② 朱惠民：《引人注目的广播特写——谈广播特写写作艺术》，http://www.rgd.com.cn/rgd/xxyd/nfgbyj/gbyw/71783.shtml。

的眼眶润湿了。其实，那一天，她的丈夫、著名电影导演张骏祥已经病在床上起不来，为了这次演出，周小燕不顾自己年老体弱，一早从上海出发赶到北京，演出完当夜又赶回上海。今天，抗日战争胜利已经60周年，周小燕回忆起当时在长城上的感受时，仍不能平静。

【实况】周小燕：那次在长城上，情绪是很激动的，因为我想到我首唱的时候，是中国最困难的时候，心情是什么呢，就是怕做亡国奴，怕失去自己的祖国。再在长城上唱的时候，我们中国是什么情况，世界瞩目的中国，一个强盛的中国。这一天，烈士们没有看到，我的弟弟没有看到，我的父母也没有看到，我看到了，所以，那时我很激动的。

6月18号，88岁的周小燕再次登上上海大剧院的舞台，这是一场她的一些名扬海内外的学生，为庆贺她从教65周年而举办的音乐会。周小燕又选择了《长城谣》。

【实况】周小燕：我首唱时只有19岁，现在我是向90进军了。要听当年的音色没有了，但是当年的爱国激情还是有的。

（周小燕领唱、合唱《长城谣》……）

伴着激动的泪水，周小燕诚挚地说："抗战胜利60年了，应该再唱一唱《长城谣》，这回不是唱声音，而是要唱精神。"舞台上的周小燕精神矍铄，激情飞扬，她用一个又一个音符和音阶，在"母亲、祖国"这条旋律线上放声歌唱。①

广播特写《周小燕与〈长城谣〉》充分发挥了广播声音的特色，在不到4分钟的报道中，记者选择了周小燕在40年代、90年代和2005年三个不同历史时期演唱《长城谣》的实况录音和周小燕感人肺腑的讲话以及大剧院现场热血沸腾的场景实况，为听众传神地再现了我国著名声乐教育家、女高音歌唱家周小燕的拳拳爱国之心。真实感人的音响为突出主题、升华主题和打动听众起到了不可替代的作用。报道在音响的处理上细腻、柔和，是广播报道中大力开掘声音源、充分挖掘和运用新闻现场声音的成功的报道。

二、新闻性较强的广播特写报道

2006年3月5日，中央人民广播电台播出了李涛、赵雪花采写的一篇特别引人注目的广播特写《求知于实践，问计于群众》，获得了中国新闻奖广播消息一等奖。

---

① 中国新闻奖评奖委员会办公室编：《中国新闻奖作品选（2005年度·第十六届）》，新华出版社2006年版，第329页。

原文如下：

3月4日下午，胡锦涛总书记来到全国政协礼堂，和民盟、民进的全国政协委员亲切见面，共商国是。经济学家厉以宁委员第一个发言，他对建设社会主义新农村非常关注。

【音响】厉以宁：在建设新农村过程中，一定要明确农民是新农村建设的主体。农民中蕴藏着巨大的潜力，政府要善于把农民中的这种潜力调动起来，使它们发挥出来。

胡锦涛听得很认真，不时地作记录。他在讲话中对此作了回应。

【音响】胡锦涛：我注意到，刚才厉以宁老师就谈到我们新农村建设，强调的就是新农村建设的主体是农民，我们政府呢，应该是作引导者，作服务者，在这方面更多地发挥作用。

胡锦涛进一步提出，全面建设小康社会，也只有依靠更广大人民的共同努力才能实现。

【音响】胡锦涛：作为一个领导者，你有没有能耐，这就要看你能不能调动广大人民群众的积极性、主动性、创造性，也就是说你能不能为人民群众服务得好，把大家的积极性调动起来，把我们的国家建设好。

胡锦涛强调，要牢固地树立人民群众是真正的英雄的观点。

【音响】胡锦涛：这句话现在好像是不是讲得少了？我觉得我们确实还要树立这个观点，要深刻认识脱离人民群众我们将一事无成。要尊重群众的首创精神，要大力发展人民民主，要求知于实践，问计于群众。

胡锦涛要求坚持把实现好、维护好、发展好最广大人民群众的根本利益，作为做决策、办事情、做工作的根本出发点和落脚点。

【音响】胡锦涛：凡是符合人民群众利益的事情，就千方百计地去加以促成，凡是违背人民群众利益的事情，就旗帜鲜明地加以反对，尤其要着力解决人民群众最关心、最直接、最现实的利益问题，使人民群众不断得到实实在在的利益，使全体人民共享改革发展的成果，朝着共同富裕的方向稳步前进。①

这是2006年全国政协会议开幕后胡锦涛总书记看望政协委员的第一场活动，也是记者采写的一篇独家消息。记者通过精心选取、剪辑的现场同期声，突出了总书记和政协委员平等对话、共商国是的民主氛围。而总书记的讲话又紧扣“求知于

---

① 中国新闻奖评奖委员会办公室编：《中国新闻奖作品选(2006年度·第十七届)》，新华出版社2007年版，第81页。

实践，问计于群众”这个主题，渐次表现出来，层次感很强，使主题具有深度和感染力。这是记者的用心之作。记者善于在会议新闻中抓住一个大家关心的主题，通过精心录制、剪辑音响和精当的记者叙述表现出来。而采用广播特写这一形式，使通篇消息更加生动、感人。

广播特写《求知于实践，问计于群众》的作者在精选事实、凸显细节上很有本事。他很善于判断和取舍，抓住有代表性、最能说明问题的事实展开报道：首先是场景描写的精妙。“胡锦涛听得很认真，不时地作记录。他在讲话中对此（指厉以宁的建议）作了回应。”在整个广播特写中，记者有五处简短的串词，只有这一段是描写现场的。看似平实的记录场景，却是作者的精心选择，没有渲染，更没有评论，白描式的串词起到承上启下的作用，在不经意间既反映出总书记以人为本、严谨认真的一贯思想和作风，又为总书记下面的讲话起到自然的很好的过渡和铺垫作用。另外是精致的“抓拍”。这就是紧接上一段串词之后，总书记讲话的开篇：“刚才厉以宁老师就谈到我们新农村建设……”一句“老师”，把总书记平易近人、亲切和蔼的形象鲜活地展现出来。在短短两分钟的特写中，记者在此不吝笔墨，使领导活动的消息成为一则既厚重又鲜活的报道，可见其匠心所在。

广播特写《求知于实践，问计于群众》不仅倾倒了广大听众，也征服了广播业内的众多专家，从第十七届中国新闻奖参评的 31 篇广播消息中脱颖而出，被评为唯一的广播消息一等奖。这充分说明，这一稿件能够获得中国新闻奖最高奖，既是新闻内容的独特魅力，也是广播特写的独特魅力，二者相辅相成，缺一不可。

但是，广播特写既不是广播消息也不是广播专稿。它用精心录制、剪辑的音响和记者的叙述作报道，比以概括见长的消息更形象生动，给听众留下的印象更鲜明深刻；它截取的是现实生活中富有特征的片断，比有头有尾、有因有果、有低潮高潮的广播专稿更凝练、精悍，无论事情多么繁杂，范围多么广泛，其经过又是多么曲折漫长，广播特写总是写事情的关键、情节的高潮处。

中央人民广播电台 2005 年 5 月 22 日播出的郎峰蔚采写的广播特写《中国珠峰测量队成功登上“世界之巅”珠穆朗玛峰》，正是写事情的关键、情节的高潮处的佳作。原文如下：

中国珠峰测量队今天（2005 年 5 月 22 号）上午 11 点成功登上“世界之巅”珠穆朗玛峰，对珠峰高度进行了 1975 年以来的首次精确测量。请听中央台特派记者郎峰蔚从登顶现场发回的录音片断。

【现场声，喘息声】

记者：中央人民广播电台，中央人民广播电台！我是记者郎峰蔚。现在是北京时间 11 点 08 分，队员们成功登顶了！

【同期声】

指挥部:加布,听到没有? 请回答。

登顶队员:听到了,我们成功了! (喘气声)

指挥部:好! 祝贺你们! 到达顶峰几个人了?

登顶队员:10 个人。

指挥部:10 个人!

(开香槟声、欢呼声)

记者:队员们终于到达峰顶,指挥部里一片欢腾。

指挥部:现在赶快帮助测绘队的把仪器架设起来。

记者:现在是上午 11 点 50 分,测量指挥岳建利一声令下:

【出录音】

岳建利:登顶队员注意,峰顶测量开始,请检查所有指示灯……

(渐弱混入)

记者:刹那间,峰顶觇标的透镜将彩虹一样的光芒,发射到海拔 5200 米到 6300 米的 6 个交汇测量点的仪器上。

【出录音】

测量队员甲:气压?

乙:5400。

甲:温度?

乙:102 点 2。

(渐弱混入)

记者:现在是中午 12 点 15 分,珠峰复测总指挥张燕平欣喜地接过我的话筒:

【出录音】

张燕平:现在觇标已经屹立在珠穆朗玛峰的峰顶,正在不间断地进行 48 小时的数据记录。珠穆朗玛峰登顶测量取得初步成功。下一阶段,我们将全力以赴地进行数据整理分析和计算。多种测量手段的配合使用,将有可能使测量精度在 1975 年的基础上进一步提高。8 月份,中国将向全世界宣布珠穆朗玛峰的新高程!①

广播特写《中国珠峰测量队成功登上"世界之巅"珠穆朗玛峰》利用当今最前沿的 64K 宽带海事卫星音频广播技术,在普通音频传输设备完全不能到达的珠峰地

① 中国新闻奖评奖委员会办公室编:《中国新闻奖作品选(2005 年度·第十六届)》,新华出版社 2006 年版,第 324 页。

区同步传回第一时间的广播特写，是中外媒体中唯一一篇来自测量一线现场的广播录音报道，是宣布测量成功后发出的第一篇新闻，也是中国广播史上海拔最高、条件最为艰苦的一篇现场新闻。广播特写以时间为主线，结构清晰简洁，具有高度的时效性、同步行进感；新闻内容全部来自第一新闻现场，后方编辑只做简单剪辑，没有任何修饰；音响生动真切，逐一表现了记者和各方人士的紧张、疲倦、激动、关切、兴奋等各种情绪，听众通过电波能够听到10级大风的呼啸，听到队员沉重的喘息，听到测量指挥的每一个细节，如身临其境，真实可信，可感可叹。绚烂之极归于平淡，除去所有修饰、还原真实生活的新闻带来的是更多的震撼和表现力，这是记者采访工作的一次回归，也是广播新闻的一次重大突破。

广播特写与广播消息、广播专稿等新闻形式一样，是一种独立的报道形式。“特写”一词，是借用于电影、电视艺术领域中的，指的是对于富有特征的题材，采用特别的手法，以收到特殊的效果。电影、电视特写镜头的出现，使电影、电视更加激动人心，是电影、电视艺术史上一个重要发展。

广播新闻记者从电影、电视特写镜头拍摄及其效果中受到启示，他们要用自己的话筒和录音机为听众送去一个个充满魅力的“镜头”，以同别人争夺听众的时间和注意力。而要做到这一点，广播记者必须深入新闻发生的现场，截取新闻事实中最富有本质特征的片断，运用形象、生动的录音手法“放大”片断以“再现”现实。

广播特写由于采访的要求、取材的角度和表现的手法等都有不少“特别”之处，所以它对听众和社会的影响也别具魅力。

其一，广播特写有着别的广播新闻体裁所不能替代的影响力，不仅对一般听众是这样，就是对文学修养深厚的业内专家也是这样。广播特写《求知于实践，问计于群众》播出后，受到听众和业内专家的肯定，认为广播特写有感染力，能够真切地感受到参政议政、民主协商的风气。特别是与会的一些政协委员也予以表扬，认为记者选材好，有创新。

其二，广播特写有着别的广播新闻体裁所不能替代的影响力，不仅对广大受众是这样，就是对其他媒体也是这样。广播特写《中国珠峰测量队成功登上“世界之巅”珠穆朗玛峰》充分放大了国家电台特有的新闻、技术优势，丰富了重大事件新闻的报道样式，实现了广播现场新闻的重大突破。节目受到了听众的热烈欢迎，听众参与的感言短信近5000条。新浪新闻和百度的新闻搜索中，当日上午最新的登顶动态新闻几乎全部来自中国之声。

第五节　广播新闻趣话节目

新闻趣话节目，在西方又被称为“新闻脱口秀”节目。在西方社会，“新闻娱乐化”是媒体界的普遍现象。新闻脱口秀节目会从各类社会事件和话题中榨取娱乐元素。任何正经事，包括时政新闻，以讲笑话的方式来呈现，往往更有收听效果。例如，美国的脱口秀节目就以寓教于乐的功能著称，让民众从笑话中了解时政。美国民众对政治的冷淡和对政客的失望使得“把娱乐当正经”成为美国媒体的特色。

许多广播新闻脱口秀节目都以讽刺、挖苦的方式来谈天下大事，博观众一笑，形成独特魅力，让工作了一天的民众以轻松的心情进入梦乡，在心理上产生减压效果。民众也乐于从笑话中了解国内外大事。许多政治人物、娱乐明星为了推销自己，也常会主动参与新闻脱口秀节目。

国内的广播新闻趣话节目的话题主要集中于三类，即社会民生新闻、体育娱乐新闻、国际政治新闻；或由能言善辩的播音员来嬉笑怒骂、评点江山，或由主持人广邀嘉宾、纵论天下。其设计话题切入点的常用方法有三种：

其一，是观点争议化。多选取广受关注、颇具争议的话题，如“食品药品安全”、“转基因食品”、“房价调控”等。多使用趣味化的语言来阐述观点、进行调侃。例如，曾有节目讽喻违反国家商标法的社会不良现象：某某电视广告展示——“苏丹红服装城不一般的红，来自苏丹的红。”“用我的一生点亮你的全身——本拉灯灯饰，不一般的灯，本拉灯！”“每逢佳节倍思亲，非典牌高级糕点，非常好吃，非常糕点！”

其二，是人物个性化。常将政坛、体坛、影坛、歌坛的明星作为谈资，例如，关注明星动态、活动见闻乃至其独具个性的言谈举止、着装品位及私生活等，当然，绝不能降格到“娱记小报狗仔队”的境界。在关注国际政治话题时，也常以调侃政治、揶揄政客的方式来娱乐听众，如调侃俄罗斯政坛的“造星运动”、讽刺贝卢斯科尼的“性丑闻”等。

其三，是事件娱乐化。多选取具有趣味性情节的内容，如美国总统大选的“驴象之争”、台湾地区的“蓝绿选战”等，并捕捉戏剧性场面来进行描绘与讨论，如台湾地区民意机构频现的“全武行”、苏亚雷斯的“赛场咬人”等。

广播新闻趣话节目的语言表达或幽默调侃，或揶揄讽刺，既要入情入理，又要生动有趣，但都要体现出深入群众的“低姿态”。对于这种“低姿态”，中国的广播媒体记者可以多向西方一些同行“取经”——他们很擅长用讲笑话的方式来说正经事。

2012年7月27日，第30届夏季奥运会在伦敦开幕。英国BBC电台两位主播的“英式幽默吐槽体解说”迅速走红网络，他们与开幕式上以“憨豆先生”为代表的“幽默客”们可谓遥相呼应。下面摘录几句：

中国：“他们的旗手，太！高！了！中国一直有篮球运动员当旗手的传统……看，那就是中国队，现场爆发出了雷鸣般的欢呼声。他们好像把厨房搬过来了，我们在北京的时候见识到了。”（此处捎带着调侃了“舌尖上的中国”，既“吐槽”衣服像西红柿鸡蛋，又“吐槽”中国代表团强大的饮食后勤保障能力。）

冰岛：“冰岛的运动员来了。这次他们那个名字很长的火山没有爆发。所以他们按时来到伦敦了。祝贺他们！”（2010年4月，冰岛埃亚菲亚德拉冰盖冰川附近的一座火山喷发，火山灰导致欧洲各国纷纷关闭机场。）

多米尼加：“接下来是多米尼加队。绝美的岛屿，绝美的国度啊！就像他们自己国歌里唱的一样。可是他们的奥运代表团只有两个人哦。”

朝鲜：“希望我们今晚用对了国旗……”（此前在25日朝鲜与哥伦比亚的女足小组赛中，比赛开始前组委会通过大屏幕介绍双方球员时，错将韩国国旗显示在朝鲜球员的照片旁边。这一失误让朝鲜队震怒，球队一度拒绝参加比赛。）

西班牙：“男足怎么会输给日本的啊？哎哟，对着镜头那位发型真不错！”（西班牙之前在男足小组赛中，以0∶1负于日本，爆出冷门。）

瑞士：“快找费德勒！哎哟不对，他明天有比赛，今晚没来。”

蒙古：“他们有世界上最冷的首都，咱还抱怨啥呢？”

利比亚：“战火中的利比亚，祝好运一整年啊亲！”

索马里：“终于战胜海盗闯出来参加奥运会的大盗！”

考克群岛：“他们要是拿金牌了，就会放‘上帝阻击新西兰’，呵呵呵！”

不丹：“世界上最后一个接收到电视信号的国家！”

百慕大：“哪届奥运会都不能没了他们的短裤。”

毛利坦尼亚：“要是拿金牌了，运动员不唱国歌也没事，他们国歌没歌词！”①

在西方新闻界，以“低姿态”进行新闻传播、制造幽默娱乐，流行已久。当然，关于新闻娱乐化，需要探索与思考的问题还有很多：新闻究竟如何娱乐化？把娱乐功能拓展到什么程度和范围？在广播新闻中如何把握开玩笑的“度”？如何在新闻娱乐化中保持应有的信息量？这些都需要拿捏好分寸。

---

① 《BBC开幕式“吐槽”走红网络 英式幽默博人一笑》，来源：中国新闻网，http://www.chinanews.com/ty/2012/07-29/4065751.shtml。

第六节　广播新闻稿的写作

写作广播新闻稿，是广播新闻节目创作的重要环节，一般先由记者完成节目的文字脚本，再由播音员通过语音将文字内容呈现给听众，要在播音员只读一遍的情况下，使听众只听一遍，就能同步完成收听、记忆与理解。

因此，写作广播新闻稿时既要注重内容的表达，又要注重语音的效果，既要在"读"上做文章，又要在"听"上下功夫。可以说，"读得顺、听得懂"是广播新闻稿写作的基本要求。具体而言，要注意如下四点：

一、内容简明化

一般来说，简洁明了的内容好记，冗长繁杂的内容难记。广播新闻消息应当力求简洁、明了，以交代新闻要素为主，不必进行过多的铺叙；否则，喧宾夺主，容易影响听众对主要新闻要素的记忆和理解。

许多广播通讯稿的内容比较丰富、复杂，信息含量也大，只能形成较长篇幅，这自然不便于听众记忆，往往会听了后面、忘了前面。对此，写作时最好将全篇内容分解成若干组成部分，每部分要内容单一，相互之间尽量不用叙述文字进行严密的连接和过渡，可以采用文字分段、语音停顿的方式将其连接起来。

这样，每部分的内容集中，便于听众分散记忆，听众听完一部分后，就容易留下一个较为完整的印象。很多较长的广播通讯稿都是由这样若干部分或若干小故事来组成的，每部分都是一组意义集中的事实材料，使听众听时轻松、听后难忘。

二、开端导语化

在广播新闻稿的写作中，开端设置导语也是常用方法。大多数听众收听广播是在不经意间，而且往往精力分散，一边做其他事，一边收听，在听到感兴趣的内容时才会细听。如果广播新闻在开始时就播报重要事实，而播音速度又很快，听众往往会错过收听机会。如果听众的注意力尚未集中，而新闻已播大半甚至播完，则听众无法获取信息。

因此，在报道重要事实之前设置导语就显得非常重要，可以提示听众做好心理准备，使其集中注意力。可以在播报重要事实之前加入一段提示性话语，提炼出这则新闻的内容要点或关注点。这样，就能在开始播报时将听众的注意力吸引进来，之后再播报新闻的具体事实，就可以获得较好的收听效果。

在开端设置导语，还可以利用语气、短语等，如在播报新闻事实前加上“各位听众，现在播报……”等短语，以引起听众的注意；也可以用设问的方式，在播报新闻事实之前，先提出问题来唤起关注。

三、语言通俗化

通俗，是争取最广大听众的有效手段。从听觉上来说，对于具体、形象、生动的内容，听众的印象最深刻，也最容易理解。因此，广播新闻要写具体的人、事、情、景，要写具体的场面、情节、细节，多叙述典型事例。听众对于这些具体实在的事实，容易理解和记忆。

各领域的有新闻价值的信息，都可以通过广播新闻来进行报道。好的新闻报道，可以雅俗共赏。但是，深奥、高雅的内容毕竟“曲高而和寡”，大多数听众难以接受，那么，对于这些广大听众不太熟悉的内容就要在语言上进行通俗化的处理。

一些抽象、概括的新闻事实，如科学研究、学术成果等，往往太过专业化、学术化，阅读时还可以下番功夫，收听时就显得既不便记忆，又不易听懂，还很难理解。因此，写作时最好只交代主要事实，不必深入介绍原理；可以少写或不写抽象的道理、概念、术语，少用或不用议论。如果要写，也要加以通俗的解释，或用形象化的语言来描述，这样，才能既好记，又易懂。

四、表达口语化

广播新闻稿其实是用书面文字写口语。书面语可供阅读时细细推敲、慢慢咀嚼，而在收听时则会造成理解障碍。例如，阅读时遇到生僻的书面语还可以查字典，而收听时则会应接不暇。通俗的口语能保证听众随着播音速度进行理解，且一听即懂。所以，广播新闻稿的写作要力求口语化，力避书面化。

写作时最好按顺序记叙事实，适当重复一些关键词语，以加深听众的印象；多用双音词、实词，少用单音词、虚词；多用单句、短句，少用复句、长句；少用简称、略语、文言词、术语、行话；尽量不用谐音字、关联词、倒装句等。如果代词太多，容易使听众模糊或混淆指代意义；而一些谐音字词“同音不同义”，如果看不到字形，仅凭语音，难以区分，容易产生误解；这些理解障碍，都应尽力避免。

广播新闻的语音最好能节奏鲜明、音律和谐，能够准确地传达语义，达到顺口、顺耳、易懂、好记。国家新闻出版广电总局就明确要求，广播电视节目规范使用通用语言文字，在推广普及普通话方面起到带头示范作用；播音员主持人除节目特殊需要外，一律使用标准普通话。

第五章 电视新闻节目的创作

第一节　电视新闻的基本特征

第二节　电视新闻节目的类别

第三节　电视新闻的采访要求

第四节　电视新闻的写作要求

第五节　新闻纪录片创作手法

第六节　电视新闻的动画手段

所谓电视新闻，就是以现代电子技术为传播手段，以画面、声音为传播符号，通过电视荧屏向观众传递新闻信息的报道手段。具体而言，电视新闻通过记者采访、电视摄像、解说配音、剪辑合成等几个程序来完成，可以系统地、形象地报道事实发展的过程。电视新闻节目是电视上各种新闻性内容和新闻报道形式的总称，是一般电视台的骨干节目和主体节目。

随着广播、电视、网络等大众传媒的发展与普及，信息传播模式的变革日新月异，传媒间的竞争也日趋激烈。电视新闻节目具有声像并茂、视听兼备的特点，优势明显。记者、编导、主持人等节目创作者能够同步传送新闻现场的声像，向观众进行面对面的信息传播，从空间上消除了荧屏观众与新闻现场的距离，极大地增强了新闻的时效性、覆盖面和可信度。

第一节　电视新闻的基本特征

电视新闻的构成元素分为视觉元素和听觉元素两类，其视觉元素基本由电视画面、荧屏字幕、视觉特效三部分组成。

电视画面是电视新闻的主要成分，以对现场时空中的人、事、情、景等可视形象进行过程记录的各种动态影像为主，以图片资料等静态影像为辅。电视是以“看”为主的媒体，所以，对于电视观众而言，视觉影像是最具冲击力的传播手段。运用新闻画面来呈现事实是电视新闻最基本的特征。

荧屏字幕是附属于电视画面的视觉元素，一般通过新闻标题、要点提示、语言字幕等形式来有效地弥补画面信息传达的不足。此外，还可以通过滚动字幕新闻的形式来传递信息，与电视画面新闻双线并行，以增强电视新闻传播的时效性和信息量。

视觉特效是通过制作图表、图形、动画以及对镜头画面进行各种特技处理来实现新闻信息的视觉呈现，可以使复杂抽象的、较难理解的新闻信息变得形象生动，从而使观众便于理解与记忆。

电视新闻的听觉元素主要由播音语言、人物同期声、现场环境声、画外音乐音响等构成。

播音语言是播音员演播室播报、记者现场播报、画外解说配音的统称，主要作用是述评事实、解说画面等，多是依照电视新闻稿，也常有即兴成分，与视觉元素的结合最为密切。大部分电视新闻内容的传播都要依赖播音语言。

人物同期声是指新闻事件的当事人、目击者、知情者以及受访嘉宾等相关人士在现场或受访时的话语，可以提供相对原始的新闻信息，比记者转述更具客观性、真实性和感染力。

现场环境声是指新闻现场的背景声，可以增强电视新闻的现场感、真实感和可信度，与电视画面、人物同期声等形成有机统一的整体，使观众有身临其境之感。但是，使用时也应适可而止，不可滥用。

画外音乐音响是指在电视新闻中加入的各种无声源的音乐和音响效果，较为少用，但可以起到渲染环境、烘托气氛、间隔段落、串联整体的作用，以其听觉感染力来唤起观众更多的联想。

可见，电视新闻是以声画一体的方式进行传播的，其传播特点如下：

其一，迅捷快速：电视新闻虽不及广播新闻制作简便，但其传播速度之迅捷同样惊人。

其二，形象生动：电视新闻以各种视听符号直接作用于观众的感知器官，更易于接受。

其三，形式立体：电视新闻以影像、图片、文字作用于视觉，以语言、音乐、音响作用于听觉，形成立体传播的特点。

其四，内容丰富：电视新闻具有海纳百川、兼容天下事的宽宏容量。

其五，空间无限：依靠电子技术的飞速发展，电视新闻的传播可以突破空间界限，虽远必达。

其六，线性流程：电视传播具有与时间同一的流逝特征，是顺时序的“一次过”，过时不候，无法复显。

结合电视新闻的上述传播特点，我们可以分别归纳出电视新闻节目的优势与缺陷。其突出优势有如下六点：

第一，现场直播的“共时空效应”。

电视新闻节目的核心优势就是直击现场，凭借时间上的同步性和空间上的现实性，形成“共时空效应”。同时，连线报道的日常化，可以通过电话交流、卫星传送等方式在同一时间将不同地点的相关人员、画面对接起来，特别是对重大新闻事件进行现场直播报道时，能最大限度地展现出电视传播的独特魅力。

例如，2011 年利比亚战争期间，中央电视台在相关直播报道中，由主持人、特约嘉宾、前线记者进行交叉播报和分析讨论，以演播室直播结合前方现场报道的画面，随时介绍事态的最新进展，及时连线中外记者来获取各国各地的最新动态；第一时间对相关国家政要的活动进行同步现场直播，并配以汉语同声传译。在分析利比亚战局时，结合战时地图来分析讲解，在屏幕上经常出现双视窗、多视窗、飞字幕的方式，多渠道、多符号地传递现场的最新动态。

第二，视听兼备的多元信息符号。

电视新闻的另一突出优势在于综合了各种媒介的所有声像传播符号，能够最为原生态地记录和呈现新闻事实。电视的多元信息符号不仅有信息与影像的整合，还有文字、图示、图表等的辅助。它不是不同媒体符号的简单相加，而是围绕着主体信息的多种要素的多逻辑、多线索的集成。各种要素以连贯的逻辑整合在一起，就能传递出准确的信息。

第三，同步传输的超强时效性。

电视新闻和广播新闻一样，是一种同步传输，需要依托同步或几乎同步的传输设备和机制作为保障。观众希望得到第一时间的新闻资讯，电视台也在不断提升自己的硬件设施，推动新闻节目的整点滚动播出，以增加播出量；推进直播常规化，以突出时效性，从而最大限度地满足观众需求。

第四，以家庭为主的收视环境。

以家庭为主的收视环境也是电视新闻的重要特点。从社会学的角度来讲，它往往以家庭为单位。家庭是人们心目中最有安全感、最舒适和放松的环境，所以，“家庭式传播”对传播内容与效果具有良好的促进作用，可以加强电视新闻节目与观众之间的互动。

第五，大众传媒的“明星效应”。

作为大众传媒，电视走进了千家万户，体现出其在人际传播方面的优势，使人与媒介之间的距离被大大拉近，增加了受众的认同感。在电视新闻节目中，个性鲜明的主播、记者、嘉宾等借此成名，逐渐具备了“明星效应”，对于打造节目品牌、提升收视率都有至关重要的意义。

“记者型主持人”和“名嘴嘉宾”的走红已成为国内一种新兴的传媒现象，代表着未来电视新闻节目的发展方向。这些公众人物的社会地位得到大众的普遍认同，对于信息的传播无疑起到了推波助澜的作用。

第六，显著的广告效应。

国内外的电视广告效应往往都处于各类媒体的前列，电视新闻节目则是插播广告的重要时段。尽管近年来的电视广告增长比例较之前几年有所回落，但从整体的广告收入而言，其规模依旧可观。例如，在 2010 年的中央电视台广告招标会上，在《新闻联播》等黄金资源未公布最低售价的情况下，央视财经频道的《经济新闻联播》以 3.57 亿的起拍价领跑。这些反过来又为电视新闻节目的制作提供了资金，保证了节目的高品质播出。

“天下事有一利必有一弊。”由于电视媒体自身的局限性，电视新闻节目的突出缺陷也有如下三点：

第一，转瞬即逝，不易保存。

这是电视媒体相伴而生的缺憾。电视包含视听兼备的多元符号，多元符号在电视新闻节目的播映中转瞬即逝，很难保留，所以，相较于报纸和网络，保存电视新闻资料要更为困难和复杂。

第二，线性传播，选择性差。

电视新闻节目的安排是按照时间顺序进行的，由媒体主动传播，受众只能被动接受，在整个传播过程中也往往缺少反馈环节。因此，电视媒体应当注意做好新闻节目的预告、重播以及观众调查。

第三，负面影响，更为直接。

电视是当今社会的第一媒体，其社会影响也超过其他媒体。麦克卢汉的著名理论——“媒介即信息”充分说明了这一点：由于电视具有直观化、形象化和直接传播的特点，如果对社会产生负面影响，也会比其他媒体更为直接和深远。

例如，2011 年，俄罗斯某电视台的一位女主播在新闻直播过程中念到美国总统奥巴马的名字时，居然竖起中指，引发热议。这位女主播随后遭到解雇，但这起“中指门”事件所引发的负面效应却持续发酵。

第二节　电视新闻节目的类别

美国有线电视新闻网（CNN）、福克斯新闻频道（FNC）等国外重要电视新闻频道的新闻节目大致分为消息报道、新闻杂志、新闻访谈、讨论、辩论、深度报道、新闻纪录片等类型。目前，中国电视界的新闻节目也可以相应地分为五类，即消息类新闻节目、专题类新闻节目、言论类新闻节目、杂志类新闻节目以及电视新闻纪录片。

一、消息类新闻节目

消息类新闻节目，是指迅速、广泛、简要、客观地对国内外新近发生的新闻事实进行综合报道的节目形式。它充分体现了电视新闻的时效性、真实性特点，是电视新闻实现国内外要闻总汇的主要渠道，是观众了解大千世界的主要窗口。

消息类新闻节目按照报道形式的不同，可以分为口播新闻、影像新闻、图片新闻、字幕新闻四种类型。

(1)口播新闻,是由播音员播报文字新闻稿的报道形式,内容多是政令文件和简讯。

(2)影像新闻,是以影像画面来呈现新闻事实的报道形式,也是最常见的电视新闻报道形式。

(3)图片新闻,是运用新闻摄影图片、图表、漫画、报纸杂志的影印图片等,结合文字解说来报道新闻事实的报道形式。

(4)字幕新闻,是在电视屏幕上运用字幕,以简洁的文字来报道新闻的报道形式,一般分为静态字幕新闻与滚动字幕新闻两种。

消息类新闻节目按照组合形式的不同,又可以分为综合性消息类节目、专类性消息类节目、突发性消息类节目三种类型。

第一,综合性消息类节目,一般是各领域、各类别的重要新闻消息的总汇。中央电视台和地方电视台在黄金时段(18：30—22：00)都会播出《新闻联播》以及全省新闻、城市新闻等栏目,在早、午、晚间则会有《早间新闻》、《午间新闻》、《晚间新闻》之类的栏目。而央视新闻频道、凤凰卫视资讯台等专业新闻频道还会有整点新闻播报节目。

第二,专类性消息类节目,是某一领域、某一类别的重要新闻消息的总汇。中央电视台拥有综合、财经、综艺、中文国际、体育、电影、军事·农业、电视剧、纪录片、科教、戏曲、社会与法、新闻、少儿、音乐等专业频道,这些频道多有自己的专类性消息类节目。

例如,央视财经频道(CCTV—2)的《经济信息联播》专门报道反映经济脉动和趋势的新闻信息;央视体育频道(CCTV—5)的《体育新闻》专门报道国内外体育新闻;央视电影频道(CCTV—6)的《中国电影报道》是电影娱乐资讯栏目;央视军事·农业频道(CCTV—7)的《军事报道》专门发布权威军事新闻,报道国防建设成就,追踪世界军事动态;央视少儿频道(CCTV—14)的《新闻袋袋裤》则是一档提供全方位信息服务的儿童新闻栏目。

第三,突发性消息类节目,是专为播报重大突发新闻事件而临时插播的消息类节目。例如,凤凰卫视的《突发事件直播》节目就在 2011 年 10 月 20 日以插播的形式迅速报道了“卡扎菲遭擒杀”这一突发事件。

二、专题类新闻节目

专题类新闻节目,是指对新闻事实进行详尽而有深度的专题报道的节目形式。

它反映的往往是社会上广受关注的新闻热点、焦点问题，需要在事实的基础上进行深入分析，能以独到的见解引起观众的深层思考，具有节目时间长、内容丰富而深刻、信息量大等特点。近年来，以调查真相、揭示问题、解惑答疑为特色的各类电视深度报道节目迅速崛起，已成为各大新闻频道的收视利器。

专题类新闻节目按照报道特点的不同，可以大致分为调查性专题类节目、解释性专题类节目、述评性专题类节目三种类型。

第一，调查性专题类节目，是以记者抽丝剥茧、探寻事实真相的采访调查过程为主体的节目类型，往往不预设观点，通过展示调查过程，让观众自己得出结论，从而体现客观性。中央电视台新闻频道的《新闻调查》、凤凰卫视资讯台的《记者再报告》等栏目均属此类。

第二，解释性专题类节目，是运用大量背景材料来揭示和分析新闻事实的背后成因和深层意义的深度报道节目类型。中央电视台中文国际频道的《深度国际》、凤凰卫视中文台的《今日看世界》等栏目均属此类。

第三，述评性专题类节目，是以夹叙夹议、边述边评的形式，在向观众报道新闻事件、人物及现象的同时，阐发观点、展开评论的节目类型。中央电视台综合频道的《焦点访谈》、《今日说法》等栏目是此类代表。

专题类新闻节目按照组合形式的不同，又可以大致分为单一型专题类节目、板块型专题类节目、特别型专题类节目三种类型。

第一，单一型专题类节目，是在每期节目中仅就单一主题展开报道的新闻专题节目。中央电视台中文国际频道的《体育在线》、凤凰卫视中文台的《社会能见度》等栏目均属此类。

第二，板块型专题类节目，是在每期节目中将几个主题板块组合起来的新闻专题节目。中央电视台新闻频道的《新闻周刊》、《世界周刊》等栏目均属此类。

第三，特别型专题类节目，是对重大事件和活动进行特别报道而专门策划的新闻专题节目。例如，对于港澳回归、三峡截流、神舟飞天、十八大、两会、世界杯、奥运会以及重要的新闻发布会、领导电视讲话等活动，许多媒体都推出过此类节目。这些新闻事件和活动往往意义重大、规模巨大，此类节目也相应地形成强大的收视效应，甚至持续几十天而不间断。

三、言论类新闻节目

言论类新闻节目，主要由电视媒体或个人对当前具有普遍意义的新闻事实进行分析和议论，并发表观点、提出看法、阐述道理；是电视新闻的旗帜与灵魂，是开掘电视新闻节目思想深度的一个主要渠道，体现了电视媒体作为舆论中心的地位和作用，具有广阔的发展前景，也对电视新闻从业者提出了更高、更全的素质要求。它可以大致分为评论型言论类节目、访谈型言论类节目、谈话型言论类节目、讨论型言论类节目四种类型。

第一，评论型言论类节目，是就一个或多个新闻热点事件或问题展开评论的新闻节目类型，主要分为两种形式：一种是由主持人、评论员或记者直接进行评论，如著名评论员梁宏达主持的《天天五味评》、《老梁观世界》等栏目，凤凰卫视中文台的《时事亮亮点》、《解码陈文茜》等栏目；另一种是由主持人来串联提问，主要请常任评论员或嘉宾评论员来进行评论，评论员的人数可多可少。例如，凤凰卫视中文台的《时事开讲》栏目多是安排一名评论员，资讯台的《新闻今日谈》则通常固定为首席评论员阮次山；凤凰卫视资讯台的《台湾一周重点》、央视中文国际频道的《海峡两岸》与《今日关注》、央视新闻频道的《环球视线》等栏目邀请的嘉宾评论员多为两人，可以从不同角度进行评论并相互补充。

第二，访谈型言论类节目，是由主持人或记者对新闻人物进行专访，或与嘉宾就新闻热点和焦点进行访谈的新闻节目类型。在访谈过程中，主持人或记者要代表观众和媒体向访谈对象展开提问。中央电视台新闻频道的《面对面》、凤凰卫视中文台的《风云对话》和《问答神州》等栏目即属此类。

第三，谈话型言论类节目，是围绕公众普遍关注的新闻话题，由主持人或记者邀集相关人士、专家及受众展开谈话的聊天式新闻节目类型，在西方电视界被称为“脱口秀”节目，具有真实生动、感染力强、趣味性强、制作简便、成本低廉的特点，其嘉宾多由对该话题有独到见解或有特殊经验的人士组成。中央电视台综合频道的《实话实说》、凤凰卫视资讯台的《周末龙门阵》、凤凰卫视中文台的《环球人物周刊》等栏目即属此类。

第四，讨论型言论类节目，是电视媒体邀请代表不同观点的新闻人物、意见领袖或评论员汇聚在一起，就某一新闻热点话题进行讨论、辩论甚至争论的群言式新闻节目类型。其不同于谈话型言论类节目之处在于由意见相左的双方或多方各抒己见、针锋相对，往往有激烈的观点冲突和言语交锋，而主持人负责调控节奏与气氛。凤凰卫视中文台的《一虎一席谈》、凤凰卫视资讯台的《时事辩论会》等栏目即属此类。

四、电视新闻纪录片

电视新闻纪录片，是直接从现实世界中选取新闻素材，通过非虚构的艺术手段来直接记录和呈现真实生活中的人、事、情、景，以传达创作者的认识、引发观众思考的纪实性电视节目。

英国广播公司世界新闻频道（BBC World News）、美国国家地理频道（NGCI）、探索频道（Discovery Channel）以及中央电视台纪录片频道（CCTV－9）、上海电视台纪实频道等国内外电视频道都会播映大量的新闻纪录片作品。

五、杂志类新闻节目

杂志类新闻节目，是借鉴杂志等平面媒体的专题或专栏设计特点，将消息类、专题类、言论类、纪录片类等不同类型的电视新闻节目整合编排在一个栏目中，打包播出，在西方电视界被称为"新闻杂志"节目。

美国哥伦比亚广播公司（CBS）的王牌节目《60 分钟》就是此类节目中经久不衰的典范。其栏目理念是深入挖掘和探讨重大社会背景下的重大社会问题，每期基本由三个独立的深度报道板块和一个新闻评论板块组成；每个深度报道板块的时长为 13 分钟左右，新闻评论板块在 4 分钟左右，再加上片头导视、片花及广告，总共为 60 分钟整。

《60 分钟》采用"记者型主持人"，麦克・华莱士、丹・拉瑟、哈里・里森纳、莫利・塞弗、莱丝莉・斯塔尔、埃德・布莱德利等著名新闻人都曾主持该栏目。新闻评论板块则是因著名专栏作家安迪・鲁尼的加盟而开辟。

中央电视台于 1993 年开办的杂志类新闻节目——《东方时空》就深受《60 分钟》的影响，坚持对新闻事件和人物进行全面、深度、个性化地报道。其在 2004 年改版后的板块设计如下：

《时空连线》——第一时间直击新闻事件，为观众带来快速深入的现场报道。目标是成为央视当天国内重大新闻最权威、最及时的专题报道窗口。

《时空看点》——纵评天下事，为观众带来当日热点新闻的最快评论和分析。

《东方之子》——浓缩人生精华，探求新闻人物的内心世界，同时努力在中国主流媒体中创造更真实、更开放的谈话空间，力图为当代中国留下一份珍贵的口述历史。

《百姓故事》——讲述老百姓自己的故事，用镜头记录普通中国人的喜怒哀乐，关注处于社会转型之中的中国人的生存状态，与观众共同分享人生。

《时空调查》——聚焦社会热点，关注观众反馈，用数字表达观点，用数字解读国计民生。

《媒体观点》——汇聚百家之言，展示各方观点，全方位解读社会新闻热点，为观众提供观点碰撞和交锋的平台。

第三节 电视新闻的采访要求

电视新闻的采访要求，从流程上来看，主要分为选题策划、形式安排、人员邀约、现场操作四个方面，需要节目编导和记者灵活掌握。

一、选题策划

成熟的电视新闻栏目都有比较成熟的选题原则和标准。选题被采纳与否既是把关的过程，也是策划的过程。一般来说，对于命题类电视新闻，需要提前做好准备，以顺利完成采访报道任务为稳妥之策。例如，一些模式化、指令性的会议新闻是难以创新的，另辟蹊径往往费力不讨好。

在允许主动选题的前提下，需要遵守四项基本原则，即事实为本、普遍存在、政府重视、群众关心，也即真实性、典型性、导向性、广泛性。

所谓“事实为本”，是强调新闻报道的真实性，确保新闻要素齐全、真实不欺；所谓“普遍存在”，是强调新闻报道的典型性，要注重社会效果，最大限度地发挥舆论监督的作用；所谓“政府重视”，是强调新闻报道的导向性，要以正确的舆论导向为出发点和归宿点；所谓“群众关心”，是强调新闻报道的广泛性，应聚焦在广大人民群众关心的热点问题上，代表他们的利益，能够反映民意。

在此基础上，选题要衡量六项标准，即新颖性、时效性、开掘性、独家性、互动性、可行性。

1.新颖性

“新”是新闻的核心价值之一，要重点关注社会生活中的新事物、新现象、新问题，强调新信息、新观念、新角度。一方面，要发掘既能体现社会发展趋势又有独特个性的新闻事实；另一方面，要巧选报道角度，以新颖的切入点来切小口、说大事。可以说，发现和捕捉新闻的能力，不只是电视记者的基本素质，更是电视媒体核心竞争力的重要体现。

为了确保新闻信息的新颖性和吸引力，中国第一档民生类新闻栏目——江苏广播电视总台城市频道的《南京零距离》栏目招募了50多人的拥有特定型号家庭摄像机的通讯员队伍，并成立专门俱乐部、制定规程。这些“公民记者”拍摄到很多现场独家新闻，在社会上引起较大反响。

2. 时效性

电视媒体的实力还具体体现在重大新闻报道的时效性上。缺乏时效性的新闻媒体不仅会失去受众市场，还会失去媒体的权威和信誉。

3. 开掘性

这是针对电视新闻的内涵而言，是电视媒体影响力的重要体现。能否在大量信息中提炼出有价值的新闻，是衡量电视媒体新闻采集和加工能力的一个重要指标。

电视媒体在确定新闻选题时，要充分认识其有无丰富的社会内涵，是否体现了事物的某种本质特征，是否包含有价值的、能够进一步开掘的信息。对于有深度报道空间的新闻选题，编导和记者要善于挖掘新闻背后的深层次内容。对于有浓厚故事色彩的新闻选题，编导和记者要善于把握观众的兴趣点。一般来说，自己感兴趣，观众才可能感兴趣；自己被感动，观众才可能被感动。

4. 独家性

这是对电视新闻策划的更高层次的要求。对新闻事件的独家报道，是用第一手的采访报道来吸引受众的注意力和新闻欲，而对事件的解释也是独家专有、与众不同的。独家性与权威性息息相关，同时也是一种话语权，包括第一时间的报道权和第一时间的评论权。媒体竞争的核心是话语权的争夺，电视媒体占得先机，就能有效地建立起媒体的公信力和权威性。

5. 互动性

随着谈话型言论类节目的日渐走红，电视新闻的创作者更加重视节目过程中与观众的沟通交流，许多节目都会通过声讯电话、手机短信、网络留言、微博、微信等方式与观众展开互动。因此，注重选题的互动性，才能吸引观众广泛参与节目，从而推高关注度和收视率。

6. 可行性

选题策划要量力而行。一方面，要从自身实力出发，结合现有的人、财、物等条件去选择可行的主题，有多大的力量，就做多大的事情；否则，节目很可能在制作过程中难以为继。另一方面，要充分考虑到政治环境、社会环境、自然环境等各方面复杂而具体的要求和限制；否则，即使节目顺利制作完成，也有“被毙”的风险。

二、形式安排

电视新闻的报道形式多种多样。在现代媒体竞争中，电视新闻节目的制胜之道，就在于如何将同样的新闻信息用更值得信赖的方式、更易于观众接受的方法、更有价值的角度报道出去。因此，随着时间的推移和事态的发展，记者要灵活地安排报道形式，并随时调整采访的规模、程度、方式和方法，不要墨守成规。报道形式的选择取舍应主要考虑以下六个方面：

1.单篇报道与组合报道

单篇报道，一般为一事一报，可详可略，可长可短。《新闻联播》等栏目多是由单篇报道构成的。

组合报道，一般以时空集中为特点，或是针对同一人物、事件或活动，将各方面信息综合起来；或是围绕同一主题，将内容上互有关联的信息合成一组；然后，集中在同一栏目或板块中一次性播出，可以从不同角度、不同立场来立体地呈现或阐释新闻事件或现象。

记者在组织采访时就要巧选报道角度，积累一定规模的报道素材。目前常见的"说新闻"式资讯类节目多采用组合报道的形式，如凤凰卫视的《媒体大摄汇》、《天下被网罗》、《有报天天读》等栏目。

2.连续报道与系列报道

连续报道，主要围绕正在发生、发展中的同一重点事件或热点现象，在一定时间段内层层递进地进行及时、持续、密集地报道。每篇报道之间以时间为纽带接续起来，通过信息的逐步积累来加深受众的印象。例如，媒体对"马来西亚航空公司MH370号航班失联事件"的连续报道。

连续报道的采访内容主要集中在两方面：其一，是事件发展和事态变化的进程，重点是在事件刚刚发生时即迅速介入；其二，是事件的后续反响，主要出现在事件发展接近尾声或告一段落的时候。由于事件的发展和事态的变化具有不可预知性，采访报道过程的整体持续时间很难预判，可能是固定有序的，也可能是断断续续的，很有悬念性。

系列报道，则是围绕某一时期、某一阶段的热点和重点问题来组织多篇相关报道，形成系列，逐一播出。其中的各篇报道在具体对象上可以不同，但在主题上必须相互关联，往往通过对主题进行多角度、多侧面的反映来形成传播强势；播出时并没有严格的次序，可随机调控。例如，媒体关于"各地欢度春节"的系列报道。

与连续报道“一次而大量”的特点不同，系列报道需要掌握采访报道的时机，进行更为周密的访前策划，必须围绕同一个主题展开采访，多用于宣传成就、回顾历程、展示风貌等非事件性新闻选题。

3. 预知报道与突发报道

预知报道，是针对可以预知的新闻事件，如节日、庆典、会议等活动进行的报道。记者访前往往有充足的准备时间，可以做好资料查阅、案头准备等工作，可以预约采访对象，可以预先勘测采访现场来确定拍摄机位和重点，可以通过周密策划来随时捕捉事态的偶然变化。

突发报道，是针对不可预知的突发性新闻事件，如灾难、事故、冲突等进行的报道。记者要赶在第一时间进行采访报道，以最快速度开机并进入现场来获取现场画面。在现场采访时，记者要思维敏捷，迅速搜索信息，关注后续发展，及时采访事件的亲历者、目击者与知情者。

4. 现场报道与连线报道

现场报道，是记者在新闻事件现场，以采访者、目击者甚至参与者的身份，通过摄像机镜头向观众进行报道；与一般的影像报道相比，具有强烈的现场纪实感。记者采访时不要预下结论，要注重记录现场的画面与声音，展示事件的过程与细节，让观众自己得出结论。

连线报道，一般以演播室为中心，运用电话或卫星视频技术，将分布在不同地点的记者、评论员、嘉宾、采访对象等相关人士连接起来，就同一新闻事件或者话题展开叙述与评论，具有时效性突出、信息量大、真实感强的特点。连线报道对记者的综合素质有很高要求，记者要善于随机问答、即兴述评。

5. 录播报道与直播报道

录播报道，采用 ENG 制作方式，即“电子新闻采集方式”，其特点为前期拍摄、后期制作、分散拍摄、先制后播，是电视新闻最常用的报道形式。虽然采制上有前后期之分，但仍要通盘考虑、周密部署，避免无法返工的遗憾。记者的现场采访应该仔细斟酌，以免后期补拍。

直播报道，采用 EFP 制作方式，即“电子现场制作方式”，其特点为多机拍摄、即时编辑、多路切换、即时播出。直播报道，适用于可以预见的重大事件，但要提前设计制作相关背景资料，并准备预案以应对突发状况；也适用于不可预见的突发事件，前提是及时拍摄到现场、捕捉独家信息。由于“采、摄、编、播”要同步完成，所以直播报道中记者不容出错，要一气呵成。

6. 常规报道与特别报道

常规报道，是形式固定、定期播出的例行性报道。而对于新闻性强、关注度高的事件和活动，则往往会采用特别报道的形式。对于大型特别报道而言，其“特别”之处主要在于事件特别、形态特别、组织特别。

所谓事件特别，是要求报道对象具有广泛的社会意义和关注度，其过程集中、影响重大；所谓形式特别，是指报道的规模和篇幅往往较为宏大，涉及领域宽广，涉及内容丰富；所谓组织特别，是指采访活动的时空跨度较大、制作标准较精、拍摄难度较高、拍摄周期较长、参与人员较多、持续时间较长，往往要同时采用多种节目形态来完成，对创作者有较高素质的要求。

大型特别报道往往在资金、人员、时间等资源方面投入较大，已成为电视媒体品牌与实力的象征。例如，各大媒体围绕港澳回归、神舟飞天、十八大、两会、世界杯、奥运会等大型事件和活动的特别报道，已成为检验其综合制作能力与媒体竞争力的标杆。对此，电视台可以自行策划实施，也可以联合其他机构共同组织实施；在没有重大新闻事件时，也可以主动组织一些特别报道活动，以吸引受众关注。

1999 年 9 月 28 日，香港凤凰卫视启动了“千禧之旅”大型跨国采访报道行动。摄制组汇集了吴小莉、陈鲁豫、李辉、许戈辉、孟广美、曾瀞漪等主持人，历时 4 个多月，跨越欧亚大陆 4 万多公里，用车轮丈量了希腊、埃及、以色列、约旦、伊拉克、伊朗、巴基斯坦、印度、尼泊尔、中国共十个文明古国的距离，引领观众重游四大古文明发源地和三大宗教发祥地，一起探索和破译古文明的演变与兴衰。以特邀嘉宾的身份参与其中的著名学者余秋雨感慨地说：“世界上没有任何一个其他的传媒，派出类似的采访组，以文化考察作为主要目标，从来没有过。”

三、人员邀约

受邀参与电视新闻节目的外部人员主要分为采访对象和客座嘉宾两类。采访对象，多是以新闻事件的当事者、参与者、知情者为代表的社会各阶层人士，尤其是中下层人士。他们能够接受采访甚至受邀来到节目演播室，就已经初步构成了新闻。

客座嘉宾，多是以专家、名人、评论员、意见领袖为代表的社会精英人士。他们可以对新闻现场第一时间获取的事实进行解读和分析，深化节目的内涵，增加节目的信息量。嘉宾的精彩分析也能成为新闻信息的一个有机组成部分。在前方新闻信号不能及时传送的情况下，嘉宾的谈论能够有效地延时，帮助控制节目进程。

具体而言，人员邀约的原则主要有以下三项：

第一，知情原则。这是人员邀约的一项根本原则，不管是以采访对象为中心的新闻节目，还是以客座嘉宾为重要组成部分的新闻节目，选择人员的第一要求是知情，或是新闻的当事人、知情人，或是能够对新闻进行解读和评价的专家、学者，其共同特征都是比一般观众掌握着更多的关于新闻本身或者新闻背后的信息。如果无法请到主要当事人，还可以邀请见证者、目击者或者当事人的亲属、朋友等了解情况的其他人。

第二，适宜原则。是指针对不同的节目内容，要邀请不同的人员来参与节目。要考虑到他们走进镜头后是否健谈，是否熟悉所谈主题，以免损害访谈效果；要考虑客座嘉宾的形象是否符合上镜要求，能否通俗地为观众解疑释惑；如果受邀者较多，还要注意协调彼此之间的关系。

第三，权威原则。是指邀请的客座嘉宾应是某个专业领域的权威。权威嘉宾能够提升节目的影响力和公信力，但要注意扬长避短，激发嘉宾的热情，协调嘉宾言论与节目的关系。[①]

做好人员邀约，可以有效地激发受邀者的参与热情，保证节目质量，深化节目内涵。

四、现场操作

所谓“百闻不如一见”，新闻现场是事件发生的真实时空，而电视媒体声画结合的传播特点，决定了电视新闻要以呈现现场为核心特征。电视新闻的真实性主要是通过呈现现场来体现的，如果缺失现场，则会丧失其生命力和感染力。因此，记者在新闻现场要具有纪实意识，对现场情景进行同步记录和真实呈现，带领观众多侧面地了解事实详情、发掘事实本质，满足观众感触真实生活的需求。

可见，电视新闻的主体报道素材是通过现场采访获得的，可以分为画面素材、声音素材、理性素材三类，共同营造报道的现场感。

第一，画面素材，是现场采访所获取的主要素材，要点在于详细呈现事件的关键环节、典型环境和重点细节。关键环节一般是事件的结果、高潮、转折点以及人物的受访过程；典型环境可以交代出丰富的现场信息，烘托出真实的采访氛围；重点细节可以起到刻画人物、印证主题、表达情感、渲染气氛的作用。

2014 年春节期间，老北京小吃在台湾展出，台湾市民热情捧场。中央电视台记者采访到一位正在品尝家乡小吃的台湾老人，老人自称于 1944 年来台，多年未

① 参阅胡智锋：《电视节目策划学》，复旦大学出版社 2009 年版。

曾尝到家乡小吃，哽咽道："在这里吃不到!"记者的镜头随即捕捉到老人泛着泪光的眼角。

第二，声音素材，是指现场同期声，即录自现实生活、源自画面形象的客观声音，包括人物言谈举止所发出的声音以及环境音响、有源音乐等，可以传达出多样的信息，与画面素材形成有机的组合，同样是呈现新闻事实的必要组成部分。

第三，理性素材，是指现场声画不能直接传达的信息，如新闻的基本要素、观点、数据等，需要通过解说、字幕、图片、图表等方式来呈现。记者在现场要搜集一切由于时态原因而无法拍摄到的信息，并仔细核对，尤其是新闻的基本要素，必须确凿有据。

具体而言，记者进行现场采访的要求有如下五点：

第一，耐心等待捕捉。事件发展的不可预知性决定了记者要向未知取材。记者不能先入为主，而要根据现场事件的发展变化，采用随机结构的方式来记录事件过程。因此，记者在现场要守株待兔、随时待命、准备开机，等待捕捉事件进一步的发展变化。

中央电视台《新闻调查》栏目在《失独老人的重生》一期中，采访了一位在60岁时生育双胞胎的"失独"老人——盛海琳。采访中，坚强的盛海琳讲到，自己失去独生女儿后，极度伤心的丈夫并不赞成自己再次孕育孩子，而自己则坚持要获得"重生"。记者未能获得其丈夫的言谈，却用镜头捕捉到一个重要细节——盛海琳与记者在客厅交谈时，卧室内的丈夫随即关上了房门。

第二，善于交流表达。出镜记者要善于交流，帮助采访对象消除因陌生感而产生的拘束或由采录设备所带来的紧张，以免其"晕镜头"。记者的出镜语言表达要力求口语化、通俗化、形象化，要用交流的话语向观众诉说，不要念稿、背稿；尽量不用谐音字、单音字、关联词、倒装句；还要注意手势、眼神等仪表体态特征。

第三，能够现场述评。出镜记者要有良好的现场述评能力，即在采访现场面对镜头直接交代、播报和评论新闻事实，具体包括——播报新闻导语，介绍新闻由头；选择现场感较强的事实进行解说式介绍，将现场的所见所闻直接告诉给观众，形成直播状态；总结报道内容，为连续报道打好伏笔；进行现场评论，发表媒体观点。这些都要尽量在现场完成，使观众有身临其境之感。

第四，注意配合镜头。镜头代表观众，出镜记者必须有镜头意识，能够直接面对观众进行播报；还要把握好播报内容与现场声画的辩证关系——不要重复镜头中已清楚呈现的信息；提问要超越视觉和表象，向深层发掘；要利用现场环境和周围事物来组织问题，突出现场感；要思考和分析采访对象的回答，及时调整和补充，掌握采访的主动权。

第五，能够一气呵成。电视新闻的现场性要求记者能够将现场的情景、气氛、音响、人物话语直接呈现给观众。因此，现场采访最好一气呵成、“一次最佳”。正在发生的新闻事件在事后往往无法补拍，更不能“搬演”或“摆拍”。当然，在突发事件过后，重访事件发生的环境、事后采访目击者、了解善后处理情况等，属于常用的正常手段。

第四节　电视新闻的写作要求

电视新闻节目属于视听作品，同样需要经过文字脚本的写作过程。电视观众主要通过画面形象来了解新闻内容，但仅凭画面又难以清楚地获知全貌，因为电视画面并不是万能的，既不能将所有事实都交代清楚，也不能将各种信息都收罗其中，甚至只能再现事实的表象，尤其是新闻事实的本质与意义，仅凭画面无法昭示。

所以，播音解说和各种文字提示就显得必不可缺，而这些都是电视新闻稿所应包含的内容。播音解说语言有多种功用，可以直接对新闻事实进行陈述交代和概括评析，也可以阐释画面信息、补充新闻背景、引出人物话语，还可以承上启下、串联整体结构。

电视新闻稿的文字一定要为“看”而写，不仅要符合播音要求，还要与画面、人物采访、现场声、字幕乃至特技等组成元素相匹配，形成不可分割的整体。其写作要求主要体现在辅助性、严谨性、简明性、通俗性、整体性五方面。

一、辅助性

电视新闻稿既然是为“看”而写，就必须起到辅助画面呈现的作用，要与画面内容相交融，或是解释画面内容，方便观众理解；或是阐述理性素材，交代新闻信息；或是补充新闻要素，弥补画面缺陷；或是评析新闻事实，表达媒体观点。

因此，记者在写作电视新闻稿时，要拿捏好分寸，既要帮助观众明白和理解画面内容，补充画面未涉及的信息，保证新闻报道完整，又要善于“留白”，不能太过饱满、喧宾夺主。

2014 年 2 月 20 日，中央电视台《焦点访谈》栏目的“真相调查”部分播出了题为《8000“柜族”从哪儿来》的调查报道。央视记者为调查有关“8000 柜族”的新闻到某地采访，遇到了同样正在采访的当地记者。当地记者误认为央视记者是租房者，随即开始编造“新闻”。其电视新闻稿如下：

[主持人·演播室]房价高、压力大——这是一个引人关注的话题，所以许多与住房有关的新闻都会引发大家的议论，有些新闻甚至还会引来轰动效应。像最近就有一条新闻说，在成都有不少年轻人因为买不起房只好去住集装箱。这听着真是耸人听闻，那真相到底如何呢？

[画面/旁白] 近日网络上流行一个热词，叫“柜族”，这个“柜族”的“柜”不是富贵的“贵”字，而是衣柜、橱柜的“柜”，记者在微博上输入“柜族”二字，搜索到一万五千多条相关微博。这源于2月10号，成都一家报纸刊发的名为《成都8000“柜族”集装箱安家》的文章，报道称一位姓潘的年轻人大学毕业不久，月薪不足三千元，因为租房压力大，于是就租住在一个集装箱改成的房子里，房租每月180元。报道还称，从2012年起集装箱出租房在成都悄然走红。在成都市，像小潘一样租住在集装箱里的人保守估计超过了八千人。这篇报道发表后被网络大量转发，引起广泛热议。那么这篇报道的内容是否属实？这样的现象是否真实存在呢？记者进行了调查。

首先，记者按照报道中的地址来到成都市光华大道二段，在这里看到确实有一些集装箱样子的东西沿街堆放，和集装箱不同的是这些箱子上有窗户，有的上面还有热水器。在很多箱子上都印着“租金六元起”的字样，看起来的确像是住房。那么这些箱子到底是用来做什么的呢？

[现场人物采访]

[画面/旁白]根据工地上的工作人员介绍，这些集装箱确实是居住用的，不过一般建筑公司租来是给工地的工人临时居住或者是工地上用来办公和当作门房使用的。记者走访了成都市的几处工地，发现其中的一些工地附近就有这样的集装箱。

[现场人物采访]

[画面/旁白] 那么普通人到底能不能把集装箱作为住房长期租住呢？一位知情者介绍，想要租住这样的集装箱，首先要有可以放置集装箱的土地，而使用者要拥有对这块土地的使用权，此外还要到相关部门办理一系列的手续，所以普通人租住并不容易。如果只适合工地用的话，那么之前的报道中所写的：从外地来成都找工作的大学生小潘，和集装箱住房公司的负责人谈妥后，以每个月180元钱的价格租了一个集装箱房，报道还配发了几张小潘生活在此的图片，这又是怎么回事呢？记者以学生的身份找到小潘租房的地方，也要求租一间这样的集装箱房。

[现场人物采访]

[画面/旁白]工作人员解释，这些集装箱并不是就地出租的，要想住需要租用者自己先找好地方，再由公司把集装箱吊装过去。

[现场人物采访]

[画面/旁白] 在之前报道的照片中可以看到，小潘所住的集装箱中有小一号

家具、齐全的电器,看上去确有其事,那么文章中提到的这个小潘到底是什么人呢?

[现场人物采访]

[画面/旁白]工作人员介绍,小潘是他的一个同事的亲戚,小潘年前确实住过这里,但这块场地当时只住了他一人,并不像媒体报道的那样谁掏六元钱都可以随地入住。

[现场人物采访]

[画面/旁白]这个工作人员还透露,这篇报道虽然写的都是现在发生的事,但实际上这个记者是年前来采访的,况且现在小潘也已经搬走了。

[现场人物采访]

[画面/旁白]小潘本是因为特殊原因暂住在集装箱里的个例,但在报道中却成了大学毕业生因租不起房长期居住在集装箱的代表;本没有什么学生住在这块场地的集装箱里,但这篇报道出来后,有很多媒体一拥而上前来采访,报道出来的也都是大学生住在集装箱里。那么这样的新闻是怎么炮制出来的呢?

就在记者采访完准备离开的时候,一个来采访的当地电视台的女记者拿着话筒走了过来,她以为记者是要租房的大学生,直接为记者安排了一场采访。她首先把记者带进了样板间。

[暗访画面——样板间内,当地电视台女记者对央视记者说:"前景提要是这样的。我们设置成这是你自己的房间,你就谈一谈你住在这里面的感想,你对这里面的一些陈设还有什么期许和愿望。"]

[暗访画面/旁白]这个摄像还为记者设计起了台词。

[暗访画面——样板间外,当地电视台的男摄像记者对央视记者说:"这种便宜,真便宜!这个4块的,要小一点。这个一个月120……"]

[暗访画面/旁白]在这个样板间里记者看到,房间里摆放的电器、家具都和那篇报道中小潘使用的一模一样。

[暗访画面——样板间内,当地电视台女记者对央视记者说:"你可以根据他(男摄像记者)给你提供的线索,你自己捋一下你的思路,然后用你自己的话说出来……"男摄像记者说:"假如你要租这么一套的话,成本大概要花多少钱……就说已经在这里住了两个月。"]

[主持人·演播室]一条不实消息就这样利用了人们对房产问题的敏感心理,被传播、放大,最终引发了负面影响,这教训很深刻。将来这样吸引人眼球的消息也许还会出现,它越是离奇便越要警惕。而这起事件由个别媒体报道引发,更该引起思考,担负着重要社会责任的媒体必须谨记:真实性,是新闻的生命线。

该节目并非预设结论式的报道,而是以充分的画面,向观众展现记者的现场调查过程，注重展示细节，让观众自己得出结论；并且利用巧遇当地记者的偶然因素，实施隐性采访，不仅进一步揭示出所谓“8000 柜族”的真相，还增加了情趣性，同时，配以画外旁白，进行必要解说。结尾，在报道事实的基础上进行点评，进一步阐明主旨、提供启示，唤起观众的深层思考，可谓声画结合，严丝合缝。

二、严谨性

为电视新闻写作文字时，不只要起到辅助画面的作用，更关键的是要做到严谨，能够细致、准确、周全地报道新闻事实。严谨往往体现在细微之处。例如，为新闻人物的话语配字幕时，其不准确、不清楚的用词用语，都要在字幕中加以更正和注释。

许多新闻事实用画面不便表现，更要依赖严谨的文字。在此方面，中央电视台的“联播体”新闻稿堪称严谨之典范。所谓“联播体”，是源于央视《新闻联播》的一种写作模式。新闻界曾将新华通讯社报道平面新闻的文风特点总结为“新华体”，而“联播体”可谓是“新华体”的电视版，其特点如下：

(1)开篇不俗，居高临下，讲究气势。

(2)围绕主题，分解段落，层层深入。

(3)点面结合，事理交错，情景交融。

(4)宏观概述，微观细描，详略得当。

(5)用词准确，句式规范，口号响亮。

(6)充实内容，突出意义，升华主题。

且看《新闻联播》在 2014 年 3 月 18 日播出的题为《习近平调研指导兰考县党的群众路线教育实践活动》的报道段落：

[画面/旁白] 长期以来，习近平在不同领导岗位上始终强调学习和弘扬焦裕禄精神。在兰考县汇报会上，他回忆起担任福州市委书记期间，读了《人民呼唤焦裕禄》一文填写的《念奴娇》词。这首词发表在 1990 年 7 月 16 日的《福州晚报》上。词中“百姓谁不爱好官？把泪焦桐成雨。生也沙丘，死也沙丘，父老生死系。暮雪朝霜，毋改英雄意气”、“为官一任，造福一方。遂了平生意”的句子，深深表达了习近平对焦裕禄的崇敬之情和他自己爱民为民、责任担当的坚定情怀。

该段落语句严谨，不仅对画面中的新闻事实进行了阐释，还突出了细节、补充了背景、强调了意义，使观众更清晰、更完整地理解了这则新闻的内容。

当然，文字上过于严整，也容易给人枯燥、生硬、呆板的感觉，“联播体”在此缺陷上同样突出。有人曾总结过央视《新闻联播》的十大常用成语——(1)坚定不移；(2)一如既往；(3)长治久安；(4)丰富多彩；(5)与时俱进；(6)艰苦奋斗；(7)前所未有；(8)实事求是；(9)来之不易；(10)源远流长。

因此，如何在行文上严谨而不失活泼，记者同样需要把握好分寸。

三、简明性

如今，电视新闻稿的写作越来越推崇简洁、明快的特点，其标题宜简不宜繁、宜短不宜长、宜实不宜虚，即多用单行标题、短标题和实题，其篇幅要根据正规的播音语速(每分钟 250—270 字)来核算，要整体谋篇、详略得当。

在导语写作方面，可以力求精简，保持在 50 字左右(约 10 秒)；也可以较为详尽，保持在 90 至 130 字(约 20 至 30 秒)，甚至更多，但一定要结合事实，简明扼要。例如中央电视台在 2014 年 1 月 10 日播出的新闻报道《我驻英大使与日大使在 BBC 交锋》：

[主播·演播室]英国广播公司《新闻之夜》节目在昨天晚上邀请到了我国驻英国大使刘晓明，还有日本驻英国大使林景一作客，节目当中刘晓明对林景一关于钓鱼岛主权和日本修宪的谬论一一进行了驳斥，同时他也引用了英国前首相丘吉尔的名言来警告日本首相安倍晋三放弃复辟军国主义的企图。

[画面/旁白] 当晚的《新闻之夜》首先采访了日本驻英大使林景一。林景一在节目中无视历史事实，辩称日本对钓鱼岛拥有主权，还为安倍修宪企图进行诡辩。

[画面/同期声] 林景一：(钓鱼岛)这是原则问题，这是“主权”问题，我知道英国也有主权方面的争端，我们曾“和平地、合法地”寻求对这些岛屿的“主权”。

主持人：你们没有借助武力吗?

林景一：我们完全没有使用任何形式的武力，日本国内可能有关于修改和平宪法的争论，但是安倍首相本人已经清楚表明他没有改变和平宪法核心内容的意图，包括不发动战争。

[画面/旁白] 中国驻英国大使刘晓明随后在节目中对林景一的言论进行批驳，刘晓明说安倍参拜靖国神社不是日本的内政问题，日本领导人向战犯致敬，鼓吹所谓的“侵略未定论”，是他们对其侵略和殖民统治历史毫无忏悔之意。

[画面/同期声]主持人：这个问题(安倍参拜)有多严重?

刘晓明：非常严重，这是一个非常严重的问题。在我们看来日本首相参拜靖国神社这可不是个小问题，这关乎日本如何看待自己的侵略历史。我想引用温斯顿·丘吉尔的话,那些忘记历史的人注定会重蹈覆辙。

[画面/旁白]刘晓明说,时至今日,日本国内一些人否认侵略历史,否定二战成果,妄图推翻二战后的国际秩序,重新走上军国主义道路。如果日本不能正视其侵略历史,今后将走上何种道路令人担忧。在钓鱼岛主权问题上,刘晓明重申,钓鱼岛及其附属岛屿自古以来就是中国的固有领土。

[画面/同期声] 刘晓明:首先我想说(钓鱼岛)自古以来就是中国的领土,1895年中国(甲午战争)战败后日本非法窃取了钓鱼岛的主权。但是依据《开罗宣言》和《波茨坦公告》,日本非法窃取的中国领土都应归还中方,这是英国、美国、中国领导人达成的共识。

[画面/旁白]针对日本方面表示愿与中方进行对话,刘晓明强调,事实上是安倍严重破坏了中日关系的基础,亲手关闭了对话的大门。

[画面/同期声]刘晓明:事实上是安倍,是日本首相亲手关闭了中日对话的大门。因为安倍推翻了两国关系的基础,中国怎么可能在安倍拒绝承认曾对中国人民犯下战争罪行的情况下同意与他展开对话呢?不仅中国如此,韩国领导人也因为安倍在历史问题上的错误行径不愿与他会晤。

这篇报道将新闻人物的原话与记者的转述归纳灵活运用,相互配合地陈述新闻事实、表达新闻主旨,既简洁明快,又不失精华。

四、通俗性

所谓通俗性,首先是要求电视新闻稿的文字能够口语化,让播音员读得顺,让观众听得懂;多用双音词、实词、动词,少用单音词、虚词、修饰词;多用单句、短句,少用复句、长句;尽量不用谐音字、关联词、倒装句等。此外,还要进一步追求亲切、活泼、自然的语言效果。

在传媒事业飞速发展的今天,电视新闻的写作绝不能仅从传统书面语言的表达要求出发,要紧跟新媒体的语言表达特点,让笔下的文字具有与时俱进的通俗感。无论是精彩的名人要闻,还是鲜活的凡人小事,电视新闻工作者都可以尝试以通俗的语言,用“讲故事”的方式,把这些世界上的真实人物和事件娓娓道来。

2007年12月16日,中央电视台《世界周刊》栏目的“人物”板块播出了一期专题报道,题为《当萨科齐遇到卡扎菲》,化用了美国浪漫爱情片《当哈利遇到莎莉》(1989年)的片名,却另有一番调侃意味,虽是报道国际政治新闻,但其解说词通俗易懂,如下:

[主持人·演播室/大屏幕关键词]本周,有一个人的欧洲之行引起了世界的关注,他就是利比亚领导人卡扎菲。在参加完里斯本的欧非峰会后,卡扎菲又应法国总统萨科齐的邀请对法国进行了五天的访问。美国《时代》周刊在报道这件事情的时候用了这样一个标题——《当萨科齐遇到卡扎菲》,明显是借用了美国一部电影《当哈利遇到莎莉》的句式。

[画面/主持人旁白]其实,卡扎菲每次出访,都派头很大,有点像是在拍电影。比如这次到法国去,他就下榻在了有两百年历史的酒店,却在花园里搭起了大帐篷,随行的除了利比亚官员,还有一头骆驼和40名女保镖。

[主持人·演播室/大屏幕关键词]那么,当萨科齐遇到卡扎菲,到底都发生了些什么呢?在《时代》周刊看来,卡扎菲这次出访"造型依旧,角色不同"。到底发生了什么样的改变?我们知道,从2003年以来,随着"洛克比空难"的审结,利比亚放弃了大规模杀伤性武器计划,卡扎菲又开始渐渐回归了国际外交舞台,但受到西方国家元首的邀请进行正式访问,这还是20多年来第一次。可是,他的到访,在不少法国人,甚至在萨科齐政府的一些官员看来,却并不是什么好事。

[画面/主持人旁白]不过,向卡扎菲发出邀请的萨科齐,对此是有着不同的理解的。

[画面/同期声]法国总统萨科齐:"永远都不弄湿自己的衬衫,这想法当然不错。不去冒任何风险,一切袖手旁观,不和任何人说话,悠闲地坐在路旁喝咖啡,洁身自好。但这不是我想要的,也不是我捍卫人权的方式。"

[主持人·演播室/大屏幕关键词]萨科齐说,袖手旁观,不是他想要的。那么,他不惜顶着压力,率先向卡扎菲递送秋波,他想要什么呢?《国际先驱论坛报》说,萨科齐想要的是"外交上的等价交换"。在萨科齐执政6个月的时间里,最具轰动效应的外交成就莫过于让卡扎菲放了6名保加利亚医护人员。

[画面/主持人旁白]这些人8年前被指控在利比亚蓄意传播艾滋病,被判了死刑,是欧盟的一块心病。这次成功营救使得萨科齐成了欧洲的英雄,所以这次邀请卡扎菲访法可以说是投桃报李。

[主持人·演播室/大屏幕关键词]至于第二个理由,用《卫报》的话说,就四个字——"百亿欧元"。卡扎菲此行和法国签下了百亿欧元的订单,包括购买空客飞机、民用核反应堆等等。

[画面/主持人旁白]所以,法国《解放报》就说,萨科齐的做法其实就是"政治搭台,经济唱戏"。面对国内的种种批评,《解放报》甚至为萨科齐准备好了应对的台词。

[图片/旁白]萨科齐照片

配音:"闭嘴,没看见我们正在卖东西吗?"

[主持人·演播室/大屏幕关键词]我们再来看看卡扎菲，他此行踏上欧洲的土地又是为了什么？在德国《明镜》周刊看来，卡扎菲正好和萨科齐相反，他是“经济搭台，政治唱戏”。卡扎菲是想用“100亿欧元铺成外交大道”。

[画面/主持人旁白]卡塔尔的《半岛日报》也注意到，无论是在里斯本的欧非峰会，还是在法国访问期间，最吸引人们注意的，还不是卡扎菲独特的造型或是那40多名女保镖，而是他仍然犀利的政治言论。

[图片/旁白]卡扎菲照片

配音：“‘9·11’袭击是个疯狂的举动，但那些人并不疯狂。”

“全球政治已经濒临破产。”

“如果我们不面对世界的现实，我们就要付出这些代价——恐怖主义、非法移民、复仇。”

[画面/主持人旁白]虽然言辞犀利，不过沙特的《阿拉伯新闻报》认为，这些言论并不会妨碍卡扎菲踏上更多国家的红地毯。因为利比亚的石油和商机，并不只有法国感兴趣。紧接着，德国、英国甚至美国，都有可能向卡扎菲伸出邀请之手。

[主持人·演播室/大屏幕关键词]美国的《新闻周刊》还特别注意到：卡扎菲虽然在巴黎搭起了大帐篷，但他并没有睡在里面，而是在法国人为他准备的高级客房就寝。《新闻周刊》就此给出了一个耐人寻味的评论：搭起帐篷睡客房，这正是现在的卡扎菲面对西方世界时独有的姿态。

五、整体性

人们观看电视新闻时，要通过画面、播音、字幕以及音乐、音响等多种途径来接受信息，因此，写作新闻稿时，要综合考虑诸多因素的融合，注重整体性，要从整体谋篇布局，不仅要考虑画面与解说的搭配，还要适时穿插新闻人物的话语，加入音乐、音响和字幕提示语等。

段落之间如何衔接，要经过整体构思，做到线索清晰、层次分明。这样，无论加入多少视频、音频、图片、文字材料，穿插多少人物话语，都能保证报道在整体上有条不紊、主题明确。

中央电视台新闻频道的《社会记录》栏目在2005年6月3日播出了题为《忠诚》的专题报道，运用了多种手段，引用了多种资料，做到了浑然一体。其文稿如下：

[画面/背景声]费尔特在家人的搀扶下走到门廊向记者挥手

[主持人·演播室]5月31日，这位名叫费尔特的耄耋老人成了全美国乃至全

世界的新闻人物。夸张一点说，只要是有报纸的地方，就没有人不认识他。费尔特，这位前美国联邦调查局副局长，三天前在自己家人的陪同下，忽然向外界宣布，他自己就是著名的“水门事件”的幕后线人，他承认是他在三十多年前，给记者透露了幕后消息，把尼克松拉下了美国总统宝座。说来这“水门事件”名声很大，从小我就听说过，不过一直没弄明白，这著名的“水门”跟咱们中国人有什么关系。说实话，看着这铺天盖地的国内报纸对费尔特的报道，我一开始还的确有几分不解？这些天翻弄了一堆报纸之后，我终于发现了点儿我能插上嘴的地方。您看这个——

[画面/音乐]各种报纸的“深喉”字样的标题

[主持人·演播室]“深喉”(字板“深喉”，“Deep Throat”)，如今已经成了费尔特的更响亮的名字。我看到报纸上说，“深喉”这个名字来源于一部70年代流行于美国的三级片，这事挺逗啊，政治太复杂，咱们就先看看这电影吧。呵呵，瞎说，咱们不能看那些精神污染的东西。不过，我有看过这电影的朋友说，其实那电影，现在看来顶多属于少儿不太宜，说的是一个生理结构错乱的女人的情爱故事，当时在美国主要是受都市小资们的追捧。

[画面/背景声]电影《深喉》镜头/观众火爆的场面

[画面/同期声]字幕：冯顿·贝利，《深喉》导演

“那部电影和美国政坛最大的丑闻，‘水门事件’中的线人联系在了一起。政治人物的声音和电影人物的声音……都要突破制度，说出真相。这两种声音都受到政府的压制，因为它们要说出真相。”

[画面/音乐]报纸

[主持人·演播室]《深喉》，“水门事件”，发生在三十三年前的往事。说来也滑稽，刚才我说这事情跟咱们没什么关系，其实据美国广播公司最近的调查结果显示，连三分之二的美国人民也都已经搞不清楚“水门事件”的来龙去脉，只依稀记得尼克松、水门大厦、《华盛顿邮报》和“深喉”等几个名词。不过，好在美国人民还拍了部电影，仔细地描述了那深刻改变了美国的政治的一幕。

[画面]电影故事片《水门事件》(1976年)中展现的“水门事件”经过(电影资料)

[主持人·旁白]1972年6月17日晚上，水门大厦的保安发现车库的门锁上贴着张奇怪的胶带。他赶紧打电话报警。警察赶到现场以后，发现很多门锁上都贴着奇怪的胶带。警察穿过一道道门，最后来到民主党总统候选人麦戈文的办公室门前，推开门只见五条大汉双手高举从桌子背后钻出来。警察在他们身上搜出各类作案工具，却没有发现财物丢失。

消息传开以后，这些倒霉的笨贼成了夏日茶余饭后的谈资。《华盛顿邮报》派

刚参加工作的伍德沃德和专跑小道消息的伯恩斯坦去报道此事。这两个小人物，凭着含苞欲放的才华和忠于事业的精神，层层深入调查，竟然发现在这撬门闯入美国民主党总部却作案动机不详的五条大汉中，有个人是尼克松争取总统连任委员会的安全主管。三天后，《华盛顿邮报》头版刊登了二人撰写的消息。这条消息率先把三流盗窃案和竞选连任的尼克松总统联系起来。

在随后的十八个月里，《华盛顿邮报》顶住来自白宫的重重压力，毫无保留地支持伍德沃德和伯恩斯坦的调查工作。这两名记者经过艰苦卓绝的调查采访，一点点地揭露出白宫班子在幕后掩盖手下闯入水门大厦窃听民主党活动的事实，最终推动美国媒体、国会和法庭齐心协力，逼迫获得连任的尼克松总统提前辞职。

[画面/同期声] 字幕：理查德·尼克松，美国总统

影片中，尼克松手按《圣经》宣誓保卫宪法。

"有人闯进水门，我事先并不知情。有人事后掩盖事实，我既没参与，也不知情。"

"人民要知道总统是否是个骗子。我不是骗子。"

"我将在明天中午辞去总统职位。"

[画面] 盗窃案/水门大厦/伍德沃德和伯恩斯坦的调查和文章/带问号的背影

[主持人·旁白] 因为这桩美国历史上最大的政治丑闻起源地在华盛顿市水门大厦里，故而得名"水门事件"。从这两位名不见经传的记者对"水门事件"的追踪报道中，人们发现每到调查的关键阶段，伍德沃德和伯恩斯坦总能发表独家消息，将读者的目光引向尼克松总统及其幕僚的软肋。于是人们断定伍德沃德和伯恩斯坦一定有线人相助。三十三年来，关于这位线人，人们不见其人，只闻其名为Deep Throat，也就是"深喉"。关于这个已经成为匿名消息来源代名词的诡秘人物，人们在电影中是这样想象他的。

[画面/同期声] 影片中，深喉在午夜的地下车库里说："去追查钱的来源！"

[主持人·演播室] 三十多年以来，为了挖出这位改变美国命运的线人，猜测和分析"深喉"的身份成为美国记者和历史学家的"副业"，被他们怀疑的有尼克松的助手布坎南、新闻秘书齐格勒、秘书助理布尔和特别助手布莱斯，甚至还牵强附会，说"深喉"就是白宫办公厅主任黑格、联邦调查局局长格雷、国务卿基辛格和时任联合国大使的老布什。当年尼克松总统怀疑过费尔特就是"深喉"，但因缺少证据而只能忍气吞声。多年来也有别人怀疑过他，但都因得不到《华盛顿邮报》三位记者的肯定或者遭到费尔特本人的否定，所以也未能让公众心服口服。

[画面/同期声] 影片中，伍德沃德初见"深喉"时作出承诺

[主持人·演播室]三位记者都发誓遵守三十多年前的约定，除非"深喉"去世，

或获得他本人的同意，否则绝不会透露其真实身份。三十多年来，无论是来自尼克松政府的压力，还是来自各方的诱惑，都没有让三位记者违背当初的诺言，相反他们还苦口婆心地劝导世人停止猜测，还给“深喉”心灵的宁静。

[画面/同期声] 字幕：鲍伯·伍德沃德，《华盛顿邮报》副执行主编

“我和伯恩斯坦、西蒙斯都不愿意提及消息来源。希望大家也别再讨论消息来源了。这么多人都在著书调查，还是设身处地替消息来源想想吧。”

[画面/背景声] 费尔特在家人的搀扶下走到门廊向记者挥手

[画面]《名利场》文章/《华盛顿邮报》网页

[主持人·旁白]《华盛顿邮报》三位记者坚持不肯透露“深喉”的身份，所以美国人民原来以为“深喉”这个秘密将会成为永久的谜团。但是美国《名利场》杂志于5月31日刊登了一篇文章，首次披露“深喉”就是前美国联邦调查局副局长、“水门事件”调查工作的警方负责人费尔特。《华盛顿邮报》网站也随即发表声明，肯定了费尔特的身份。这个消息不免让期待已久的美国人民有些措手不及。

[画面/同期声] 字幕：乔治·布什，美国总统

“我可以告诉大家，这条消息让我非常吃惊。很有意思。”

字幕：鲍伯·伍德沃德，《华盛顿邮报》副执行主编

“我要去工作了。”(坐在车里躲记者)

字幕：罗纳德·佛利，费尔特的邻居

“可能是联邦调查局有规定。事情就是这个样子。”

街头群众

“有时候，秘密最好不要揭开。那样才更有意思。”

[主持人·演播室] 前美国联邦调查局副局长费尔特居然就是“深喉”！虽然以前也有人做过这样的推测，但都遭到费尔特本人的否定，他甚至开玩笑说：“我要是‘深喉’，会干得更漂亮。”

[画面] 电影资料

[主持人·演播室] 神秘的故事画上句号，但是美国人脑海中多年的问号却变成了更多的感叹号，问题更复杂了，美国人民不禁接着去想，费尔特究竟是个什么样的人：是背叛行政首脑的叛徒呢，违反保密规定的败类呢，还是捍卫人间正义的英雄呢？

[画面/同期声] 影片中，“深喉”嘲笑白宫里的人都是笨蛋，切到其指责尼克松政府侵犯人权。(隐黑)

[主持人·演播室] 费尔特1913年出生于爱达荷州。从爱达荷大学和乔治·华盛顿大学法学院毕业后，他于1942年加入联邦调查局，整个二战期间都在反间

谍部门工作。由于诚实直率和才华出众，费尔特得到联邦调查局局长胡佛的器重，获得一次次晋升，最终坐上联邦调查局二把手的宝座。

[照片] 费尔特

[主持人·演播室] 其实早在“水门事件”之前，费尔特和尼克松就结成冤家。1971 年，白宫下令展开大规模窃听和测谎行动，以查出谁泄露了国家安全措施，先遭到费尔特的硬钉子。1972 年，国际电话电报公司的备忘录曝光，泄露该公司为逃避反垄断法起诉，向尼克松争取总统连任委员会捐出四十万献金的丑闻，白宫要求联邦调查局出份声明该备忘录系伪造的文件，却又遭到费尔特的软钉子。在“水门事件”发生六周前，联邦调查局局长胡佛猝死在家中。尼克松乘机安排自己的亲信格雷主管联邦调查局，这让雄心勃勃的费尔特难免心生怨气。在“水门事件”调查中，白宫和上司的多方阻挠和销毁证据的行为，更让他感到悲愤难平。所以有人说，费尔特不是英雄，而是为自己报仇，他和总统之间是私人恩怨。

[画面/背景声] 美国人在报亭前阅读各种相关报道

[主持人·旁白] 在“深喉”就是费尔特的消息公开以后，美国人民对他当年的做法展开了轰轰烈烈的大讨论。

[画面/同期声] 字幕：尼克·琼斯，费尔特的外孙

“我们家相信，费尔特外公是美国的大英雄。他临危不惧，忠于职守，拯救祖国，避免践踏正义的行为。”

字幕：帕特·布察南，尼克松讲稿撰写人

“‘深喉’动机险恶。他没有得到提拔。‘深喉’不是英雄，‘深喉’是条毒蛇。”

字幕：约翰·欧康纳，《名利场》作家

“‘深喉’很了不起，他违反小原则，保卫祖国免受大灾难。”

字幕：查克·柯尔逊，尼克松特别顾问

“不能以错纠错。正派做法是直言不讳。”

字幕：琼·费尔特，费尔特的女儿

“我很了解父亲。他很了不起。他慈祥和蔼，平易近人。”

字幕：吉姆·贝克，费尔特的邻居

“他们搬到这里，谁也没惊动，跟这条街上的人也不怎么打交道。”

字幕：乔治·布什，总统

“很难判断，我还在了解情况。”

字幕：唐纳德·拉姆斯菲尔德，国防部长

“无论何时遇到不端行为，都应该报告。我认为那样做不合适。”（记者问道：“他是英雄还是罪犯？您似乎在回避问题。”）“我没有下结论的心情。”（众人哄堂

大笑，退场）

［画面/背景声］费尔特在家人的搀扶下走到门廊向记者挥手

［主持人·演播室］5月31日，费尔特站在记者们的摄影机前，宣布自己就是传说中的“深喉”，人们对他此时出来公布身份的做法也产生了种种猜测。有人说，费尔特的外孙上大学欠下债，家里人怂恿他站出来赚笔钱，据说目前已有出版社愿出百万美元购买其回忆录的版权；也有人说，费尔特在1980年也步尼克松的后尘，在没有搜查证的情况下，闯入反战人士的家中，后遇里根总统赦免才躲过牢狱之灾，此时出来承认自己的身份，是欲借“深喉”的英名在死前为自己正名。欧康纳是美国《名利场》杂志上那篇文章的作者，也是费尔特的律师，在过去三年中见证了费尔特的心路历程。他是这么解释这位老朋友的行为的：

［画面/同期声］字幕：约翰·欧康纳，《名利场》作家

“为什么是现在？三十年来，他保守着秘密。在过去三年中，家人有所察觉。他们坦诚地跟他聊‘深喉’为人如何。刚开始，费尔特觉得有些不光彩，觉得背叛了联邦调查局，泄露了不该泄露的秘密。费尔特常常说联邦调查局的人哪能这么干。但和他聊了两三年以后，又过了六到九个月，费尔特才相信自己是英雄，相信自己做得正确，相信自己必须违反职业道德，才能挽救祖国。我想这么说并不夸张。”

［画面/背景声］“水门事件”花絮

［主持人·演播室］一个旧问号蓦然消失以后，接踵而来的却是一个个新问号。这一个个新问号，让我想起在“水门事件”以后诸“门”中的各个主角：“拉链门”事件中的克林顿和特里普，“安然门”事件中的莱和沃特金斯，“监狱门”事件中的拉姆斯菲尔德和达西等等。

［照片］相关照片

［主持人·演播室］在这一道道“门”背后，前者都曾用手捂着胸口宣誓就职，可是他们要效忠的对象是什么呢？宪法还是情欲，诚信还是利润，民主还是霸权？后者也都曾立下字据表示忠诚，可是他们要效忠的对象又是什么呢？上司还是真相，集体还是公平，国家还是人道。在离“水门事件”三十三周年还有半个月之际，在尼克松总统逝世九年以后，在“深喉”说出他的真实身份三天以后，我还没有找到关于忠诚这个问题的确切答案，但我知道这个答案其实就在我们每个人的心里。

该节目在整体上以央视主持人阿丘的解说为主线，报道了“‘深喉’真实身份终大白于天下”的新闻事件及其前尘往事。主持人的演播室讲述引导观众进入新闻情境，然后穿插新闻画面、电影资料、人物话语、媒体报道等内容，以旁白陈述和评说事实，最终都有机地交融在一起，不仅在解说上很有技巧，还很注重整体结构的安排。

第五节　新闻纪录片创作手法

纪录片包括电影纪录片和电视纪录片两种。美国的《电影术语汇编》中这样定义:“电影纪录片是一种排除虚构的影片。它具有一种吸引人、有说服力的主题。它从现实生活中汲取素材并用剪辑和音响增加作品的感染力。”《中外广播电视百科全书》中对电视纪录片的定义是:“通过非虚构的艺术手法,直接从现实生活中获取图像和音响素材,真实地表现客观事物以及作者对这一事物的认识与评价的纪实性电视片。”

纪录片可以记录当前的现实生活,也可以重现过去的历史时刻;可以呈现世界上的重大活动,也可以反映社会上的平凡小事,是故事片之外最为重要的一类影像作品。依据题材的不同,纪录片可以划分为新闻纪录片、历史纪录片、传记纪录片、政论纪录片、风光纪录片、科教纪录片、舞台纪录片等多种类型。

新闻纪录片也被称为“电视荧屏上的通讯”,以报道最近发生的新闻事实为主,以真实生活为素材来源,但又并非不加选择、原封不动地记录下来进行报道;而是通过画面、音乐、音响、解说等视听艺术表现手段来再现生活,加强作品的逼真性和感染力,经过采访、拍摄、写作、剪辑、配音、合成等一系列创作过程而最终完成。

相较于其他类型的电视纪录片,电视新闻纪录片的时效性较强,“采、摄、编、播”都更为迅速,能够尽快产生社会效应。但与一般的电视新闻节目相比,其时效性又并不突出,而是强调艺术属性,需要更长的创作时间和更多的资源投入。其创作手法可以总结为六个要点,即以真实为根本、以生活为源头、以人物为核心、以故事为纽带、以画面为依托、以声音为辅助。

一、以真实为根本

纪录片与影视剧、综艺节目等同为视听艺术作品,但与它们又有着本质的区别。纪录片无论呈现事件,还是记录人物,都要以真实为根本,排斥虚构,杜绝表演;要保持生活的原始形态,鼓励观众的多样化解读。正如荷兰纪录片大师尤里斯·伊文思所说:“纪录片把现在的事情记录下来,就成为将来的历史。”

新闻纪录片更要保持客观记录的状态,将现实生活中的耳闻目睹如实报道和呈现出来,既不能使用演员扮演,又不能变更生活的进程,更不能虚构情节、肆意编造。其吸引观众的魅力,正在于事件过程的真实呈现、人物言行的自然流露,既不颠倒是非，又不掩饰虚夸，更没有为某种预定目的而进行的刻意设计与安排。至于创作者的思想倾向，则往往隐而不露，通过对生活的审视、感知、捕捉、呈现，达到不言而喻。

1971 年，基辛格秘密访华，“文革”中封闭已久的中国开始向世界发出开放的信号。荷兰纪录片大师尤里斯・伊文思和意大利纪录片大师米开朗基罗・安东尼奥尼受到中国政府的邀请，来华拍摄展现中国现状的新闻纪录片。

伊文思创作的作品名为《愚公移山》，希望能呈现“中国人真实需要的自我诉说”。但是，他首先被带到大寨参观，他在后来的回忆录中描述：“这里的一切太井然有序，太完美无缺，太呆板生硬，让人感到很不舒服。”后来，他在新疆喀什拍摄纪录片时，同样记述：“这里被安排得井井有条……”

安东尼奥尼创作的作品名为《中国》，他也面临着同样的苦恼。在林县的红旗渠、上海的工厂、南京的长江大桥，中国人希望通过他的镜头向世界呈现一个美好的中国。而安东尼奥尼却希望走入表象的背后，记录真实的中国人，他不放过任何一个具有象征意义的细节。

但《人民日报》当时却批评道：“他不去反映天安门广场庄严壮丽的全貌，把我国人民无限热爱的天安门城楼也拍得毫无气势，却用了大量的胶片去拍摄广场上的人群，镜头时远时近，忽前忽后，一会儿是攒动的人头，一会儿是纷乱的腿脚，故意把天安门广场拍得像个乱糟糟的集市，这不是存心污辱我们伟大的祖国吗！”

显然，国外的纪录片创作者面对中国经济的“大干快上”还是保持着冷静的叙述。后来，伊文思的《愚公移山》没有通过中国官方的审查，一拖再拖。安东尼奥尼的《中国》更是在中国遭到了查禁。当时甚至有一首儿歌在结尾唱道：“气死安东尼奥尼，五洲四海红旗飘。”

1973 年，《中国》率先在美国上映，被评为本年度在美上映的“十佳纪录片”之一。安东尼奥尼评价该片：“其实并不是关于中国这个国家的电影，而是关于中国人的电影。”1976 年，《愚公移山》也在国外上映，却遭到了西方世界的抵制。在伊文思看来，该片拍摄的是“激情中复兴的国家”。

事实上，这两部作品都试图真实地呈现 20 世纪 70 年代的中国生态。但是，经过刻意取舍的《愚公移山》更偏向“文革”期间的中国官方意识形态，所以，人们怀疑这部带有乌托邦色彩的作品的真实性。其实，新闻纪录片中也会渗透着创作者的人生理念和表达欲念，他们会运用对比、联想、象征、比拟等各种艺术手法来阐释生活，但必须保持未经修饰的原生态呈现。

因此，在纪录片创作中，“组织拍摄”的做法一直都颇具争议。所谓“组织拍摄”，是指创作者直接对记录对象进行人为干预，以非生活原生态的形式予以呈现，常用手法包括补拍、摆拍和真实再现。

补拍,是对于未能及时抓拍到的人、事、情、景,安排其回归原点,再进行重拍。摆拍,是创作者依照自己的意图,在镜头前直接编排情景、指挥表演。真实再现,则是以真实的过往事件为依据,力求逼真地复制其中的人、事、情、景,以求再现事件原貌(选用此种手法时,应以字幕注明)。

“世界纪录片之父”罗伯特·弗拉哈迪(1884—1965)在创作其代表作《北方的纳努克》(1922 年)时,许多情景的拍摄都利用了补拍、摆拍等手法,在后世引起广泛争论。伊文思则很善于运用真实再现的手法,他将之称为“重拾现场”。

在如今的纪录片创作中,真实再现的手法被越来越广泛地运用,并直接催生了风行西方的“剧情式纪录片”。所谓“剧情式纪录片”,是在纪录片的基本形式下,完全采用真实再现的手法,由演员出演真实人物,戏剧化地再现过往的真实事件。

而中国影视界又在“剧情式纪录片”的基础上,通过合理虚构,发展出“纪录式剧情片”这一类型。例如,中国足坛自 2009 年刮起“打黑风暴”之后,凤凰卫视紧跟这一新闻热点,摄制了 10 集纪录式剧情片《知情者之黑球》(2010 年)。作品中呈现了 8 支球队的 6 场比赛,全部来自真实的球赛案例。由于“黑球”题材的敏感性,作品进行了艺术加工,以一位体育新闻主播的深入采访为主线,通过虚构的情节串联起来这些真实案例,揭开中国足坛不为人知的黑幕,以达到“比电视剧更真实,比纪录片更戏剧”的效果。

该片主演、凤凰卫视主持人曾子墨介绍说:“其实我并没有一种在演戏的意识。而《黑球》也并不能说是一部严格意义上的电视剧。它的类型很特殊,既不是电视剧,也不是纪录片和新闻调查。我个人将它定义为带有新闻调查性质的电视片,因为剧里面的球队、球员的名字甚至是球员的场上位置虽然都是虚构的,但是看过剧之后,大家都可以从一些深度假球报道当中找到这些事件和人物的原型。”

从“补拍摆拍”到“真实再现”,从“剧情式纪录片”到“纪录式剧情片”,这些“组织拍摄”的手法和方式距离新闻作品的本质要求已渐行渐远。虽然纪实手法多种多样,纪实理念不断演进,但是,新闻纪录片的真实性底线未曾变更过,创作者应求真固本,不可动摇。

二、以生活为源头

新闻纪录片要以生活为源头,在内容上既要源于生活,又要高于生活;既要通过朴实、自然的手法来如实地呈现现实生活的样貌,又不能是自然主义的再现,要将创作者深刻而独特的生活理解和认识灌注其间,赋予作品较深的内涵和意蕴。

优秀的纪录片往往能起到震撼人心的效果，让观众在了解事实真相的同时，收获生活的思考与人生的启迪。

一方面，新闻纪录片的内容要源于生活。纪录片以记录客体对象的原生形态为主要特征，创作者必须深入生活，进行采访调查，才能获得创作素材，这就要求创作者首先要对生活具有饱满的热情和执著的追求。

中央新闻纪录电影制片厂出品的纪录片《乡村里的中国》被观众盛赞为“21世纪中国农村生活标本”。该片由著名摄影师焦波担任总编导，而跟随焦波拍摄的，是五六个80后、90后年轻人，其中年纪最大的也只是四川传媒学院编导与戏文系未毕业的大学生。焦波带领着这支平均年龄只有21岁的团队，深入到位于沂蒙山老区的沂源县杓峪村，真实记录下当代农村的生活变迁。

焦波谈起该片的拍摄经历时说，自己喜欢拍这样的片子。“我有很重的乡村情结，也想找个机会去了解老百姓到底怎么生活的。”无论村里的婚丧嫁娶，还是因工伤而亡的打工者，摄制组全部拍下，生动记录村里人的喜怒哀乐。

为了最大限度地保持生活的真实气息与节奏，创作者往往要与采访对象有较长时间的共处，尽量消除受访者的镜头存在感。焦波带着摄制组进驻到共有167户人家的杓峪村，随后就成了村里的第168户村民，门牌上写着“村儿电影社”。焦波介绍说：“我们完全过的是农家的生活，像农民那样种地、生活。而自己看起来也像农民，村民也觉得他就是村里的人，谁家煮了粥也会盛一碗过来，彼此沟通没有距离感，拍摄起来就方便了很多。”

有一次，村里的“文化人”杜深忠的家中有一位老人去世，焦波跟去拍摄。途中，杜深忠指着一座坟说，这就是俺爹俺娘的坟。焦波听后，就跪在坟前磕了几个头。从那时起，杜深忠对焦波更加信任，拍摄起来也更配合。

就这样，摄制组连续373天驻村拍摄。焦波介绍说：“我希望有什么大事小情，村民都能告诉我。村民就经常给我打电话，谁家两口子打架了，谁家生孩子了，谁家生病上医院了，问我要不要拍。”拍摄“村里外出打工者出殡”一段时，人家的老婆也不愿意，但村民都出来支持摄制组。他说：“片子里没有一个情节是我导演出来的，没有一句台词是我设计的。”他恳切地说，生活才是最好的编剧。

华人女导演熊邦玲为了创作纪录片《每一个女人》，自2009年起踏足中国、韩国、菲律宾等地，寻访在世的原日本侵略军“慰安妇”，设法打开她们紧锁几十年的心关，使她们道出那段惨无人道又少有人知的经历。

在中国陕西采访时，熊邦玲与“慰安妇”幸存者及其家人同吃同住了数周时间，终于消解了对方的戒心，采访到了那段屈辱苦难的经历。一位陕西“慰安妇”的子女哭诉：“妈妈经常自己一个人躲着哭，从来不跟我们说原因。”这位中国老太太则平静地说:“这是羞辱的事情,村里人都知道,都不愿意和我们攀亲,平时我也只能假装开心的样子。”

另一方面,新闻纪录片的内容又要高于生活。面对众多生活素材,创作者要深入地理解和认识其本质,反复酝酿构思,仔细选择题材,精心提炼主题,选取最具典型性和代表性的素材作为主题的载体,寻找最佳的表现角度来勾勒和深化主题,通过随机结构来揭示生活的内涵和意蕴。

云南籍自由撰稿人、女记者晓曙在 2001 年赴“金三角”地区采访,接触到形形色色的“化外之民”。她曾偶遇一位守墓老人,老人介绍说,自己是中国远征军老兵,墓碑下埋葬的是自己的战友。晓曙被老人讲述的“抗战老兵故事”所深深震撼,认识到这一题材的潜在价值。后来,晓曙查阅二战相关史料,以巧遇守墓人为由头,拍摄了纪录片《最后的老兵》,采访了散落各地的多位原中国远征军老兵。

纪录片《乡村里的中国》之所以选择沂源县杓峪村为拍摄点,也有创作者的一番考虑。焦波介绍说,这个村子共有 167 户人家,大约五百多人,不贫不富,很有代表性;因为这个村子比较封闭,所以村民的眼神很单纯、干净,比较纯朴。

一年间,焦波和他的摄制组共拍摄了 1000 多个小时的素材,最终剪辑出 90 多分钟的成片精华,作品荣获中国电影“华表奖”优秀纪录片奖等多个国内外重要奖项。有观众看过作品后热泪盈眶,感叹“每个人心中都有一个鲜活的故乡”。

如果创作者对生活没有独特而深入的认识,作品就不可能有独到的角度与精深的内涵。焦波总结说,拍摄该片之前自以为很了解农民,但在村里待上一整年之后,才发现以前的了解太表面。“过去总是说农民苦、难,觉得农民没有理想,其实他们也有精神上的追求。”焦波感慨,这次自己也才比较彻底地了解农民,了解农民和土地的关系,了解他们怎么生活、就业等。不论生活有多艰难,这块土地上的农民都会报以极大的热情和信念去面对生活。他举例说:“杜深忠说的话比我的水平都高,他的话是根本编不出来的。”

可见,创作者既要有记者的眼光,又要有艺术家的思维,不仅要敏锐地捕捉生活,发掘富有价值的新闻事实,还要在记录和再现生活的过程中融入自己的艺术思维,显现出自己的思想理念、情感倾向和审美追求。

三、以人物为核心

关注人,是纪录片的核心价值。优秀的纪录片作品往往是通过关注人性、人情、人道来解析人类的生存状态、探讨人生的终极价值。一般来说,新闻事实是由人来构成和推动的,新闻主题是由人来负载和呈现的。新闻纪录片更要以人物为核心，在观念上由过往的“见物不见人”导向为“以人为本”，让新闻事件中的主要人物立起来，用人物的命运变迁和生活遭遇来加深人们对新闻事实的印象。

创作者要精心选择采访对象，注重人物细节，引导人物述说，突出人物个性，表现人物性格，使新闻纪录片血肉丰满。例如，北京奥运会的官方新闻纪录片《筑梦2008》(2008 年)由顾筠执导，中央新闻纪录电影制片厂出品，从 2001 年北京申奥成功起投入拍摄，历经七年时间，记录了北京奥运会的筹备过程。

为了影像化地呈现“同一个世界，同一个梦想”的作品主题，创作者精心筛选出五组人物，作为负载和呈现主题的线索，即一群国家体育场“鸟巢”的缔造者、一个普通的北京家庭、一位著名的跨栏运动员、三位小体操运动员、一组特警战士。这五组“筑梦者”的线索以点带面，交错并进。他们对奥运会的期待和为之付出的努力，描绘出一幅中国人民筹备奥运会过程的全景图。

作为第一组“筑梦者”，国家体育场“鸟巢”的缔造者包括设计者、评选者及建造者等众多人士，属于“大集体”，又包含了无数的“小个体”。对于建筑领域的人来说，看着自己的构想一步步落实为图纸，再一点点拔地而起，是他们的共同梦想。

作为第二组“筑梦者”，普通北京居民高大妈一家的生活轨迹因建设奥运场馆而进行的拆迁行动而改变。他们和邻居们一起，离开居住了大半辈子的老房子，怀着忐忑与期盼，开始新地方的新生活。之后，高大妈和儿媳妇都成为了奥运会志愿者。他们属于“小个体”，却代表着无数用自己的方式助力“奥运梦”的“大集体”。

这两组人物线索，一大一小，交相辉映。作品又以北京居民高大妈的孙女贯穿全篇、呼应首尾。当奥运会申办成功、开始筹备时，“鸟巢”的设计开始孕育，高大妈家也准备迎来新的生命与梦想；当奥运会筹备就绪、即将开幕时，“鸟巢”已卓然屹立，而当年的小生命已满七岁，正在茁壮成长。小家庭与大国家的梦想交织在一起。

另外三组“筑梦者”的选取，则注重对观众的吸引力和内容上的揭秘性。

三位小体操运动员代表着无数“霜刃未试”而默默训练的运动员的梦想。他们的梦想只属于赛场，也只能在赛场上实现。

刘翔则成为著名运动员的代表。他身上寄托了太多人的期盼与梦想，等待着再创奇迹。刘翔与教练孙海平亦师亦父的相处、对科学训练方法的研究……这些犹如一个多面体的呈现。

一队负责奥运安保的特警，则是在幕后为“奥运梦”默默付出的人群代表。他们进行着一项项严格而艰苦的训练，虽然工作与奥运会息息相关，但是又注定难有机会观看奥运会比赛。平衡这种矛盾的心理动因，也是对奥运会的梦想与热情。

由此，该片展现了普通市民、建筑师、运动员、教练、安保人员等各类人群实现各自梦想、筑造中国人共同的“奥运梦”的过程；用七年拍摄时间获得了长度，用丰富的线索和内容获得了广度，用生动的人物形象和细节获得了鲜活度，用梦想的主题和构筑梦想的努力付出获得了深度；既注意展现宏大的时代特征，又深入描摹丰富鲜活的人物和细节，真切地反映了一个世界上人口最多的国家对象征着和平、友谊、进步的奥林匹克盛会的全民参与和倾情奉献。

四、以故事为纽带

清华大学教授李希光认为：“找新闻就是找故事。”而纪录片叙事的主体也是故事与情节。因此，新闻纪录片要以故事为纽带来结构全篇，以讲故事的方式来报道事件、呈现事实，或生动有趣，或质朴感人，或跌宕起伏，或悬念丛生。如果作品富有故事色彩，就可能焕发出无穷的魅力，达到吸引观众的最佳效果。那么，讲什么故事，如何讲故事，就是创作者需要思考的两个问题。

讲什么故事，一般是由作品主题和报道目的所决定的。而要找到故事，就要从具体的人、事、情、景中寻觅，可以记录平凡人的不平凡事，也可以记录不平凡人的平凡事；可以全篇讲述一个完整的故事，也可以在大故事中套小故事。

新闻纪录片《筑梦 2008》在“全民筑梦”的构架中讲述了五组“奥运筑梦者”的故事。其中，小体操运动员们的“筑梦故事”又集中在江钰源、邓琳琳、乃若愚三名小运动员的经历上，创作者的构思颇为巧妙。

几百名小体操运动员来自全国各地，都是方及“金钗之年”的平凡女孩。但是，她们在 2002 年作为“奥运储备军团”来到北京，进行统一训练和选拔，从此开始了不平凡的国家运动员生涯。光荣与梦想的背后总有不为人知的故事。领奖台上的荣光总是很短暂，实现梦想的过程却漫长曲折，而且布满荆棘。摄制组记录了她们从会想家的小女孩慢慢成长为强忍伤痛、坚持训练的优秀运动员的蜕变过程。

通过残酷的选拔淘汰，镜头中的小运动员从几十个变成十个，又从十个变成了三个。“有韧劲”的江钰源、“爱哭”的邓琳琳、“外号乐乐”的乃若愚，这三名出类拔萃的小运动员脱颖而出，但她们不平凡的追梦年华中又有着平凡的人生悲喜。并非每个人都能幸运地站上梦想的舞台，乃若愚最终因伤惜别，但是，她们生命中这些平凡的和不平凡的追梦时光都被镜头一一记录了下来。

创作者还要掌握好讲故事的技巧，构筑好叙事构架。“文似看山喜不平”，故事能否讲好，能否吸引观众，是作品能否实现其新闻意义的关键。新闻纪录片讲故事的方式很多样，常见的有两种。

一种是主要通过画外旁白解说来讲述故事，诉诸听觉为主；可以从客观视角，以旁观者的眼光，使用第三人称，以全景式、全知式的架构来讲述；也可以从主观视角，以采访者角度展开，用第一人称来讲述，引领观众身临其境。

另一种是较少或不用旁白解说，通过记录事件过程，从中精心提炼情节与细节以呈现故事，可以带给观众更强的真实感与亲切感。事件的过程可以承载丰富的故事情节与细节，通过对过程的记录，可以保持生活的原生态，强调取材的客观性。

创作者经过精心选材后，可以通过追踪拍摄，将事件发展过程与人物采访段落穿插起来，结构全篇；也可以主要通过人物自述的方式来展开，让新闻人物直接叙述故事，再结合事件发展的重点环节和段落来形成完整的过程记录。

纪录片《乡村里的中国》的摄制组带到杓峪村三台摄像机，几乎全天候地盯住村里的三户人家——文化人杜深忠家、大学生杜滨才家、村支书张自恩家。总编导焦波介绍说："村里的大事小情都拍。但纪录片还是要有故事，盯一家的风险太大，最后选择盯三家。"这三家正好代表了村里的文化线、情感线和政治线，有典型意义。

年近60岁的农民杜深忠是村里唯一长年坚持看《新闻联播》、读报纸的"文化人"。他年轻时曾在鲁迅文学院深造过几年，是个很有故事的人。老杜想拥有一把属于自己的琵琶，就瞒着妻子买回来一把，这个"琵琶梦"也贯穿该片的始终。

一年到头只领到1200元工资的村支书张自恩是性情中人，他自嘲："今年别的没落下，倒是赚了一肚子酒。"接待驻村干部、招商引资、修路、调解邻里矛盾，他为村里干了不少活，也得罪了一些人。有一晚，焦波接到张自恩的电话，"他喝了点酒，在山上呢，问我能不能来一趟。"焦波带着摄像机赶过去了，一见到焦波，张自恩就哭了，诉说心里的烦闷，摄像机也记录下这位基层村干部的真实心理状态。

对于"过去时空"中的故事，创作者可以运用多种手法来还原，可以通过追寻往事的过程来展开述说，可以利用过往事件发生的现场环境来进行情境式追忆，可以让见证者来回述往事，还可以运用资料画面。

五、以画面为依托

纪录片是通过视听手段来呈现事实的。纪录片专家冷冶夫曾将纪录片的创作手段总结为主题事件化、事件故事化、故事人物化、人物细节化、细节画面化。可见，画面是纪录片的最终依托。

新闻纪录片同样以视觉艺术为本体，故事与情节都要尽量通过画面语言来呈现，用镜头来说话。英国纪录片大师约翰·格里尔逊(1898—1973)说："不要相信凭旁白就可以讲故事，结合画面及声音才能完成此事。"可见，画面的感染力和冲击力是任何解说旁白和音乐音响都无法替代的。

创作者要运用跟拍、同期声、长镜头等纪实手段，获取广泛的画面素材，记录生活流程、人物心态和环境气氛；还要运用蒙太奇技巧，突出重点细节，将有意义的场景画面、人物举止等形象生动地呈现出来。

1938年上半年，荷兰纪录片大师尤里斯·伊文思带着摄像师约翰·费恩豪特和罗伯特·卡帕来华拍摄新闻纪录片《四万万人民》(1938)。该片记录了中国军队在台儿庄战役中与日军展开的激烈战斗；汉口八路军的重要军事会议上，周恩来、叶剑英等领导人讲话和研究军事形势的情况；西安人民举行抗日游行的场面……作品在美国和法国上映后，引起轰动，让西方世界认识了一个在“在战火中形成的中国”。

4月1日，摄制组从武汉动身前往抗战最前线——已鏖战两月的台儿庄。4月3日，摄制组到达徐州，刚下火车就看到站台上躺着四具尸体。死亡宣告着战场已近在眼前。伊文思的摄像机对着这些尸体，拍摄了他们到达中国后的第一段胶片。

当天下午，他们就见到了正在指挥徐州会战的李宗仁将军。伊文思对李宗仁的印象是“长得矮小结实，性格开朗”。大战正在进行，李宗仁只给了一个小时的采访时间。他在桌子上勾画了一幅草图，为摄制组介绍战局。这段画面由罗伯特·卡帕掌镜拍摄了下来。伊文思评价这段难得的镜头时说：“很显然，我们到的正是时候，中国军队包围了日本人。在中国历史上第一次，她的军队是团结的。”

当晚，摄制组再次乘上火车，继续向前线进发，沿途皆是源源不断开往前线的中国军人。为防止日军轰炸，火车灯光全部关闭，在一片漆黑中隆隆行进。在4日清晨，他们到达设在杨家楼村的前敌指挥部，采访到准备与日军进行贴身肉搏战的中国官兵。伊文思记录了一句中国军人的决绝之语：“我们必须在这里一战，不然连死的地方都没有了。”

4月5日，他们在台儿庄附近的一片小树林用电影胶片记录了中日两军激烈交锋的画面。伊文思回忆说：“我拍了战争，拍了一个在战争中瓦解，又在战火中形成的国家……”在一处火炮阵地，中国火炮观察手将瞄准望远镜借给他们，让他们看到了几公里外的日军阵地。中国炮兵甚至为摄制组拍摄而进行了一次炮击，对面的日军阵地冒起浓烟。遗憾的是，因距离太远，他们未能拍摄到。

4月7日，摄制组得知中国军队已经获得台儿庄战役的胜利。下午，当他们进入台儿庄时，呈现在眼前的已经是一片废墟。城墙上满是炸坑和弹孔，墙根处的树木没有一片叶子，树皮也被弹片剥落，光秃秃的枝丫伸向天空，像一双双死人的手。城内没有一间房子是完整的，一座教堂的门上挂着牌子，上面用英文写着“教堂，请勿骚扰”，而门后的建筑已经变成了一地的碎砖。

他们拍摄了站在台儿庄城墙上的中国士兵，以此标志中国军队的胜利。但更多的画面上，记录的是战争带给人们的苦难。一位妇女独自坐在一片瓦砾和碎木板旁，沉默地枯坐着。伊文思拍下这幅画面后，询问她为什么会在这里。“她答复我们，本来我们也应该想到，那是她的房子，现在什么也没有了。”

三位老人在一个墙角挤成一团，呆呆地注视着眼前一个孩子的尸体，那可能是他们的亲人。当摄像机对着他们的时候，他们忽然捂着脸惊叫起来——摄像机看上去像一个黑乎乎的武器。端着它的费恩豪特，此时头上正戴着在废墟中找到的一件纪念品——一顶日军钢盔。

1938 年 5 月，已回到武汉的摄制组采访了八路军驻武汉办事处，将周恩来、董必武、叶剑英、林伯渠等人开会的画面摄入了纪录片。[①] 6 月，武汉会战爆发，他们又拍摄了一些空袭的镜头，基本完成了拍摄工作。[②]

可见，通过深入采访，创作者可以捕捉到丰富的画面素材。之后，还要充分运用蒙太奇手法将这些丰富的视听材料合理而巧妙地组接起来，使之成为有机统一的整体。而运用蒙太奇手法组接镜头的方式大致有两种类型，即连续式与跳跃式。

连续式是按照事件的经过和人物的经历来安排组接视听材料，可以让观众清晰地了解事件起承转合的整个进程。跳跃式则是将不连续的镜头画面剪辑在一起，进行跨越时空的组合，以表达某种意境、情感或观点；可以根据表达的需要，更为自由地组合视听材料，既紧凑，又富于表现力。

六、以声音为辅助

在声画兼容的纪录片视听体系中，视觉元素与听觉元素都不容忽略，既要以画面为依托，又要以声音为辅助。新闻纪录片同样要以完整、协调的视听形象来感染观众。解说、音乐、音响都是纪录片中声音语言的重要构成要素，尤其是解说词的功能更是不可低估，对于画面的串联、内容的阐释、背景的交代、情节的叙述、主题的升华、情感的抒发、意境的烘托、气氛的渲染等，都会起到至关重要的作用。

写作解说词，首先要进行整体规划，根据主题表达的需要，将声画素材合理排列。如果这些素材本身就能够完整而流畅地讲述故事、呈现事实、揭示意义，就不

---

① 1938 年，伊文思拍摄完成纪录片《四万万人民》后，将他的一部“埃姆”摄像机和两千英尺空白胶片秘密送给了八路军驻武汉办事处。这年秋季，左翼影人吴印咸带着摄像机和胶片来到延安，成立“延安电影团”，即后来的中央新闻纪录电影制片厂的前身，拍摄了大型纪录片《延安与八路军》。这台摄像机现存于中国历史博物馆。

② 董少东：《1938 年，卡帕在中国》，《北京日报》2012 年 9 月 11 日。

需要使用解说词。但在多数情况下，还是需要配以解说词来求得表达的完善。

解说词的写作要符合以下三点要求：

其一，目的性。

解说词的使用，自有其目的。当画面叙事不够清晰时，解说词要起到阐释、说明的作用；当画面表现不充分时，解说词要起到补充、完善的作用；当若干似无联系的画面连接在一起时，解说词要起到承上启下、连贯黏合的作用；当创作者的主题意识亟待表达时，解说词要起到抒情写意的作用。

其二，整体性。

解说词的各段落要相互联系，组成一个有机的整体，详略有无、风格样式，都要依据整体表达的需要。开端部分要引起话题，导入故事，激发观众的兴趣。主体部分要串联视听形象，使之紧凑连贯；要揭示内在意蕴，保证表达清晰。结尾部分要总括全篇，画龙点睛，升华主题。

其三，审美性。

解说词要与画面相互配合，共同营造出丰富的审美意境，既要符合新闻语言的一般要求，如简明扼要、准确鲜明、具体形象、生动传神等，又要遵循电视传播的特殊要求，如通俗化、口语化等，还要具备文学语言的更高要求，能够感染观众、打动人心。许多优秀纪录片的解说词，或简洁凝练，或优美流畅，或鞭辟入里，或幽默诙谐，或饱含哲理，或情趣盎然，往往让人回味无穷。

例如，中央电视台体育频道《天下足球》栏目的著名编辑王涛曾为2006年世界杯和2010年世界杯，分别创作了纪录片《蓝色狂想》(2007年)和《新王加冕》(2011年)，解说与音乐的运用俱佳。其撰写的解说词由央视著名播音员朱广权配音，文辞优美，情理交融，意蕴深长。下面节选《新王加冕》解说词的开端段落：

炫目的阳光，为古老神秘的非洲，披上了华丽的金色外衣。这片大陆，在静静地等待着世界杯盛宴的到来。这里有肥沃的土壤，这里有碧蓝的海洋，这里有非洲最璀璨的文化，这里的人们曾经为了自由平等而抗争，这里是南非。

金光四射的大力神杯，它的光芒第一次照射在辽阔的非洲大陆。

四年前，风雨飘摇的意大利足球，在逆境中重生，夺走大力神杯。四年之后，队长卡纳瓦罗、教练里皮，和这支严重老化的意大利队，再战世界杯。

同样面临阵容老化问题的，还有法国队。由于大量非洲球员在法国踢球，法国被非洲球迷看作是自己的第二主队。

葡萄牙因为它的当家球星——克里斯蒂亚诺·罗纳尔多而备受关注。要想成为球王，C罗必须在世界杯上书写传奇。

相比C罗，梅西的背后是更加强大的阿根廷队，以及这届世界杯关注度最高的主教练——马拉多纳。

新科欧洲冠军西班牙队，在驻地轻松的氛围中，开始了自己的南非之旅。他们是南非世界杯上的夺冠大热门。

2010 年 6 月 11 日的中午，几名南非空军飞行员严阵以待。他们在开幕式上的特技飞行表演，将拉开南非世界杯的序幕。在这个夏天最具标志性的声音符号——呜呜祖拉的震天声响中，南非世界杯揭开了大幕。

由于重孙女突然遭遇车祸身亡，南非领袖曼德拉没能出现在万众瞩目的开幕式上，也没能为南非队首战助威。南非人很快从遗憾中调整情绪。他们一路跳着民族舞蹈，走进约翰内斯堡足球城体育场。

对于每一位南非球员来说，能在世界杯的舞台上为祖国而战，是一种至高荣耀。南非人民希望巴西名帅佩雷拉能赋予南非足球世界冠军的气质。

查巴拉拉的进球，让整个南非沸腾了。这是 2010 年世界杯的第一粒进球，也是在非洲大陆举行的首届世界杯的第一粒进球。

来自中北美洲的墨西哥队，在主教练阿吉雷的调教之下，拥有一种坚韧的气质。这种气质让墨西哥足球并没有淹没在足球城体育场 9 万人的呐喊声中。

马克斯将墨西哥队从失利的边缘中拯救出来。这场被认为决定东道主能否出线的最关键战役，南非人痛失好局。

……

当然，解说词的使用要恰到好处、适可而止，以有尽之言留给观众无穷之韵；不可随意滥用、喧宾夺主，也不可空话堆砌、言之无物，更不可咬文嚼字、卖弄辞藻。

第六节 电视新闻的动画手段

随着电视新闻节目表现手段的多样化，简单的画面配解说显然已不够。许多电视新闻节目在追求真实性、客观性、全面性的同时，还常采用动画手段来进行补充，甚至出现了动画纪录片，如以色列、德国、法国联合出品的反映“贝鲁特大屠杀”[①]的作品——《和巴什尔跳华尔兹》(2008 年)。可以说，动画手段凭借生动形象的“真实再现”效果，已在电视新闻中得到了越来越广泛的运用。

---

① “贝鲁特大屠杀”，发生于 1982 年 6 月爆发的“第一次黎巴嫩战争”(又称“第五次中东战争”)期间。1982 年 9 月 15 日至 17 日，黎巴嫩的基督教长枪党民兵在以色列的武装和包庇下，对位于黎巴嫩首都贝鲁特的巴勒斯坦难民营进行了整整 40 个小时的野蛮屠杀，死亡人数至今无法确切统计。

2013年11月22日上午10点，青岛中石化输油管道发生泄漏并引发严重爆炸。中央电视台作为舆论宣传的重要阵地，因其时效性、专业性和权威性，在第一时间承担了整个事故的报道工作。各地方电视台也迅速加入到报道此次漏油爆炸事故的工作中来。央视在报道青岛中石化管道爆炸的新闻中，就运用了Flash动画手段来演示爆炸形成过程。具有现场感的动画演示，还原了灾难发生的过程，进一步加深了观众对于此事件的认知。

其实，早在1918年，美国动画家温瑟·麦凯就曾使用25000张手绘画稿展现英国“路斯坦尼亚”游船被德国潜水艇击沉的事件。如今，在新技术推动的音视频信号的传送过程中，依靠记者在现场的新闻记录及后期编播时的动画技术整合，使得新闻的报道在提供纪实性画面内容的同时加入动画形式，报道内容真实而又形象，更易于观众理解和接受。但是，也要看到，在此种呈现手法的背后，依然存在新闻真实与部分渲染的悖论，也存在真实与演绎的角力。

一、动画手段应用于电视新闻的优势

1. 网络传播模式：增强硬新闻的亲和力

“闻”在《说文解字》中这样解释：“闻，知声也。”侧重于耳朵听。此次青岛输油管道爆炸的新闻，我们如果只是听到报道，所注意到的信息，就是“青岛”、“输油管道”、“死伤人数”，听到的资讯其真实性和可感性显然是低于视觉的。借用麦克卢汉的观点，电视是手、耳、眼的延伸，电视带来的新闻信息的传播体现在一种声音和视觉的并行运用上。在数字时代的今天，新闻报道集中于独家性、时效性和权威性，尤其是“独家”和“时效”更成为新闻传达率的关键。同一新闻可以在多种媒体平台报道、官方和民间讨论中迅速发酵。就像此次的青岛输油管道爆炸事件，全国乃至世界的眼光聚焦于这一突发性新闻，电视台的编辑、记者用最短的时间去整合这一新闻资源并进行有效的传播，凭借央视平台的传播影响力，在共创的空间里，在时间的延宕中，以最专业的新闻职业素养来更快速、更真实地去报道。

此次青岛漏油事故，灾难性的死伤数字令国民震惊，如果没有一个事故发生的动态演示作为补充报道，我们有理由担心会造成对于城市建设安全的社会恐慌。Flash动画所产生的虚拟表达效果，既保证了信息传播的完整性，同时在新闻“硬”性的现场报道中，拉近了公民对这一信息的感受，缓和了屏幕隔开的信息传播与受众接收之间的“陌生感”。

2. 生动形象表现：拓展非故事性新闻视感

新闻报道已经从文字阅读到图文并用，从单纯的视或听到今天的视听融合。

新媒体技术的应用使得动画的表现形态不仅应用于自身，还应用于跨媒介、跨内容的新闻报道中。整合多种表现手法，加上富有创造力的二度创作，使得单调的新闻采编也能变得更形象、更生动。

新闻语言的传播形态是语言传播和非语言传播，而动画语言的传播形态是视觉语言和听觉语言。在严肃的灾难性事件报道中，央视的这次青岛漏油事故报道运用 Flash 动画，从受众接收的角度来看，既保有新闻采写的真实性，又采用了动画假定性的表达手法，使得虚拟的视觉呈现与真实的现场报道相结合，激发观众对于爆炸产生原因的联想，突破以往只是为了报道而报道的简单播报方式，转变成更加注重与观众情感上的交流。

虽然是动态的虚拟画面，但是却尽可能真实还原当时发生的情境，不仅不会美化灾难性的画面效果，反而在动画技术的推动下，把现实中没办法拍到的画面予以再现。爆炸发生在上午 10 点，对于记者来说那一瞬间的采写是不可能的，但动画经过艺术的处理，能够以最接近现实的方式进行逼真的表现。动画作为一种独特的图像形式具有很强的叙事能力和视觉效果，不仅能在单位时间内扩充传播信息的数量，大幅提升新闻报道的效果，更能减轻受众在信息获取过程中的心理负担。

3. 制作方式快捷：突出电视新闻的时效性

新闻报道的最基本要求就是客观真实，并且在实际业务工作中还强调两个"第一"：第一时间、第一现场。能够看到央视这次采用的表现形式是 Flash 动画。动画的表现形式有平面的、立体的和计算机技术的，但是之所以选择计算机 Flash 动画也有其快速方便的优势所在。为了弥补没办法拍摄的画面，同时也为了保障新闻内容的完整性和时效性，Flash 动画的演示虽是对于事态的加工创作，但是运用最简朴的表现方式不仅节约了时间，还能带来一种真实感的表达。

新闻的时效性，不仅指报道的"第一时间"，背后还暗含着另一个最基本的要求，即全面性。电视新闻有着自己独特的时间点，如果一味抢时间而忽略了提供给观众最全面的信息内容，则会使现场报道的准确率大打折扣。动画形式作为一种现场新闻采写的补充，用视听技术所承载的内容来报道事件的显性和隐性内涵，打破了纸质媒体上文字的表达局限。这次"11·22"输油管道爆炸报道，除了现场图片和影像，加上 Flash 动画的展示，这种多技术的组合，形成了现场感完全呈现的事实流动。

二、动画手段应用于电视新闻的质疑

1. 导/编模式下：真实与演绎的对立

新闻的专业主义要求记者以客观、真实、准确的态度去报道事实，挖掘事实的真相，把事实的原生态展现在受众面前。它最突出的特点是，相信可以从非党派、非团体的立场客观地报道新闻事实。新闻专业主义的目标是服务于全体人民，而不是某一利益团体。电视媒体在影响力、权威性方面要远超网络。具有喉舌功能的央视，在面对灾难性事件的报道上，必须以最强的时效、最严谨的态度来采写。

动画在这次事件报道中，带来生动性的同时，由于在制作过程中产生了时间间隔，也带来了对真实性最大的挑战。在现场报道中，新闻工作者成为了事件的传声器，也是舆论的引导者。在某种情境下，尤其是现场情况复杂的突发性事件中，Flash 动画能否真正还原现场震慑力？如果太过于忠实现场感是否会产生新闻的“负效应”？此外，在什么情况下使用动画作为补充报道又要进行区别对待。动画的绘制技法应用于“11・22”事故，是否存在现场描述非真实性的缺陷，这种信息真实的不确定性，直接影响传播效果，既而形成“公共舆论”话题转向。之所以从制作的真实性扩展到社会舆论问题，可以从 G. W. 奥尔波特和 L. 波斯特曼给出的公式来予以考察：

$$R=i\times a$$

这是指谣言的强度(R)等于消息的重要程度(i)和环境不稳定程度(a)的乘积。大环境越不稳定，消息越重要，谣言的传播效果也就越强。后来，其他的研究者考虑通过往奥尔波特公式中加入主观因素来克服原有体系的缺陷，进而提出了一个新的公式：

$$R=i\times a\times 1/c$$

其中“c”指听、传的参与人的批判能力。批判能力强的话，谣言要进行听、传就会特别困难。必须看到动画的真实性问题是在受众眼中所呈现的，也直接影响了受众对事件的批判能力。而对于谣言的预防，新闻采写的工作尤其重要。既然事件报道构成了观众的认知环境，那么准确、客观的采编与否直接影响到事件后的谣言效果。因此动画这种非真实感的成像方式，其使用规范要严格遵循事实状况。

2. 5W 要素分析中：艺术与呈现的表意叙事

在新闻的报道中，构成一则完整的新闻最基本的要素也是构成新闻真实性的主要结构是：每一个具体事实，每个最小时间单位出现的新闻迹象都必须合乎客观实际，在新闻报道中的 5W＋1H——时间(When)、人物(Who)、地点(Where)、事情(What)、原因(Why)和经过(How)都经得起一遍遍核查。二维动画在电视中流畅播放每秒需要绘制 25－30 张图画，在这样一个制作要求下，5W 的要素相对比较好满足。在青岛漏油管道的动画演示中，运用画外音的手法进行新闻报道的补充，交代事件发生的整个过程，但是我们还是要提问，真正发生的经过比如事件发生时的施工人员操作问题，政府应急问题，周遭居民反应等一些伴随爆炸所并发的内容怎样来展现？尽管动画的应用在此次事件中只是为了演示爆炸发生的状况，但是由于关键信息的缺失，也会让人感觉到一种表现形式的乏力。

由于制作时间、技术水平等方面的限制，动画演示并没有大规模应用。在未来的新闻报道中，用动画来表现突发事件，制作的要求要符合新闻传播的规律，其中最应该得到注意的就是，艺术呈现的绝非狭义的事实展现，新闻的“How”内核包含太多相关性信息，所以让 Flash 动画与新闻评论相结合，邀请专业的评论员对动画进行解说，而非简单介绍，这样反而会带来新闻影响、传播价值的更大化。

3. 新闻动画下：客观与创作的动机效果

动画技术应用于新闻可以带来前所未有的视觉形象化，这弥补了长久以来新闻采写中的不足。但是动画这种特殊的影视制作技巧，必然会带来视觉的失真，而画面的呈现效果与实际状况如何，这是一个难以摆脱的困境。例如，在动画技术的使用中，爆炸瞬间画面的渲染程度所带来的视觉冲击是否与当时事故相一致？这是一个难以确认的事情。

那么，既然没办法评估真实性的问题，就要回归到新闻报道最初的动机。新闻从业者在任何报道中都伴随着主体的动机，而这个动机也附着于其服务的新闻媒体机构上。如果动因是良性的，且属于正常报道的范围之内，那么制作出来的动画效果则会相对接近于实际情况。提出此问题的关键在于，仔细分析青岛漏油爆炸演示动画我们发现，画面中的爆炸强度，这个目前呈现在我们面前的爆炸效果，是否能给观众带来较大的视觉震撼呢？如果没有的话，是否存在动画制作的专业性和新闻采访的真实性不可调和的问题？当然还有另外一种可能性就是渲染过度，如果渲染过度，那么新闻报道后产生的舆论导向问题该如何处理呢？

在社会传播环境风云变幻的今天，新闻采写方式的多元化缩小了媒体机构与普通受众之间的信息鸿沟。在分析新闻报道的影响因素时，应该看到电视新闻作为社会关系链接节点的角色作用。通过新闻有序报道，平衡社会关系中的交往关系，这是对当今新闻报道者的基本要求。

以央视报道青岛输油管漏油事故的新闻为例，动画手段的应用，有使电视新闻报道丰富化的重要意义，但也显现了动画手段新闻化延伸出来的负面意义。在今后的电视新闻报道中，如何做到表现手法的生动呈现，同时又遵循最基本的新闻传播规律，是值得思考的问题。

第六章 新兴媒体的新闻采写

第一节　从“融媒体时代”到“自媒体时代”

第二节　从“新媒体记者”到“公民型记者”

第三节　从“三板斧写作”到“三结合报道”

第四节　从“网络轻新闻”到“手机微新闻”

曾有网友以一首《江城子》来调侃当前的网络现状："十年生死两茫茫，百度兴，谷歌亡。三六零出，卡巴话凄凉。纵使相逢应不识，推特死，脸书墙……导航网，已无常，全靠微博忙，纸媒泪千行！"

蓬勃兴盛的新兴媒体早已彻底颠覆了原有的信息传播模式，也使传媒竞争变得更加激烈。通过网络新媒体进行新闻传播，能实现多媒体传播，图文声像俱备，速度快、范围广，传播、接收、储存、检索都十分便捷。

相较而言，平面媒体作为传统媒体中资格最老的"第一媒体"，受到的冲击最大。传统的纸媒只能以文字、图片诉诸视觉，其信息传播在客观上受到时间、空间的限制。在竞争日趋激烈的情况下，许多国家的纸质媒体难以为继，甚至频现"倒闭潮"。

2012 年，在传统的"纸媒大国"——德国，平面媒体业经历了联邦德国建立以来的最大"倒闭潮"。《法兰克福论坛报》、《德国金融时报》、《纽伦堡晚报》三家颇具影响力的大报在一月之间接连宣告破产，造成上千人失业。对此，德国劳工部表示，新闻业的失业人数从未有过今天这般规模。

而中国的传统新闻媒体也同样感受着巨大的压力与冲击，甚至已经有网友总结出了"买报盈利"的经验："我妈年初订了两份报纸，共花了 180 元。到年底的时候这两份报纸卖废纸共收入 206 元，折合年度化收益率为 14.4%。这可比银行存款利率和 CPI 的涨幅都高不少，估计就算炒股也不会比这个收益率更高。"

无论你见或不见、愿或不愿，我们如今都已进入这个"网络凯歌唱，纸媒泪千行"的时代。网民借助于互联网能够在第一时间获取发生在世界各地的新闻信息，网络以消除时间差距的手段把世界压缩成一个没有空间间隔的平面。

因此，组建优秀的数字化新闻记者队伍，学会运用新媒体技术来采写新闻，成为在"全媒体时代"培养卓越新闻人才的燃眉之急。

第一节　从"融媒体时代"到"自媒体时代"

中国的新媒体新闻事业发端于 1998 年，先后经历了两次飞跃：

"第一次飞跃"始于 2000 年至 2001 年的"世纪之交"，开启了为期十年的"融媒体时代”,即实现了传统媒体与新兴媒体的互融;而“第二次飞跃”则始于2010年至2011年的“年代之交”,开启了绵延至今的“自媒体时代”,即实现了新闻媒体与新闻受众的互融。

2000年,网络传播业的发展在全球范围内已是如火如荼,而在中国则是方兴未艾。鉴于信息技术迅速发展给社会生活带来的深刻变化,中央宣传部门和各新闻单位高度重视网络阵地的建设,开始以传统主流媒体为班底来组建网络新闻的“国家队”,《互联网站从事登载新闻业务管理暂行规定》等网络新闻管理法规也相继出台。

网络新闻出现后,传统主流媒体的声音在新的传播渠道中显得并不“嘹亮”。越来越多的网民将越来越多的商业网站作为自己的新闻来源,并因这些新闻与传统媒体新闻的差异而产生好奇甚至信任。面对挑战,各大主流新闻媒体纷纷组织力量,扩大自己的网络宣传队伍,建设自己的新闻宣传网站。一时间,整个网络新闻领域里掀起了建设“国家队”的强大浪潮。

其中,并称“中央三大主流媒体”的新华社、《人民日报》、中央电视台实力最为雄厚,在组建网络新闻宣传的主导力量方面堪称代表——新华社网络版更名为“新华网”,《人民日报》网络版更名为“人民网”,中央电视台建立起“央视网”。至此,“中央三大主流网站”形成,并被列入中央重点新闻网站,竞争力明显增强,成为“网媒国家队”中的主力军,并逐渐以更为独立的形象呈现在网民面前。

同时,网络新闻“国家队”的建设也得到各领域、各部门的大力支持。2000年7月28日,中国电信集团公司与人民日报社、新华社、中国日报社、中国国际广播电台、中央电视台、中国国际互联网新闻中心、中国青少年计算机信息服务网等七家单位宣传网站签署合作框架协议。根据协议,中国电信将积极支持重要新闻宣传网站的建设,优先为这些网站提供足够的信道带宽支持,并为七家新闻宣传网站的服务器托管提供优惠服务。

显然,这种做法传递的一个信号就是要将一些重要的媒体网站“做大”,通过有意识的扶持,让少数几家媒体网站成为网络新闻传播中的“航空母舰”。随后的8月7日,《北京青年报》在“IT时代”头版以《网络媒体九大巨人诞生》为题,报道了国内九大网络媒体亮相的消息,其中又多了千龙新闻网、东方网和南方网。文章评论称:“九大网站的诞生证明了中国网络媒体的真正出世。”

2001年,是世界的“世纪元年”,也是中国的“入世元年”。随着中国正式加入世界贸易组织(WTO),对外开放进入新的阶段,中国进一步向信息社会迈进。2001年5月25日,在国家信息产业部的指导下,由国内从事互联网行业的网络运营商、服务提供商、设备制造商、系统集成商以及科研、教育机构等70多家互联网从业者共同发起的“中国互联网协会”正式成立。随后的8月23日，国家信息化领导小组重新组建，由时任国务院总理朱镕基亲任组长。

同年9月7日，作为国家确立信息化重大战略后的第一个行业规划，《信息产业“十五”规划纲要》正式发布，在“战略目标”中阐明：“到2010年，我国开始步入中等发达国家水平，并将初步进入信息社会，全社会信息资源开发利用的深度和广度明显提高，信息服务业快速发展，充分满足社会各方面需求，信息产业将成为国民经济的第一大产业，基本建成具有相当规模的、技术先进的国家信息化体系。”

中国政府由此提出全面的信息化构想，力图以信息化赶超工业化。这进一步巩固了信息产业的主干地位，也推动了网络新闻事业的大踏步前行。在国家的倡导与扶持下，手机新媒体业务也日渐蓬勃。2001年，中国手机用户已达8600万人，新的短信收费规定在年初出台，又为互联网开拓了“新大陆”。搜狐、新浪等网站正式获得“电信与信息服务业务经营许可证”，得以开展多种电信增值业务。搜狐、新浪分别于1月17日和5月22日正式推出手机短信服务。

于是，以中央重点新闻网站为龙头、地方重点新闻网站为骨干、商业网站积极发挥作用的网络新闻宣传体系逐步建成。新闻网站成为网络新闻信息的主要来源。2013年8月，中国互联网协会发布的2013年度“中国互联网100强”报告显示，新华网、人民网、央视网在新闻门户和中央重点新闻网站中位列三甲。

就在“融媒体时代”风生水起之际，中国网民又吹响了“自媒体时代”的号角。其实，互联网诞生后，新闻传播就已不再是报纸、广播、电视的专利。“在网络上，每个人都是一个没有执照的电台。”任何人，只要有电脑、调制解调器、电话线或网线，都能随时通过互联网发布信息，而且瞬间传遍世界。在第一代“自媒体”中，博客是佼佼者，曾经引导着网络舆论的潮流。

2007年1月26日，在“中国互联网发展状况新闻发布会”上发生了惊人的一幕——“我是一名博客，请问……”“野奔博客”的博主吴先生在发布会上提问时还有些紧张，在场的记者们无一例外地用惊讶的目光看着他。这一问可以被视作中国博客的首次提问，标志着博客等“自媒体”开始登上大雅之堂。

凭借着夜以继日的勤奋写作、旗帜鲜明的个人风格、直接对读者负责的独特方式，博客在互联网上的号召力赋予了他们合理的传播者身份。连《时代》杂志都为其捧上年度人物的称号，他们当然有资格在发布会上提问。“野奔博客”博主的首次提问宣告了一个“自媒体时代”的到来，“自媒体”已然具有了与主流媒体的传播活动分庭抗礼的地位。

“青,取之于蓝,而青于蓝;冰,水为之,而寒于水。”[①]如今,博客已是日薄西山,微博成为“自媒体”的代表。微博,是“微型博客”的简称,是一个基于用户关系的信息分享、传播、获取平台。用户可以通过WEB、WAP等各种客户端组建个人社区,以140字左右的文字更新信息,并实现即时分享。

美国的推特(Twitter)是最早和最著名的微博,而推特的诞生其实是一个偶然事件。2004年,伊万·威廉姆斯和好友斯通创办了Odeo公司。2006年,公司团队出现了问题——团队成员似乎没有了激情,更糟糕的是,当斯通和威廉姆斯需要某个人时,往往找不到人影,他们甚至很难召集一个会议。总有人询问技术团队一个问题:“你在干什么?”

为了解决这个问题,公司软件设计师多尔西花费了两周时间,在短信服务的基础上做了一些改进,设计出一个软件,通过发送短信回答“我在干什么”这个问题。

2006年年底,公司对服务进行了升级,用户无需输入自己的手机号码就可以通过网站接收和发送信息,这个看起来有点简陋的通信软件,就是推特的前身。后来,这一软件受到越来越多的人的欢迎,Odeo公司决定主推这项服务,并创办了Twitter网站。

Twitter的音译就是“推特”,主要用途是将人们的所见所闻、所思所想用最简单的几句话发布到网络上与朋友们分享。在这里,彼此加关注的朋友可以随时了解对方的生活和思想动态。

推特的图标是一只蓝色的小鸟,因为在英文中,Twitter的本意就是小鸟的叽叽喳喳声。事实上,这只蓝色小鸟的诞生正是为了满足人们的表达欲和分享欲,用一两句话告诉世人“你在做什么”。

登录推特的渠道有很多种,除了一般的网页登录,用户还可以通过手机、MSN、QQ等即时通讯工具向推特平台发布不超过140个英文字母的信息,随时随地记录人们的思想和感悟。这种多样化的渠道,保证了时时有用户在线,时时都在发布信息,打造出一个“永远在线”的世界。

那么,为什么会有140个英文字母的限制呢?

这要追溯到推特的最初功能。推特在设计之初主要是提供多媒体微博社区服务,目的是便于好友之间通过手机发送文本信息,彼此分享生活中的片断。当时,一条手机短信的最大容量是140个英文字母。短信息作为推特的原始文本,其140个字母的限定决定了推特文本的最大容量。

推特自2006年创办至今,已经有八年的历史,虽然时间很短,但它却创造了互

---

① 此语出自《荀子·劝学》。

联网发展史上的一个奇迹。2011 年 8 月 15 日，推特在 Alexa 全球互联网公司排名中位居第九。

推特的巨大成功在第一时间吸引了中国内地创业者的目光。国内运营博客业务最成功的门户网站——新浪在 2009 年推出了如今风生水起的新浪微博。

2009 年 8 月，新浪推出“新浪微博”内测版，成为门户网站中第一家提供微博服务的网站，微博正式进入中文上网主流人群的视野。2009 年，中国微博注册用户只有 800 万，但浏览微博开始成为中国网民上网的主要活动之一。

然而，国内网站在引进推特服务模式时，照搬了 140 这个数字的限定，却没有考虑到 1 个汉字占用 2 个英文字母的实际情况。因此，这种“误搬”使得中国微博的最大信息容量相当于 280 个英文字母，比推特的信息容量大了一倍，这就使中国的微博表达能力比推特更强。

2010 年堪称中国微博的“勃兴元年”，开启了“自媒体时代”的飞跃。国内微博如雨后春笋般涌现，新浪、腾讯、网易、搜狐四大门户网站均开设微博。截至 2013 年 3 月底，新浪微博注册用户数增长到 5.36 亿，比 2012 年底增加 6.6%；微博日活跃用户数比 2012 年底增长 7.8%，达到 4980 万。

中国内地的微博从起步到达到如今的用户数量，仅仅用了四年时间，超越了任何一种媒介的发展速度，成为社交媒体中最为活跃、最炙手可热的平台，也彻底改变了媒体信息的传播模式。微博中诞生的各种热词可以迅速走红网络，微博上的很多热议话题也能迅速成为社会热点。“一剑能当百万师”的“微博效应”逐渐形成。

合理运用“自媒体”往往可以散发出有益的正能量。例如，越来越多的有识之士开始借助微博来发布信息，倡导微公益。在云南彝良荞山田坝小学，200 多名学生以前要趟河上学，为此，校长开通了微博账号——“彝良潘修明”，讲述孩子们的处境：“没有桥，曾有 10 多人被河夺去生命……”很快，他筹集到 30 余万元，修建了三座人行桥。他还募集到冬衣、课桌等物品，使 4800 多名学生通过微博受益。

作为新媒体新闻传播工具，以微博为代表的“自媒体”集合了自我传播、人际传播、组织传播、大众传播的特点；在互联网平等、去中心化和反权威精神的基础上，融入了个人性、即时性、互动性，打造出更为自由、开放的新闻信息交流的平台。

微博既不同于传统媒体的线性传播，也不同于网络媒体的网状传播，而是一种裂变传播。这种传播形态的传播速度之迅捷、传播密度之深密、传播方式之便利，远非以往的媒介所能比拟。这种信息传播形态所带来的影响，已经渗透到社会的每一个角落，显现出强大的威力。

2008 年 11 月，孟买发生恐怖袭击事件，推特在该事件中充分发挥了其新闻传播工具的潜质。“孟买恐怖袭击事件的第一手报道是由推特率先播报的，而不是传统媒体。目击者的现场报道以每5秒约80条的速度源源不断地出现在推特上。这些信息一部分来自于已经被恐怖分子控制的酒店内，另一部分则是由那些试图组织献血及其他公共服务的志愿者们提供的。”这说明，微博等“自媒体”作为一种媒介，除了沟通交流外，还可以成为突发事件的重要信息来源。

2009年夏天，流行音乐天王迈克尔·杰克逊的死讯报道让推特再次风光。在尚未有权威信息出现之前，大批歌迷已经赶到杰克逊就医的洛杉矶加州大学医院，他们的消息为什么这么灵通？答案是推特。了解内情的网民通过推特宣告了杰克逊病危的消息。在杰克逊的死讯传出后一个小时，推特上冒出了6万多条有关杰克逊死亡的信息。“自媒体”在突发性公共事件中的快速反应，足以令CNN这样的媒体汗颜。

当然，“自媒体”的流行也如“双刃剑”，在显现出超强威力的同时，又忧患丛生。于是，“网络舆情分析师”出现，并成为一项官方认可的职业。他们负责收集网民的观点和态度，整理成报告，递交给决策者。2013年10月14日至18日，人民网舆情监测室举行了首期舆情分析师培训，考试合格者将获得“网络舆情分析师”的身份证明和从业凭证。目前，中国至少有200万人从事这一职业，分布在党政宣传部门、门户网站、商业公司等机构中。

“自媒体”传播所伴生的忧患不容忽视。首先，在“自媒体”传播中会出现很多碎片化的信息，它们往往支离破碎、难辨真伪。2013年11月12日，陕西省咸阳市科协主席亚斌建一行到兴平市调研，随后兴平市政府网刊发了调研消息，并配发照片。15日，该照片被网民以“陕西咸阳市科协主席穿鞋套下乡调研”为题上传到微博，引发媒体关注。16日，咸阳科协回应称，穿鞋套只是因考察无菌组培室需要。

其次，在“自媒体”传播中往往潜藏着诸多社会负面情绪，容易在网络上滋生出偏激与盲从的群体情绪，各国社会均需警惕和防止网络舆论挟持行政与司法、扰乱社会风气。2013年12月4日，英国就宣布将以往只适用于传统媒体的“蔑视司法尊严罪”扩展到社交媒体，以限制网民们在社交网站上妨碍司法的种种行为。英国总检察长多米尼克·格里夫认为，如今借助新技术，一个人只需要发一条推特就能影响成千上万人；社交媒体拥有“光明的前景”，却给司法系统造成了冲击，必须提醒网民法律的严肃性。

最后，在“自媒体”传播中容易掺杂进造谣诽谤、侵犯隐私、损害名誉等违反道德与法律的行为。2013年8月15日闭幕的中国互联网大会就曾发出倡议，号召全国互联网从业人员、网络名人和广大网民一起坚守“七条底线”：法律法规底线、社会主义制度底线、国家利益底线、公民合法权益底线、社会公共秩序底线、道德风尚底线和信息真实性底线。

可见,“自媒体时代”的成熟期还远未到来。在运用“自媒体”服务于新闻传播时,如何扬其长、避其短,既满足个体需求,又防范负面影响,是新时代新闻工作者需要谨慎思考与把握的课题。

第二节 从“新媒体记者”到“公民型记者”

互联网的出现,使新闻传播变得更为迅捷和便利。任何一位普通网民,即便不是正式记者,也可以将自己获得的有价值的新闻信息,通过互联网以最快的速度传播出去。在这个空前开放的网络传播新格局中,秉承专业精神的“新媒体记者”和起于民间社会的“公民型记者”是新闻报道的两支主要力量。

新媒体记者的主力是网络媒体记者。网媒记者以网络媒体为从业单位,应具有专门性。网络媒体刚刚出现时,其新闻采写人员主要还是传统新闻媒体的记者。但随着网络新闻业的蓬勃发展,网络媒体记者开始正式步入新闻采写领域。在网络媒体上,网民越来越多地看到“据某某网消息”而非“据某某报消息”的字样。“据某某网消息”的字样越多,说明网媒记者的专门性越强。

例如,在 2000 年 9 月举行的悉尼奥运会期间,网媒记者大出风头,一些重要的消息均是由网媒记者“力拔头筹”。9 月 16 日早晨 8 点 21 分,新华奥运网站率先播报本届奥运会首枚金牌产生的消息,在与国内外网站及各通讯社激烈的“新闻金牌”大战中,勇夺第一。

网媒记者同样是专业新闻记者,也应具有专业性。在新闻网站上,并非任何人都可以随意采写和发布新闻。网媒记者必须具备执业资格,在从事新闻工作的过程中同样要受到新闻法规的约束。

当然,新媒体记者与传统媒体记者在新闻报道方面也有很大的不同。

第一,在报道意识上,传统媒体记者提供的是经得起检验的、责任感强的、规范化的信息。而新媒体记者则要提供适销对路的、富有个性的、极具吸引力的内容,必须转换观念,否则就会在与千千万万“公民记者”的竞争中遭到冷落。

第二,在报道过程中,传统媒体记者采写新闻往往由编辑部授意、指挥、把关、核实,送稿之后,由编辑进行后期制作;常常是集体运作的结果,结合了众人的智慧。新媒体记者则往往是孤军奋战,独当一面,要采编一体、文责自负,显然更为艰辛。

第三,在报道特点上,传统媒体记者受到很多限制,报纸传播要受到发行时间、版面篇幅、文体格式的限制，广播、电视传播要受到播出时段、顺序、音像传播规律的限制，这些限制使记者宜于养成某种思维习惯而驾轻就熟。网络传播却拥有更大的自由度，不受时空限制，可以迅速地随时随地发布新闻，瞬间传遍全世界。而且，其信息容量是无限的，可以用超链接的方式来立体地发布新闻。这种自由度要求新媒体记者必须始终保持旺盛的精力、活力与创造力，否则难以适应。

第四，在报道手段上，传统媒体比较单一：报纸主要依靠文字、图片，广播主要依靠语音，电视主要依靠声像。而网络媒体是以跨媒体的手段来传播新闻，要融合平面、广播、电视媒体的传播技术，实现文字、图片、声音、画面等元素的有机结合，再用独特的网络话语形式来传播新闻内容。因此，新媒体记者单凭传统媒体的新闻写作经验，往往力不从心。

由此可见，在网络传播中，传统的新闻报道模式被打破，取而代之的是一种全新的、富有创造力的报道方式。这对新媒体记者提出了更高的要求：

首先，网络传播比其他媒体传播要迅速得多。新媒体记者要有极强的现场采写能力，能以最快的速度采写第一手的新闻报道。

其次，网络信息泥沙俱下、真伪难辨。通过网络获取新闻信息与线索，必须谨慎，新媒体记者要有极强的鉴别力。

最后，新媒体记者应是掌握多种现代技术的复合型人才，能熟练运用数码技术，懂得计算机程序语言，会用多媒体技术制作网页，能充分利用文字、图片、音频、视频、动画等元素的优势来进行立体报道。

同时，新媒体记者还要面对庞大的“公民型记者”群体的挑战。能够从事专业新闻工作的毕竟只有少数人，但随着网络传播技术的发展，“公民新闻”开始兴起，普通人凭借自身的爱好和技能也可以从事记者和编辑工作，成为“公民记者”。

“公民记者”的概念出现在2000年之后，到目前为止尚无确切的定义。不过，它基本上体现了这样的理念：在互联网时代，因为每个人在技术上都有可能成为信息的发送者，所以，每个人也就成为了潜在的新闻记者。而这种由普通公民加以传播的新闻信息就被称为“公民新闻”，采制这种新闻的人就被称为“公民记者”。

追溯起来，“公民记者”起源于信息咨询和媒体传播双重发达的美国，而麦特·德拉吉则是美国公认的第一位“公民记者”。这个人虽然在追寻新闻信息时显得十分鲁莽，落下了一身官司，但并不影响其在美国民众心目中的形象，人们亲切地称他为“网络莽汉”。

麦特·德拉吉出生于美国马里兰州，在22岁那年只身一人来到陌生的南加州。在常人的眼里，他一直不是一名好学生，因为他从小就讨厌学校，平均成绩为D。或许是他自小的爱好为其培养起日后的新闻素养——在小伙伴们还在欣赏流行音乐的时候，他已经开始阅读《纽约时报》专栏作家的文章，甚至对里根总统的演讲起草人产生了浓厚的兴趣。

他没有读过新闻专业，几乎不可能从常规的渠道进入媒体单位。当他在哥伦比亚广播公司下属的一家礼品店找到工作的时候，他接触到了对他日后产生深刻影响的东西——一台电脑，这将改变他的一切。

没有大学文凭，没有正式训练，没有高层背景，没有一流的媒体关系，德拉吉就这样赤手空拳地投身到他理解中的网络新闻事业之中。德拉吉最终成为了礼品店的经理，在那里一边工作，一边从人们认为无价值的资源中寻找有意思的资料，并将其发在互联网上的新闻讨论组。此时，他根本不知道自己正走向何方，直到有一位读者向他提出，要订阅他所发布的各种信息。在此基础之上，"德拉吉报道"于1995年诞生了。

"德拉吉报道"在许多人看来，不过是网络上众多的猎奇性地摊小报之一，不可能成什么大气候。德拉吉对此也有清醒的认识，同时也明白新闻这一行的铁律：如果你打盹，你就输了。所以，他以惊人的速度更新自己的网页，通过邮件列表向人们发送他的种种报道。他往往拥有一些独家报道，而主流报纸却没有。

1998年1月17日是大众传播史上值得记载的一天。就在这一天，德拉吉在自己的计算机键盘上摁下一个键，一条震惊世界的消息传到了网络上："在最后一分钟，星期六(1月17日)晚上6点，《新闻周刊》杂志枪毙了一个重大新闻。这条新闻注定将动摇华盛顿的地基：一个白宫实习生与美国总统有染。"新闻的题头上赫然写着："世界独家新闻。"

德拉吉解释说："《新闻周刊》的报道转帖到了一个个网上新闻组中。"而德拉吉本人也不断更新自己的新闻。他率先指出这名白宫实习生名叫莫尼卡·莱温斯基，并在网上列出了莱温斯基的简历。

随后几天，德拉吉不断抛出"猛料"，最具杀伤力的是关于联邦调查局特工手中的电话录音报道。录音中显示，莱温斯基告诉她的小姐妹，她有一条深蓝色的裙子，上面沾有克林顿的精液，她将永远不会洗这条裙子。一夜之间，属于个人的"德拉吉报道"成为全球最有名的新闻媒体。

短短几年间，德拉吉这个名不见经传的年轻人，就因率先在网络上披露"克林顿与莱温斯基丑闻"而被法新社列为"20世纪最具推动力和影响力的十大人物"之一，与CNN创始人泰德·特纳等名人并肩齐名。

“德拉吉报道”震撼全球

戴安娜身亡

关注度 9

震撼度 9

1997年，靠法新社“内线”的帮助，“德拉吉报道”在美国率先发布英国戴安娜王妃车祸身亡的消息，比美国各大媒体早了7分钟！

克林顿与莱温斯基

关注度 10

震撼度 10

这就是后来被证实的克林顿与莱温斯基的“拉链门”事件。

奥巴马与“照片门”

关注度 8

震撼度 8

2008年，2月25日，“德拉吉报道”公布了美国民主党总统竞选人奥巴马穿肯尼亚传统服饰的照片，仅仅几分钟后，这一照片成为美国各大媒体讨论的焦点，奥巴马陷入“照片门”。分析说，“德拉吉报道”网站已拥有影响总统竞选的能力。

而在中国，周曙光是第一位亲身实践“公民新闻”的采制与发布的“公民记者”。他和麦特·德拉吉的经历有着惊人的相似：没有经受正规的新闻专业训练、事业的开始均是接触到一台电脑。

周曙光生于1981年，在1999年开始上网。他没有完整地读完高中，在大学也只读了一年多。不过，他通过自学，熟练地掌握了互联网技术。从2001年到2005年间，周曙光曾受雇于几家公司，担任网络管理员。其间，他开始在自己名为“周曙光的网络日志”的博客上，以Zola为笔名发表文章。

据相关媒体报道，周曙光的父亲是退休煤矿工人，母亲没有工作，家里有兄弟姐妹五个，都靠周父的工资读书长大。

2006年5月，周曙光在个人博客里发表了讽刺百度网站审查制度的文章，个人博客的访问量飙升至2万。2006年8月，他揭发某公司的商业骗局，并拒绝该公司的贿赂，得到了更多网民的支持。

2007年3月28日，正当重庆“钉子户事件”被传播得如火如荼之际，周曙光从父亲那里要来1000元钱，带着“企图一夜成名的欲望”（其博客中的自述），乘火车从湖南娄底转贵阳，再至重庆，于凌晨“像一块疯狂的石头一样”到达现场。工地的现场只对记者开放，周曙光就在外围走走转转。

从3月28日下午3时起，周曙光在博客上陆续贴出十多篇文章，报道自己的行踪、遇到的人，以及人们对“钉子户事件”的反应。尽管“紧张得腿肚子有点发抖”，但他还是找着机会“撞上”当事人吴苹，并用手机的自拍功能与她合影。

除了文字，周曙光还用自己的手机拍摄并上传视频。他报道和记录了一些被平面媒体无意或有意忽略掉的事情。他的博客里也不乏幽默色彩，报道中充满搞笑和娱乐的“色调”。例如，他用手机拍摄的视频与照片中，永远少不了自己的各种特写镜头。他还会时不时制造一些“噱头”。有一篇文章的标题看上去耸人听闻——《报道重庆“钉子户”的网络日志 作者 Zola 受伤流血》。当浏览者点击进去后才大呼上当，原来他只是不小心用菜刀割破了自己的手指。

然而这些略带“娱乐色彩”的报道，出人意料地受到网友们的追捧。在他们眼里，“周曙光自费千里迢迢只身前往重庆，以独立 Blogger 的身份报道史上最牛‘钉子户事件’，真是太酷了！这在中国的草根媒体史上也是值得记录的一笔。”

周曙光采写的新闻为他的博客带来了超过1.8万次的点击量，而他的“公民记者行动”也受到全世界媒体的关注。《南方都市报》、《二十一世纪经济导报》、英国广播公司、美国之音等大型媒体机构都报道了周曙光的行动。

毕竟，在中国，普通人很难接近主流的大众传媒，而一般网民则主要是在自己的博客里抒发心情，与此相比，周曙光的行动就显得特立独行。正如《二十一世纪经济导报》对他的评价：“特意从外地赶过去做博客报道的，目前大概只有周曙光一个人。”

也正是在这次报道“重庆钉子户”的过程中，周曙光第一次听说了自己实际上已经在实践着“公民记者”的概念。他说：“我是做这个事情的时候才知道这个概念。我以个人身份报道‘重庆最牛钉子户’的事情之后，就有人提出了这个概念，说国外很流行，但中国很少有人知道。从那以后，就有很多人提到这个概念了。”

那么，对于实践者周曙光来说，“公民记者”意味着什么呢？“公民记者就是以老百姓的身份，在公民和公民的对话过程中去了解事情的发展过程，他在事件中就是一个旁观者的身份。”

2007年6月9日下午，周曙光走进北京南二环边上被称为“上访村”的东庄。他背着7.5公斤重的黑色大包，站在路上四处张望。包内装的物件，包括一台老旧的佳能相机，只有200万像素；一个花250元买来的手机，可以直接上网；一台有摔坏痕迹的二手 IBM 笔记本电脑，外壳用白色胶布缠着。

尽管“武器”十分寒酸，但这并不妨碍周曙光在现实世界中“攻城略地”。他用相机上的摄像、录音功能拍摄、采访，并把拍摄到的录像、录下的音频用电脑传到自己的博客上。他还煞有介事地为自己的博客取了一个吓人的名字——“周曙光全球官方网”，并发誓在这里为网友呈现某些“在传统媒体里永远看不到的中国社会的真实景象”。

就这样，周曙光迎来了自己“公民记者”工作的第一个巅峰期。当然，周曙光的行为也遭到不少人的批评。有人批评他的报道不够专业，有人说他账目不清，更多的批评者则认为他所做的一切都是为了出名。

那么，周曙光怎样回应这些批评呢？他坦承，当然愿意出名，不过也提到，他的行动还有别的动机。“一方面是好玩，另一方面也有一定的社会意义。又有用，又有趣，我觉得这已经是一个很完美的事情了。”

批评者常常忘记了周曙光提到的，做的事情不光要有趣，还要有意义。周曙光的新闻报道常常关注社会上的弱势群体，如上访者和被迫拆迁者等。对他来讲，“公民记者行动”中所号召的“人人提笔记录自己的生活”，有着非凡的意义。他说：“维护自己的权利，是可以让这个社会大环境变得更好的行为，所以维护自己就是维护这个社会。”

著名学者崔卫平教授也非常赞同“每个人记录自己生活”的行为。在她看来，记录生活在维护自身权益之外，有着更重要的意义。她说：“我认为这种形式跟纸质媒体相比，它讲的是普通人的普通生活，不能说它不具有新闻意义，如果能让媒体变得更多元的话，这种报道也是很有意义的。周曙光是在有意识地做这些事情，我觉得很有意义，如果大家都来写身边的故事的话，尤其是一些掉在缝隙中的事情，会使人们保持一定的社会道德敏感性。”

互联网的普及将每一位社会公民都放在了麦克风的前面，人人都有了说话的机会。“公民记者”的活跃对“公民社会”的形成产生了非常积极的影响。

首先，“公民记者”扩充了“新闻源”。一般来说，获取新闻线索的途径有书面材料、各种会议、各类媒体、社交活动四种。新闻线索，常常表现为一种新闻事实的简明“信号”，有待记者敏锐地捕捉并给予深入挖掘。“公民记者”不必为了完成报道任务而疲于奔命，他们本来就生活在新闻事件当中，只要将自己的经历、感受记录下来就是最鲜活的新闻素材。

其次，“公民记者”拥有独特的新闻视角。例如，在“史上最牛钉子户”、“虐猫”、“厦门PX”等公共事件中，大量的第一手信息都是由“公民记者”借助于互联网发布的。在这些公共事件中，看似“草根”的公民，通过互联网将丝丝缕缕的民意联系在一起，群体智慧和声音形成巨大张力，产生了不可思议的推动性力量。

最后，“公民记者”可以对舆论机关进行舆论监督。换个角度来看，我们需要广泛的社会语境，真理往往在激烈的对撞中才能变得明晰起来。记者由于掌握了话语权而被冠以“无冕之王”的称号，成为制约社会的第四种力量。“公民记者”的出现在观点的自由市场中发起了对他们的挑战。①

当然,“公民新闻”的传播过程也会经历许多波折,不过一旦行动者自觉起来,参与其中的人数和他们带来的影响将是极具潜力的。在这一方面,韩国网民给我们提供了榜样。韩国的“Ohmynews ”网站,从 2000 年 2 月创办以来,已经成为最具影响力的网络新媒体,而该网站登载的新闻,主要来自于社会普通公民。网站创办时,“公民记者”人数为 727 人,而目前人数则超过 38000 人,点击率为每日 200 万次。②

在网络平台上,人们没有学识高下之分,没有距离远近之别,只要秉公发声,就可以形成直上云霄的媒体力量。正如中国人民大学舆论研究所所长喻国明所说:“微博可以产生‘核裂变’效应,形成信息的高速大范围传播,它可以让每个人都发挥过去只有媒体才能发挥的作用。”③

第三节　从“三板斧写作”到“三结合报道”

最初,网络媒体发布新闻报道的普遍做法只是对传统媒体的新闻内容进行简单移植,实质是传统媒体的网络版。显然,这种初级做法既无法发挥网络的传播优势,又无法满足网民的信息需求。因此,网络新闻工作者开始不断开拓新闻报道内容,创新新闻报道形式,于是,出现了“三板斧写作”与“三结合报道”。

一、网络新闻的报道内容

多年来,网络媒体和记者们一直在根据网络传播的特点,探索区别于传统媒体的新闻写作模式,形成相对独立的新闻报道内容体系。如今,其报道内容的构成主要依赖三种写作模式,即复制式、改写式、原创式,我们可以形象地将其称为“三板斧写作”。网络媒体正是依靠这“三板斧”在新闻界“打天下”。

1.复制式报道

复制式报道是最为常见的网络新闻报道内容,即从其他媒体上复制现有的新

① 刘灼、陈茜:《“公民记者”在社会新闻中的作用》,《品牌》2010 年第 4 期。

② 《中国“公民记者”第一人周曙光》,来源:德国之声电视台,http://media.ifeng.com/pk/profie/200811/1110_4396_870612_1.shtml。

③ 马海燕:《说说“微时代”》,《中国人大》2012 年第 21 期。

闻报道材料，然后转载到网络媒体上。此类报道不需自行采写，而是通过与其他媒体的合作、共享、交换等方式来获取，非常便捷，是商业网站新闻报道的主要内容来源。新浪、搜狐、网易、腾讯等商业网站的新闻版面多依赖这种途径。

在转载报纸等传统媒体的新闻报道时，还需要按照网络新闻的格式要求加以编辑，往往只在标题和版面上略加调整，但不得改动实质内容。具体来说，在复制时主要处理五个方面：

第一，是对格式进行必要调整。网络新闻报道在格式上一般分为五个层次：第一层为新闻标题；第二层为新闻提要或导语；第三层为新闻主体；第四层为文本末尾作为"延伸阅读"的相关内容链接；第五层为文本中的各种超链接①。

第二，是在正文中要突出关键字词和段落，使关键内容在屏幕上得以突出。

第三，是适当加入图片、音频、视频等资料，并为相关的事实和背景提供参考链接，使新闻信息更加具体丰富、立体直观。

第四，是注明必要信息，要标明稿件作者与来源，以免侵权；还要标注发稿时间，一般精确到几分几秒，特别是对突发事件进行滚动报道时，能便于排列先后。

第五，是设置反馈提示版区，以便随时与受众进行互动。

2.改写式报道

改写式报道是利用其他媒体上的现有新闻报道材料，结合自己的精心构思与深入发掘，进行加工与重组，再以崭新面貌呈现出来。改写时要在忠于事实的基础上，明确自己的报道意图与思路，既要考虑网络传播的特点，又不能扭曲、篡改材料内容。其具体方法有以下三种：

其一，是裁剪法，即对原报道材料进行取舍、提炼、改造，重新安排结构、段落，使其精简紧凑、重点突出，多是针对篇幅较长的报道。例如，美国《华尔街日报》曾总结出"激活大脑能力"的 10 种方法，在网络媒体的报道中就经过了一番"裁剪"，如下：

* 用蓝色装饰环境。色彩心理学研究发现，看到两次蓝色物体，人的想法会更积极。

* 适当饮酒。社交活动中少量喝点酒更容易"灵感突现"。

* 做白日梦。爱做白日梦的人，各项创造力测试得分更高。

* 把自己想象成孩子。当一个人想象回到童年时，大脑更容易出现一些"稀奇

① 超链接，是指网络文本中的词、短语、符号、图片、音频、视频之间的链接，或者与其他的文件、超文本文件之间的链接。建立互相链接的这些对象可以突破空间位置的限制，可以在同一个文件内，也可以在不同的文件之间。

古怪”的想法。保持童心，心理就不会衰老。

* 放声大笑。有人发现，当人们看完一段惹人发笑的喜剧短片后，能够比平时多解决 20%的问题。

* 想象身处远方。想象自己在遥远的地方，人的能力更容易发挥出来。

* 少说晦涩的词语。如果总把一些专业用语挂在嘴边，思维也会不自觉地变狭隘。

* 换个工作环境。“环境影响心态”，换个地方，思维也许会大有不同。

* 到外面去。开放的世界给人开放的思想，大脑枯竭时，不妨到外面走走，让大千世界带给你灵感和创意。

* 去繁华的地方。美国圣塔菲学院的研究发现，在繁华的城市中，人的创意能增强 15%。不妨用“花花世界”刺激一下大脑。

其二，是综合法，即将现有的同类新闻报道材料组合集中起来，融为一体，加以报道，可以增加新闻的深度与厚度。网络新闻中的许多要闻综述、系列报道、综合报道多用此法。

例如，新华网在 2012 年 2 月 18 日发布的新闻特稿《叙“第一夫人”：失宠的“沙漠玫瑰”》报道了叙利亚总统夫人阿斯玛·阿萨德在内战爆发后的近况与处境，综合了法国《时装》杂志、法国《巴黎竞赛画报》、美国《纽约时报》等媒体的报道以及一些学者的回忆录等材料，将全文划分为“失宠”、“低调”、“两面”三个部分，内容丰富而详尽。报道在文末标注了“阿斯玛·阿赫拉斯”、“《时装》”两个关键词，并后缀了两个相关链接——“叙利亚总统巴沙尔·阿萨德”与“叙利亚冲突”，补充交代了相关人物与背景。

其三，是重述法，即按照新的报道意图与角度，运用新的语言方式，将现有的新闻报道材料重新叙述出来。之所以对原材料进行重述，或是因为内容太冗长繁杂，或是因为不适应网络传播特点，或是不符合特定人群的接受习惯。可以通篇重述，也可以部分引述原文，但都要保证表达的真实准确。

例如，中国新闻网在 2013 年 4 月 1 日发布的报道《网友恶搞台湾贪污案：〈那些年，我们一起反贪腐〉》，是对“台湾 ETtoday 新闻云”的相关新闻报道的重述，并转载了该媒体发布的相关图片。其全文如下：

网友恶搞台湾贪污案：《那些年，我们一起反贪腐》

中新网 4 月 1 日电 据“台湾 ETtoday 新闻云”报道，马英九的亲信接连爆出贪污丑闻，除了有网友恶搞制作“牵手污台湾”图表，也有网友改编《那些年，我们一起追的女孩》剧照，片名直接改成《那些年，我们一起反贪腐》，由马英九、赖素如、林益世、李朝卿、邝丽贞等人演出，导演为“九把火”，大大恶搞国民党一番。

台当局行政机构前秘书长林益世、马英九御用律师赖素如等亲信相继涉贪，重创国民党形象，马英九29日上午也公开向民众和党员道歉。

网友则发挥创意，恶搞清廉的国民党和红衫军，改编《那些年，我们一起追的女孩》剧照，换上马英九、赖素如、林益世、李朝卿、邝丽贞、红衫军总指挥施明德等人排排坐，恶搞清廉的国民党和红衫军。

照片一出，马上引起网友“大推”，有人建议改成“那些年，我们一起‘返’贪腐”更适合，但也有人说，“不好笑，十分痛心，台湾怎会落到这步田地”。

报道中的文字已经过中新网记者的重新加工处理，符合大陆的传播要求。例如，“行政院前秘书长”就依照惯例改为了“台当局行政机构前秘书长”，同时，也直接引用了台湾网友的原话。

3.原创式报道

原创式报道是指网络媒体自行采写的新闻报道，最能体现网络传播的特点，往往以独家报道、最新报道的形式出现，是网络媒体争取网民、赢得竞争的法宝，需要依赖能力全面的数字化网媒记者进行采写。网媒记者不仅要具备一般的新闻采写技能，能够及时准确地完成报道，还要把握好网络新闻的传播特点与网民的接受习惯。

例如，台海网在2014年4月25日发布的报道《李登辉“营救”马英九?》，不但报道及时，而且在诙谐调侃间颇有“网趣”。其全文如下：

李登辉“营救”马英九?

台海网4月25日讯(王炜)　世事如棋，总会有令人想象不到的奇招妙手。

“核四公投”硝烟再起，马英九正左支右绌，从敌军阵营之后，突然杀出一支奇兵，定睛一看，一马当先的竟然是“老黄忠”李登辉。

李登辉跳出来支持核四，究竟是一时兴起，还是深谋远虑，现在看不出来，但政治效应却迅速发散。

对于这样天上掉下的大馅饼，马英九惊喜莫名，大呼深以为然，“确实要问对问题才能找出答案”。

“公知”出身的“文化部长”龙应台，也表示感同身受，“心情与李登辉一样矛盾”。

最绝的当然还要数马营大将吴育升，在“立法院”质询之时妙人妙语，“如果李登辉说核四不通过，他要绝食到死，他老‘总统’呢，政治辈分比林义雄更大，那时候台湾怎么办?”

一个是"绿营圣人",一个是"'台独'出头天",万一真要擂台相见,拼个你死我活,折损了谁,恐怕都不太好吧。

于是乎,最好的办法还是"以和为贵"。大家各退一步,林义雄收拾收拾回家吃饭,李登辉继续溜达到处开讲,把核四这么严肃的问题,交给专业机构认真研讨,拿出一个令人信服的案子,该封就封,该停就停,该"公投"就"公投",该运转就运转。纷纷扰扰的口水战,解决不了任何问题,只能是一味地浪费资源、激化矛盾。

如此一来,最不爽的当然还是民进党了。林义雄以命相搏,把马英九又一次逼到了墙角,苏贞昌洒泪壮行,蔡英文行脚助阵,正期待一出悲壮大戏拉开序幕,孰料想,斜刺里杀出一个"老番颠",硬生生把焦点转移,让马英九有了喘息之机。

昔日生死大敌,今天救命援军,对于李登辉,马英九恐怕只能唱一句,"想说忘记你也不是很容易的事"。

原创式报道可以发挥网络传播的优势,添加更为丰富多彩的内容,采用更为自由多样的方式;可以综合运用文字、图片、音频、视频等多种手段;可以利用超链接进行全方位、立体式的报道;可以调动网民参与互动来对新闻事实进行补充或讨论。

例如,腾讯娱乐在 2013 年 4 月 20 日发布了题为《〈最强音〉首唱低于预期　神剪辑打败"神组合"》的报道,针对"湖南卫视《中国最强音》节目开播"这一娱乐新闻事件进行介绍和评点。其正文分为四部分,小标题如下:

- 编排混乱　红的不是导师而是剪辑师
- 导师不出彩　唱的比说的好
- 标准不统一　导师点评完全看心情
- 选手被称 KTV 标准　节目类似达人秀+好声音

文末又及时链接了众网友的各种"神吐槽",以作呼应,如下:

1.《中国最强音》不如改叫《我不是歌手》或者《中国最弱音》或者《中国最差音》或者《中国最乱音》。

2. 忽然被问了句:如果你去唱,你觉得你能过吗? 我觉得应该把问题换成:你有勇气参加这样的活动吗?

3. 据说今天晚上芒果台办了一个插播的广告比节目还要好看的节目。

4. 汪涵说《我是歌手》把湖南卫视去年流失的观众全都唱回来了,我想说《中国最强音》会不会把刚刚唱回来的观众又给唱跑了。

5. 其实这是一档广告比节目好看被"蒙牛酸酸乳"这五个字诅咒万劫不复闪

耀着杀马特彩虹之光的蓝翔职业技术学院中西面点专业十佳歌手大赛水准的选秀节目。

6. 做个调查,《中国最强音》你最喜欢哪个导师呢? 是“国际章”,是陈奕迅,是郑钧还是罗大佑呢? 回答:我最喜欢的是那个幕后的剪辑师。

7.《中国最强音》是请了个临时工来做剪辑么?

8. 如果《我是歌手》是保时捷的话,那么《最强音》真的就像是“保10洁”了。

9. 整个节目由三个部分组成——“广告片”、“宣传片”、“烂片”。

10. 一直以为《中国最强音》的对手是《中国好声音》,结果他们的目标是《中国达人秀》。

二、网络新闻的报道形式

网络传播的即时性、无限性、迅捷性,使网络新闻报道得以突破传统的报道形式。为了适应网络媒体的传播特点、发挥网络媒体的传播优势,记者们广泛采用滚动式、超链接、互动式“三结合”的报道形式。

1. 滚动式报道

网络传播的即时性极大地增强了新闻报道的时效性。记者针对新闻事件,可以进行持续的追踪报道,而不受时间、篇幅所限,使网民可以更加完整和深入地了解新闻事实,从而形成了滚动式报道的特点。滚动式报道是一种多次性、连续性、多角度的报道,特别适用于报道时空跨度大、内容多样、线索复杂的新闻事件。

滚动式报道可以按照新闻事件发生、发展的演变流程,进行纵式滚动,也可以从各方面、各角度着手来统摄全局,进行横式滚动,而最常见的是将两者结合,进行纵横交错的滚动式报道,既有连续性报道,又有多角度报道。记者既要对新闻事件的发展过程进行持续追踪,又要从多角度、多侧面进行调查关注,力求向受众提供更为及时、丰富、完整的信息。

例如,2014 年 7 月 17 日,马来西亚航空公司 MH17 客机在由荷兰阿姆斯特丹飞往马来西亚吉隆坡的途中,在乌克兰境内靠近俄罗斯边界处坠毁,283 名乘客和 15 名机组人员全部遇难。众多网络媒体纷纷就这起空难进行滚动式报道,使网民获得了及时而丰富的信息。新浪网进行的滚动式报道的一系列标题就体现出纵横交错的特点:

- 马航称 24 小时内公布乘客名单　07－18　00:35
- 乌克兰称在事故现场 15 公里外发现至少 100 具尸体　07－18　00:33

- 乌克兰官员：马航客机系在万米高空被导弹击落　07－18　00：30
- 乌克兰总统：马航在乌坠毁客机或系被击落　07－18　00：26
- 乌克兰分裂势力称马航客机系政府军击落　07－18　00：25
- 英媒称马航飞机坠毁事件中已有300人死亡　07－18　00：16
- 乌克兰称马航客机在乌小城附近被击落　07－18　00：13
- 击落MH17航班导弹系防空导弹 最大射高2.5万米　07－18　00：10
- 据称马来西亚客机坠毁地点靠近顿涅茨克　07－18　00：10
- 马航称与MH17客机最后取得联系在乌克兰上空　07－18　00：06
- 路透社称马来西亚坠毁航班残骸找到　07－17　23：58
- 俄媒：马航坠毁航班并没有进入俄罗斯领空　07－17　23：55
- 乌克兰叛乱分子击落马航客机 机上人员全部遇难　07－17　23：42
- 乌克兰称马来西亚客机遭恐怖分子击落　07－17　23：39
- 俄媒称马来西亚坠毁航班系被击落　07－17　23：32
- CNN确认在乌克兰边境坠毁飞机系马航飞机　07－17　23：29
- 马航坠毁客机系阿姆斯特丹飞吉隆坡　07－17　23：21
- 马来西亚载295人客机在乌克兰坠毁　07－17　23：14

在上述报道中存在两条线索，既有追踪空难详情的纵向报道，也有对各方表态及反应的横向报道，使受众既可以及时获知事件调查的进展情况，又可以从多方面了解事件的因果缘由。

2. 超链接报道

网络传播的无限性极大地增强了新闻报道的丰富性，扩充了报道的信息量，形成了超链接报道的特点。任何一篇新闻报道，篇幅总是有限的，不能将各类受众的关注点都囊括其中。超链接报道，以超链接文本的方式来扩大报道容量，呈现出网状立体结构，并可以通过文字、图片、音频、视频等多种传播形式出现，使网民可以自由地各取所需。

超链接报道的常见形式有两种。一种是在报道的末尾将与报道内容相似或相关的其他报道链接起来。例如，腾讯娱乐于2013年3月2日发布了题为《〈人在囧途〉状告〈泰囧〉侵权 索赔一亿元》的报道，为了满足网民了解更多信息的需求，在文末又链接了其他相关新闻报道，如下：

- 《人在囧途》制作方告《泰囧》侵权 索赔1亿元　2013.03.02
- 《人在囧途》片方状告《泰囧》侵权 片名等相似　2013.03.02
- 冯小刚炮轰“屌丝”网友：被“泰囧”票房刺激　2013.02.28

- 黄渤称《泰冏》续集正在筹备 不敢与葛优比肩　2013.02.26

……

另一种形式的效果更为突出，即在文中设置关键词，将与关键词相关的报道内容链接起来。例如，2011 年 11 月 12 日，被中国网民戏称为“老贝”的意大利总理贝卢斯科尼正式辞职，引发媒体广泛关注。网络媒体在交代新闻事实的同时，将“贝卢斯科尼”设置为关键词，这不仅因为“老贝”是该事件的主要人物，还因为“老贝”是这段时间广受关注的焦点人物。贝卢斯科尼是横跨政界、商界、传媒界、体育界的当代风云人物，但在意大利陷入欧债危机时，却依旧丑闻缠身，因而饱受诟病。网民点击文中的关键词——“贝卢斯科尼”，就会出现关于“老贝”的各色信息，如下：

- 贝卢斯科尼妻子出书曝其丑闻内幕　劝夫戒色
- 意总理性派对细节曝光：女同性恋现场欢爱
- 意总理拒为“她”下台　痛斥媒体“疯了”
- 意总理遭开涮成动物绝育广告代言人
- 意大利总理建议改党名为“小妞加油党”
- 罗马 50 万人示威游行要求贝卢斯科尼下台
- 贝卢斯科尼加强对互联网监管　计划审查 YouTube

……

2013 年初，印度“黑公交轮奸案”发生后，印度的国家形象遭严重破坏。在网络媒体的相关报道中，点击“印度”、“黑公交”、“轮奸”等关键词，可以看到事前事后的众多负面报道被链接在一起，如下：

- 印度男子扇农业部长耳光　抗议粮食价格上涨
- 印度政府装修官员专厕遭舆论炮轰
- 印度豪门女为争遗产变性
- 英国媒体爆料印度堕胎医生多次将女婴拿来喂狗
- 全球约 3000 万人遭受奴役　印度几乎占到一半
- 山寨版《愤怒的小鸟》　印度“愤怒的新娘”火爆网络
- 印度一邦要未婚女子做处女检查　不合格不能结婚
- 印少女回家途中被 3 名村民轮奸　后遭纵火焚烧身亡

……

超链接报道最适用于信息容量大的新闻，可以突破篇幅的限制，提供丰富而深入的信息。网民在阅览主要新闻事实后，可以根据自身需要，通过点击链接内容来获取更多信息。但在运用时也要注意三点：

其一，设置超链接要根据报道需要进行选择，不能随意拼凑，也不能无限滥用，否则往往会转移网民的注意力，干扰其阅览主要内容。

其二，设置超链接要分清主次。一般来说，在主要事实的叙述中未曾出现、未能细说的相关新闻事实、背景材料以及概念术语等，都可以链接进去；可以立即展开，也可以稍后补充。

其三，使用超链接所涉及的内容可以是本媒体信息，也可以是转录自其他媒体的信息，但转录时一定要注意鉴别真伪，并注意版权问题。

3. 互动式报道

网络传播的迅捷性极大地增强了新闻报道的互动性，增进了受众的参与程度，形成了互动式报道的特点。传统媒体的新闻写作只是单向输出，网络媒体的新闻写作则演变成媒体与受众之间的双向传递。互动式报道使受众如同参与对话一般，能够及时对网络新闻做出反应，或发表看法，或提供事实，或补充细节，或参与讨论，可以随时与记者进行双向交流。

因此，采写网络新闻时，记者要有强烈的新闻服务意识，研究网民需求，精选大众话题，预先做好新闻素材的准备；同时，要有快速灵活的应对能力，能在网民提出新问题、提供新信息时迅速进行辨析，再通过点击反馈按钮的技术及时予以回应。

互动式报道的内容多以新闻评论与讨论为主。记者需要引导网民对网络新闻话题进行评论或参与讨论，这类新闻多属于能够引起网民广泛关注或强烈感受的热点话题。记者在选材时就要凸显其吸引力或争议性，在内容上则要保留解读空间，最好只陈述事实，而不预设结论，从而激发网民的参与兴趣。

例如，“国足亚洲杯出线”的新闻曾经成为网络媒体进行互动式报道的热点。早在 2013 年 6 月 15 日，国足在合肥进行的热身赛上以 1∶5 负于主要由 U23 球员组成的泰国队，随即引起轩然大波。2014 年 3 月 5 日，在亚洲杯预选赛最后一轮的“生死战”中，国足客场以 1∶3 不敌伊拉克队。但是，泰国队在最后一轮比赛中仅以 2∶5 负于黎巴嫩队，这使得在预选赛所有场次中的净胜球对比上，黎巴嫩队少中国队 1 个进球。于是，惨败的国足以“成绩最好的小组第三”身份获得了亚洲杯出线权。

这一尴尬事件被球迷戏称为“被出线”，引发网民的广泛评论与讨论。在网络媒体的互动式报道中，调侃之词层出不穷。例如，有网民“致谢”泰国队：“国足一不靠实力，二不靠意志，另辟蹊径开启了‘靠人品’的模式。被伊拉克打爆、输球尴尬晋级，这应该是 1∶5 惨败泰国时攒下的人品大爆发！中泰友谊万古长存！”下面摘录几则互动式报道的标题：

- 中国球迷“吐槽”佩兰刚上岗险下岗　卡马乔下了盘大棋
- 黄健翔：佩兰？佩彩虹也没戏　孙悟空72变救国足
- 全国媒体痛批国足耻辱晋级：这不是出线是出丑
- 国足狗血剧步步惊心　《来自星星的你》一比弱爆了
- 全国媒体狂批国足丑陋猥琐出线　集体谢泰国
- 国足经历从地狱到天堂　耻辱！换帅出线都靠泰国
- 鼓吹保平亚预赛被打蒙　奇葩国足奇葩出线感谢泰国
- 恩公啊！人称泰国“及时雨”　踢走卡马乔这次顺手救国足
- 中国足球终于从打平即可出线　进步到打输也可出线

……

当然，在互动式报道中，对于网民言论的引导非常重要，不可逾越道德与法律的底线。而随着互联网技术的发展，利用网络聊天器及音视频手段进行互动式报道的尝试也日益常见。

第四节　从“网络轻新闻”到“手机微新闻”

“朝鲜电影哭哭笑笑，罗马尼亚电影搂搂抱抱，越南电影飞机大炮，中国电影新闻简报。”这是在20世纪60年代的中国广泛流传的一个顺口溜。其中提到的“新闻简报”是早年中国电影院在放映电影故事片之前添加的“贴片”，曾经陪伴着众多中国人走过了近半个世纪的历程。[①]

在电视机进入中国家庭之前，电影院和大银幕是极为广泛而有效的大众化传播渠道和载体，《新闻简报》就是当年国人集体收看的“新闻联播”。在漆黑的电影院里，在露天的广场上，生活在“大时代”的人们共同获取同一种画面和声音，从而获取资讯、增长见识。

相较而言，生活在“新媒体时代”的人们已经可以通过个人化的传播渠道和载体来获取更为轻巧细微的新闻信息，极为便捷地了解世界资讯、开阔眼界见识。于是，“网络轻新闻”与“手机微新闻”相继出现。

---

① 《新闻简报》在1949年伴随着新中国的成立一同诞生。它用电影胶片记录和传播新闻，每周一期，每期约十分钟，内容涵盖了政治、领袖、外交、生活、百姓、民生、城市、科教、体育等各个领域；在1978年后改为《祖国新貌》，直至1993年结束。

一、网络媒体的“轻新闻”与“轻阅读”

2011年1月18日至21日，时任中国国家主席胡锦涛对美国进行国事访问。美国总统奥巴马于19日晚在白宫举行国宴以欢迎胡锦涛主席到访。

“胡锦涛主席访美吃什么样的大餐?”一时间成为网络上备受关注的热点话题。新华网、中新网等中央媒体纷纷刊文，揭秘美国“国宴”：这次共有225名嘉宾参加国宴，包括美国两位前总统卡特和克林顿，还有影星成龙等多位华裔名人；应中方要求，晚宴以美国菜为主，包括缅因州水煮龙虾、肋眼牛排配脆洋葱、奶油菠菜配土豆、苹果派配香草冰淇淋等。现场还有著名乐手演奏爵士乐。

据悉，美国国宴最早起始于1874年，是美国总统给予外国政要最珍贵和最正式的荣誉。办国宴，白宫方面在餐桌布置、颜色搭配、嘉宾表演以及国宴菜谱等方面都煞费苦心。国宴的部分礼仪由美国国务院官员负责，很多重要细节，如贵宾名单、菜肴、餐桌布置等，由美国第一夫人及其助手具体操办，每一名白宫女主人都会在国宴上留下自己独特的印记。每次举办国宴时，白宫女主人都会密切关注菜单的安排、餐桌颜色、花的摆放等，以便让到访的外国来宾满意，留下美好回忆。

而胡锦涛主席送给奥巴马总统的“国礼”也备受关注——那是“一幅精美的丝绸刺绣，绣着第一家庭肖像”。据悉，奥巴马的“第一家庭”在其就任总统的第一年，接受了沙特阿拉伯国王阿卜杜拉近19万美元的礼物馈赠；加纳第一夫人米尔斯也很慷慨，她送给米歇尔的名表由18K金和钻石精心雕琢，价值4.8万美元；日本前首相夫人鸠山幸送给米歇尔9700美元的珍珠项链；以色列总统佩雷斯送给奥巴马1座铜像，价值8000美元。

通过发达的网络传媒资讯，人们得以获知丰富的信息，又可以增长见识。例如，奥巴马一家获赠的所有礼物都被送进了国家档案馆，因为美国法律明文禁止任何政府官员收受外国政府赠礼。

我们将这种轻巧的网络新闻称为“轻新闻”。其文字表达要充分考虑电脑屏幕的特点，便于网民在轻松的环境中通过网页来接收新闻。这种网络阅读状态就叫做“轻阅读”。可见，这里的“轻”有轻快、轻巧、轻松之意。“轻快”是要求内容上通俗有趣不枯燥；“轻巧”则是要求文字上轻便灵巧不呆板；“轻松”是要求结构上活泼松弛不复杂。

因为电脑屏幕对眼球的刺激很容易使人视觉疲劳，无法长时间地耐心阅读，而且，丰富的信息也会干扰和分散人们的注意力。所以，写作“轻新闻”时，在内容选择、文字表达、结构安排上都要采取更能吸引网民阅读兴趣的行文策略，适应“网络轻阅读”的需求。

首先，在内容选择上，要多选取通俗有趣、关注度高、吸引力强的报道内容。美国电影故事片《早间主播》(2010 年)曾探讨了新闻的严肃性与娱乐性、深刻性与通俗性之间的矛盾，将既有价值又有趣味的新闻形容为“纤维加蜜糖，粗粮做的甜甜圈”，而网络上有大量的“纤维加蜜糖”式的材料可供我们选取。

2013 年“国庆黄金周”期间，“高速堵车”的话题成为网络新闻热点，网络媒体的各种报道亦庄亦谐。例如，“新华微评”发布短评：“这个‘黄金周’很多高速又堵车了，又有些车挤占应急车道了。其实，当高速堵车时，应急系统已迅速启动，可堵了应急车道，就很难救急了。你有了困难别人已来相救，却偏偏去堵住应急车道增加救急的困难，让别人怎生是好？平日里信誓旦旦要增加修炼，这送上门的修炼为何不练？”

而许多报道则选用了网友的众多调侃：“一行白鹭上青天，老子挤在最中间；借问酒家何处有，又被堵在收费口；犹抱琵琶半遮面，车上忘带方便面；天生我材必有用，八个小时就不动；寒雨连江夜入吴，高速路上看日出；两岸猿声啼不住，家里不住车里宿；路见不平一声吼，高速路上来遛狗；万里山河一片红，欢喜出门个个熊！”

亦庄亦谐之中，网民获得了多角度的思考与多层次的感受，也可以看出，广大网民的创造力可以为网络新闻报道提供丰富而精彩的素材。例如，2011 年 10 月 5 日，美国苹果公司联合创办人史蒂夫·乔布斯因胰腺癌病逝，享年 56 岁。许多网络新闻报道中都引用了网民的哀悼叹惋之词，既富有创意，又颇具趣味。腾讯微博网友“夏天”就仿效《史记》体例，写作了“乔布斯本纪”，被广为引用：“卿本布衣，躬耕于农场，为晋商乔氏远房一脉。幼，天赋异禀，弃旧图新，创苹果，战 IBM，斗微软，几度沉浮，时运不济曾被清理门户、扫地出局。后卧薪尝胆，国王归来，凭 I 系产品攻城拔寨，号令江湖，果粉众多，唯其马首是瞻，终夺江湖市值第一宝座。胰腺癌，薨，未过甲子。”

这些网络材料不仅有趣，往往还蕴含着丰富的情感。在各媒体关注“房价高涨”的新闻中，网民创作的《沁园春·房》等“网络段子”常被引用：“神州大地，万人蜗居，亿人盼房。望北京上海，高楼大厦，售楼中心，房奴滔滔。祖孙三代，倾尽所有，欲与房价试比高。须钞票，清储蓄贷款，分外心焦。楼价如此虚高，逼无数白领竞折腰。惜秦皇汉武，闻所未闻；唐宗宋祖，紧捏钱包。一代天骄，成吉思汗，只好蜗居蒙古包。俱往矣，数天价楼盘，还看今朝！”

可见，网络世界本身就是“轻新闻”进行内容选择的丰富宝藏。

其次，在文字表达上，要多采用简洁、明快、轻便、灵巧的文字来吸引网民的注意力，切忌呆板、生硬。尤其是“网络轻新闻”的标题要新奇醒目、有悬念感、有诱惑力，能够激发网民的阅读兴趣。

《烟台晚报》曾在2014年巴西世界杯期间刊发过新奇有趣的连续报道——《世界杯演义》。而新华网也在2014年6月23日发布了题为《侃球：鲁迅、金庸、古龙会怎么写巴西世界杯》的报道，其标题将热点的新闻话题与熟知的文学大师联系在一起，很有吸引力。文中模仿三位作家的特有文风，分别调侃了"意大利与英格兰的小组赛"、"欧洲豪门的恩怨"以及"巴西队的球星与教练"。其全文如下：

侃球：鲁迅、金庸、古龙会怎么写巴西世界杯

新华网重庆6月20日体育专电(记者 王晓磊) 巴西世界杯鏖战正酣。都说球场就像江湖，如果是鲁迅、金庸、古龙三位大师来写世界杯，会写成什么样子呢？

鲁迅版

当英格兰的球队遭击败的时候，我独在球场外徘徊。世界杯这玩意，我原本是要看的，然而终于没有看。

有一次几个青年相邀看球，兴致勃勃跑到什么园，外面早听到咚咚地响。我们挨进门，见几个红的绿的，簇拥了一个长络腮胡子的名角，都在那里踢，台下满是许多头。

然而我又不知道那络腮胡是谁，问左边的一位女士。伊很看不起似的斜瞥一眼，说道，"皮尔洛！"我深愧浅陋而且粗疏，脸上一热，想还击几句罢，然而终于只嗫嚅了几句，飞也似的走了。

其实这世界杯有什么可看的呢！曾经阔气的乌拉圭要复古，正在阔气的德意志要保持现状，从未曾阔气的英格兰要革新，大抵如此，大抵。

金庸版

且说少林寺前，克洛泽与范佩西剧斗，二人翻翻滚滚，直折了百余招。

陡然间"嗖"的一声，范佩西一爪当胸而来，正是"胡、苗、范、田"四大家族之一的范家"虎爪擒拿手"，五指早已按住克洛泽胸口膻中要穴。

"范大哥，好一招'夜叉探海'啊！"苏珊娜拍手欢叫道。

克洛泽脸如死灰，又见苏珊娜望向范佩西的目光中满是崇敬，只觉羞辱至极，大叫一声，横刀便往脖子上抹去。

忽然间破空之声大作，一枚暗器飞来，"铮"的一声，克洛泽长刀脱手飞出，满掌鲜血，虎口已然震裂。

他震骇莫名，抬头瞧去，只见一个金发中年男子大步而来，喝道："你有徒弟没有？"

克洛泽甚是气恼，喝道："我尚未退役，何来徒弟？我自愿就死，干你何事？"

金发男子森然道："嘿嘿，你连徒弟也没有，想我大德意志克氏一门代代豪杰，居然至你而绝！"

克洛泽大吃一惊，拜倒在地："前辈莫非就是人称'雷动于九天之上'的克林斯曼师伯？"

克林斯曼昂然道："不错！古来成大业者，哪一个不历尽千辛万苦？马拉多纳有82之悲，罗纳尔多有98之恨，倘若都像你一样横剑一割，如何称雄江湖？"

克洛泽悚然惊惧，拜伏在地："晚辈知错了！"

突然，人群中一条光头大汉猛然跃出，一头撞向克洛泽后心："头球仔，我大葡和你仇深似海，我佩佩今日与你拼了！"

只见荷兰阵中也冲出一条黑凛凛大汉，一掌击向佩佩："暗施偷袭？我德容大好男儿，竟与你这种人齐名！"正是"北德容、南佩佩"中的德容。

佩佩回身接了一掌，只震得两臂酸麻，喝道："荷兰老贼如此厉害！"不愿恋战，返身而去。

正是："兵火有余烬，贫村才数家。无人争晓渡，残月下寒沙！"

古龙版

月已淡，淡如星光。

此刻，内马尔正在这样的星光下喝酒。

酒是女儿红。他喝得很用心，每一滴都不浪费。

"只有懂得女人和酒的人，才懂得武功。"他经常这么说。

内马尔就是一个懂酒的人。

忽然，一个全身黑衣的人出现在他的面前，满脸怒容。

"你来了。"内马尔说。

"来了，"黑衣人冷冷地说，"马上就要踢德国了，可是你……"

"你想责罚我喝酒？"内马尔笑了笑，"即便你是斯科拉里，是主教练，但单打独斗的话，你不是我对手的。"

黑衣人斯科拉里看着他，忽然也笑了："你确定你喝的是酒？"

内马尔的瞳孔猛地收缩："什么？难道……"

斯科拉里摸了摸鼻子："没错。这是酸奶。你练的纯阳功不能喝酸奶，所以我事先给你加了一点。"

"骗子……"内马尔怒吼着跃起。风吹在他脸上，他忽然觉得秋风已寒如残冬。

他想去拔剑，但一阵头晕目眩，咕咚倒地。

斯科拉里大笑，笑得前仰后合，就像是一个孩子。

"我不是骗子，"他喃喃地说，"我只是大自然的搬运工。"

最后，在结构安排上，要活泼松弛，不要冗长繁杂。由于人们在阅读电子文本时难以持久，“网络轻新闻”的篇幅不可太长，最好能将全篇内容浓缩在一个页面内，突出核心内容；再细分段落，将相关背景与其他材料放到超链接中。即便无法压缩，也要将全篇内容划分成若干部分，既各自独立，又相互联系，再给每部分列出醒目的标题，切忌长篇大段而不分章节。

二、移动媒体的“微新闻”与“微阅读”

“网络轻阅读”蓬勃兴盛之际，“手机微阅读”又悄然兴起。根据中国互联网络信息中心(CNNIC)第32次调查报告显示，截至2013年6月底，中国网民规模达5.91亿，其中手机网民规模达4.64亿；互联网普及率为44.1%；网民中使用台式电脑上网的人群占比略有下降，使用手机上网的人群占比则提升至78.5%。

以手机为代表的移动媒体日益兴旺，推动了“手机微阅读”的流行。人们以快速浏览来应对海量资讯，这也就催生了“微新闻”，要求新闻内容更精、更短、更实用。而手机上“滚动更新式”的报道显然最适合这种阅读方式，可以形成具有互动感的阅读体验。

“手机短信新闻”显现出迅捷的优势，有时无需等到新闻的基本要素全部清楚后再一并交代，可以随着事件调查的深入展开再不断跟进补充。而手机报的流行也对传统纸媒的生存形成了巨大压力。如今，人们常在旅途中、乘车时翻看手机报，每则新闻不过百余字，往往可以短时间内“尽知天下事”。

如今，“手机微新闻”还是主要以其他媒体的新闻报道材料为内容来源。因此，较长的资讯类报道必须经过“裁剪”，将“长资讯”提炼成“微资讯”，以适应“微阅读”的要求。且看下面几则经过“裁剪”的“微资讯”：

◆2011年，《中国经济周刊》发布的《2010年中国地王图》数据显示，如果把北京的土地全部卖掉，可以制造出超过美国一年的GDP总量。而时至今日，这个数字已经把美国2012年的GDP远远地抛在身后。

◆昨日，在冬季残奥会闭幕式上，2012年伦敦残奥会铜牌得主、失去双腿的阿列克谢·楚瓦舍夫仅靠双手力量攀爬至15米高的绳索顶端，把英文单词“不可能”变为短语“我可以”。一瞬间全场屏息，无数人为之热泪盈眶。

◆美国演员罗伯特·汤普森日前乔装打扮成风靡全球的肯德基创始人——美国桑德士上校，并且在成功突破层层保安之后混入位于纽约的联合国总部，还与联合国高级官员握手。

◆莫斯科、圣彼得堡和美国爱达荷大学三家世界著名的实验室在对俄罗斯库兹巴斯“雪人”(中国称之为“野人”)留下的毛发进行 DNA 分析后均承认,在当地确实存在“雪人”。他们认为,“雪人”能够帮助人类预测自然灾害:“‘雪人’具有极高的直觉,会对未来发生的事情及时做出预测。”

◆35 亿穷人财富不敌最富 200 人。全球最富有 200 人拥有大约 2.7 万亿美元财富,而 35 亿最穷人全部家当只有 2.2 万亿美元。近 20 年,1%最富者收入增加 60%,其中 0.01%最富者收入增长最快。

◆武汉一座动物园内,5 年前还有 8 条鳄鱼,如今被砸死一半。工作人员介绍,因为鳄鱼不好动,游客总喜欢用石头和泥块砸它们,鳄鱼馆周边的石头和泥巴都被捡光了。由于鳄鱼伤口很容易感染,很多被砸伤的鳄鱼都死了。

◆21 岁女孩前晚在哈尔滨一家 KTV 唱歌,手握麦克风的她正准备唱《死了都要爱》时,突然身体僵直倒在沙发上翻白眼,同学伸手触碰她都有触电感觉,女孩不治身亡。女孩疑被手机电死。唱 K 要谨慎啊!

◆北美近日持续高温天气,加拿大一位摄影师发现汽车因高温变成了“大烤箱”。他把一个装有未经烹调的肉、土豆和胡萝卜的铝盘在中午时放置在车内仪表盘上 6 个小时,结果一顿美味烤肉就做成了。近日同样备受高温炙烤的湖南长沙,记者也进行了这样的阳光实验,结果仅仅 3 小时,放在仪表盘上的猪肉和牛肉就都熟了,胡萝卜切片和土豆切片也被蒸成了“薯片”,路人试吃表示“很香”。

“微新闻”不仅涵盖各类“微资讯”,还包括各种“微评论”。“新华微评”、“人民微评”、“央视微评”等都已成为官方网络媒体发声的“匕首和投枪”。如果是引自其他媒体的新闻评论文章,也要经过“裁剪”,提炼出精华。且看下面几则“微评论”:

◆“古色古香的老城一股脑儿推了,又想借古发财,便弄出些仿古的玩意儿,涂脂抹粉一番便开门接客;开发旅游项目,让游客假扮‘鬼子’抢‘花姑娘’,竟敢号称红色旅游,把个好好的红色资源浪费殆尽。文化投机也许盛极一时,但没有文化,终难有绵远悠长之功。”——《人民日报》

◆“教育的首要工作不是教会学生拿高分,不是教会学生多读几本书,而是教学生如何更好地生存下去。因此,多爬几棵树,少读几本书,不会误导一代人。”——《法制日报》评“厦大将开设爬树选修课”

◆“我们国家一些大的行业都有自己的建设单位,若将行政部门比喻为‘老子’的话,建设单位即为‘儿子’,‘老子’向上争取而来的项目建设,无论怎么招投标,一般都会落到‘儿子’手中。”——《人民日报》评“建筑领域潜规则”

◆“有调查说供养一个大学生需要一个农民 13.6 年的收入,是读大学花费太高还是农民收入太低? 在不少地方,农村孩子能坚持读完中学的已属少见,能考上大学的更少，考上大学但读不起更是令人心寒。13 年的收入供养一个学生，苍白了我们的教育，折射的社会分裂更需要及时弥合。”——新华微评

◆“16 万元吃螃蟹，主任年薪几十万元，浙江省嘉兴市桐乡公证处‘火’了。这份被网络曝光的审计报告引发网民强烈关注，有关部门已承认其费用超支和领导高薪基本属实。公证处自收自支，收入绩效提成。这样的公证处‘公正’吗?”——新华社“中国网事”评论

◆“价值 271 万元的豪华游艇竟是浙江省国税局的‘征税船’，坐着这样的船去收税，让纳税人都看到了他们的钱花在何处，如此‘税务公开’实在有‘炫富’的意味。本来是替国家收钱的‘守门人’却把自己当成了正主儿，坐游艇的‘国税爷’多了又有谁能供得起?!”——新华网评论

◆“北京交通委辟谣：目前未进行公交票价调整前期调研。陕西神木辟谣：免费医疗、教育等照常施行，雷正西并未调离仍兼任神木县委书记。谣言飞跑，大众跟风，成了频发社会现象。谣言威力如此巨大，源于众多谣传一再被坐实。不让谣言主导舆论，就要让真实始终呈现。真实的中国才有力量。”——新华视点

◆“湘潭 90 后女副局长王茜、27 岁副县长徐滔、揭阳 27 岁副县长江中咏……近来，一批‘火箭提拔’的年轻干部或免职或降职。官员子女亲属也有从政权利，但举贤不避亲不是任人唯亲，破格提拔不能出格提拔。家天下封建思想当根除，破格提拔制度当完善。”——新华微评

◆“斯诺登的故事，第一季是《碟中谍》，带着四台计算机从美国跑到香港。第二季是《幸福终点站》，住到了莫斯科机场里。第三季则是《人在囧途》，斯诺登向 21 个国家申请政治庇护，但已遭到多个国家拒绝。”——凤凰卫视

◆“雾霾凶猛还不是最可怕的，更可怕的是，我们果真如某位经济学家所说，以为出门戴上口罩、家里安上净化器，就可以把雾霾视为正常，心安理得地生活在现实当中。就是说，我们更擅长为现实辩护、与现实妥协。‘存在就是合理’已深入我们骨髓。”——《北京青年报》评论《比雾霾凶猛更可怕的是与现实妥协》

◆“不要再渲染‘读书无用论’这样的伪问题了，不仅会误导年轻人，更是在贬低知识的价值和读书人的身份。公共知识分子被污名化‘公知’，专家成为贬义的‘砖家’，读书人被瞧不起，除了跟知识分子自身的退化相关外，也跟‘读书无用论’传染下的整个社会对知识的贬低有莫大关系。”——《中国青年报》评论《兜售“读书无用论”既误己又害人》

◆“不让社会制度羞辱社会中的任何一个人，这是正派社会的第一原则。可以看出，让百余员工每天钻 1 米高‘小门’进出，是制度性羞辱的生动注释。”——青岛一服装公司让员工钻洞上班，孕妇拒绝被开除，《华西都市报》如此评论

在手机报中也常将“微资讯”与“微评论”组合在一起，即述即评，互为映衬。例如：

◆新闻出版广播电影电视总局通报7家报刊刊载虚假低俗内容的调查处理情况。其中包括，山东《聊城晚报》刊载题为《李天一他妈的要求高，律师不干了》的新闻报道，上海《新民周刊》第35期刊载题为《李某某他妈的舆论战》的封面报道。经查，这两家报刊使用内容低俗的新闻标题，有失社会公德，报道刊发后，引起负面效应。

人民微评：“‘李天一他妈的要求高，律师不干了’，‘李某某他妈的舆论战’，日前两家报刊因‘李某某案’新闻标题被通报整改。借着监督的名义，敲诈勒索，这是为利；打着正义的旗号，极尽低俗，这是图名。无论哪种，都非长久之道。要知道，孔雀在炫耀羽毛时，也一定会露出屁股。”

◆网友爆料：“浙江余姚三七市镇领导下乡视察水灾，某领导因穿高档鞋子，由年近六旬的村书记将其背进灾民家！”有网友评论说：“又一名鞋哥火速出炉啦！”最新消息，余姚市三七市镇决定免去镇中层干部王某的主任职务，并处以党内警告的处分。

新华微评：网曝余姚一镇干部视察水灾，由村支书背着到村民家慰问。不管是主动还是被动，压在人民身上，都反映出干部级别不高，官威不小。如此官威、如此闹剧，当地官员作风确实存在不少问题。治国先治吏，值得警醒。

◆据中国之声《新闻纵横》报道，家住重庆市江北区郭家沱的张阿姨在南坪会展中心买了一只腊猪耳朵，回家后，这个猪耳朵被蒸了40分钟、泡了4天、煮了3小时，依然坚硬得连刀都切不动。当地质监局工作人员称，他们只负责生产环节。食药监局工作人员称，在餐馆、卤肉店里买的才归他们管。无奈，张阿姨询问能不能自己拿去检测站检测？中国轻工业联合会食品质量监督检测重庆站工作人员称：不能检测，张阿姨买的猪耳朵没有包装不说，而且经过了加工，除非她买了两只一样的，另一只还没煮，才可以送检。

纵横点评：每个部门的解释听起来都有道理，都没有错。那么，是谁错了？群众利益无小事，保障食品安全，不能陷入“谁都能管理，谁都不担责”的怪圈。群众举报，媒体曝光，恰恰是帮助相关职能部门揪问题、补漏洞的好机会，不仅不能推诿，反而要顺藤摸瓜，一查到底，以免养虎遗患。

对于记者而言，无论是采写“网络轻新闻”，还是采写“手机微新闻”，都要追求快速、迅捷。许多网络媒体都以迅速报道刚刚发生或正在发生的事实为竞争优势，手机媒体则将这一优势发挥到极致。这就对新媒体记者提出了更高的采写技能要求——既要具备新闻敏感，又要熟悉新媒体传播特点，还要具备灵活的写作能力。

写作“微新闻”仍然离不开传统的新闻写作理论，但又要适应手机用户的阅读习惯，要力求通俗，词义明确，表达简明；句式要短、用词要精；既不冗长，又不重复；既没有华而不实的词汇，又没有生硬呆板的句式。可以恰当地使用流行的“网言网语”，迎合手机网民的接受心理。手机上网用户多为思维活跃、崇尚新潮的群体，更容易接受新的语言方式。

“网言网语”是指网民出于表达方便、有趣的需要，而创造的一种可以意会的语言，主要利用语音谐音、符号象形、文字缩写等方式来表情达意，如“童鞋”、“神马”、“悲催”等。因不具有规范性，这些语言原本只适用于网民间交流，但是，随着新媒体传播的普及，“网言网语”开始被越来越多的人所接受。

因此，新媒体的新闻写作不需要回避“网言网语”，诸如“给力”之类的词语早已出现在主流新闻报道中。当然，“网言网语”也不能毫无节制地滥用，例如，那些尚未形成普遍认同的、容易产生歧义和误解的、抽象艰涩的、低级庸俗的词句就不应出现在报道中，语言通俗也绝不等于肤浅。

“微新闻”也要遵循普遍的语言规范，包括标点符号的使用，如果歧义丛生，又何谈报道事实呢？例如，曾有这样一则笑话——某人外出打工，给父母写了一封未加标点的信。父母看后，一个哭了，一个笑了。哭的人是这样读的：“儿的生活好痛苦，一点也没有粮食，多病，少挣了很多钱。”笑的人则读成：“儿的生活好，痛苦一点也没有，粮食多，病少，挣了很多钱。”

如今，确有一些“微新闻”在语言写作上有待规范。据《榆林日报》报道，榆林公安局官方微博曾发布过这样的消息：“10 月 18 日，延安洛川县一废弃房内发现一无名女尸，陕北口音，自称榆林吴堡人……”这条“寻尸启事”让人捉摸不透——难道尸体也会说话？后据新华网报道，榆林公安局官方微博致歉称：“女尸说话”是工作人员失误，把“据知情群众提供线索”漏掉了，并表示诚恳接受批评。有网友就指出，官方微博代表着公信力，写作要客观严谨，这样搞笑的微博，实在不该。

可见，浅薄粗陋、有欠规范的语言不仅无法吸引读者，还会降低新闻报道的品位与质量。

网络、手机等新兴媒体的迅猛发展，使新闻信息传播进入了一个高速列车的时代。比尔·盖茨曾说过：“人们高估了网络今天对人类的影响，却低估了网络对未来的影响。”其实，新媒体浪潮对于未来新闻事业发展的巨大影响已可清晰预见。因此，掌握新兴媒体的新闻采写技能，成为“全媒体时代”对新闻从业者的必然要求。

结语　媒体社会责任的缺失与重建

为推动各级各类媒体更加自觉主动地履行社会责任，提升全行业公信力，确保党的新闻事业健康发展，中宣部、中国记协等部门决定在新闻战线探索建立媒体社会责任报告制度，推动媒体每年定期公开发布履行社会责任情况报告，自觉接受社会监督。6月9日，首批11家试点媒体社会责任报告正式对外发布，对2013年度本媒体履行社会责任情况进行了全面梳理展示。

媒体人历来被冠以“无冕之王”、“社会活动家”、“宣传家”、“第三方力量”等美誉，这些称谓都明确地标示了新闻工作者有别于其他社会工作者的独特地位和权利。权利和义务的对等性原则告诉我们：公民所享受的权利，是根据公民为社会所提供的条件确定的，如果公民不尽义务，社会就不存在这种权利的条件。那么，作为特殊权利拥有者的记者，其权利存在的“条件”又是什么呢？我们认为，媒体及媒体人肩负的社会责任是其各种权利存在的重要条件。

近年来，媒体的社会责任缺失一直是社会各界广泛关注的热点话题。一方面新闻主管部门在不断加强对各类媒体失范行为的监管和查处，在一个时期内也形成了大批“正能量”新闻作品的集中呈现；另一方面广大受众却并不“买账”，对媒体的指责和批评从未止息。究竟是什么原因造成了主流价值体系的规范与公众舆论场的两种极端落差？媒体社会责任的缺失主要表现是什么？在新形势下重建媒体社会责任感的路径又有哪些？

一、媒体责任缺失的主要表现

1.虚假新闻

在发生虚假新闻之后，社会各界都会把指责的目光齐刷刷地投向新闻记者。毫无疑问，记者作为新闻信息的收集者，是虚假新闻链条中的最前端，对虚假新闻的产生负有重要责任。但是，在深入探究假新闻的形成过程时，我们却发现假新闻的生成机理具有相对的复杂性。

第一,动因复杂。新闻工作者制造假新闻不完全是经济利益的驱使,在假新闻的大量个案中,媒体人追逐个体利益的少之又少,这里面更多地包含了媒体的功利化倾向、媒体人的思想不成熟、理论功底不扎实和作风不严谨等原因。

第二,抢眼特点。假新闻大多具有抢眼的特点,为了达到争夺眼球的目的,个别媒体牺牲版面、让出时段、特别报道、连续追踪等手段无所不用其极。

第三,责任意识淡漠。有些媒体在发布假新闻后不仅不认真反省,反而强词夺理查摆客观原因,国内媒体就曾曝出发布假新闻后责怪"被采访者提供错误信息"的事件,不但没有反省审查机制失范,反而将假新闻产生的主因归咎于被采访者,完全将新闻媒体核实信息的职责束之高阁。

第四,考核机制失当。新闻媒体片面追求收视率、发行量会造成新闻工作者的"猎奇"倾向,媒体单位对工作人员的稿量要求等单元考核方式,虽然增加了记者采集新闻的积极性,但在一定程度上又"鼓励"了记者进行浮光掠影式的采访。

2.有偿报道

从新闻学的定义上来考量,有偿新闻并不完全等同于虚假报道,甚至可能还具有一些新闻价值,但由于新闻有偿性的产生,就玷污了新闻的价值性,甚至导致虚假报道的产生。

其一,有偿新闻的广告属性。企业和个体为什么会实施新闻的有偿行为,其实质是为了达到做广告的目的。广告是对某种商品或对象的艺术化呈现,存在夸张、夸大甚至虚假的成分,新闻一旦沾上"广告属性",必然与真实性背离,而新闻媒体和记者一旦与有偿新闻挂钩,必然会丢失其社会责任。

其二,不偿不闻和偿而不闻。"有偿"一旦成为媒体采集新闻的前提和标准,就有可能造成两种非常极端的后果。第一种结果是"不尝不闻",即其他个体和组织不给媒体提供相关回报,媒体就不予报道;第二种结果是"偿而不闻",即给媒体提供回报的相关个体和组织,媒体即使在报道的过程中发现许多问题,仍然视而不见,同样不予报道。以上两种后果均是媒体社会责任的严重缺失。

3.软新闻与软文

软新闻与软文具有明显的区别,但新闻媒体刻意制造"软新闻"和"软文",都存在不同程度的社会责任缺失问题。

新闻学上的"软新闻"本身是指"富有人情味、纯知识、纯趣味的新闻",和私人利益没有任何联系,但是在很多民生新闻中,"软新闻"的内容却发生了异化,比如,止于深度,流于表面,不挖掘新闻背后的故事;新闻琐碎化倾向严重,价值低下,纯粹娱乐；主持人言语低俗，过于随意、随便、随心。以上种种“软新闻”，已经背离了“软新闻”的概念，让受众对新闻的品位和媒体的社会责任感产生质疑。

“软文”的概念在狭义上是指企业花钱刊登纯文字性的广告，广义上是指为了提升企业形象而刊登的阐述性文章。无论是何种解读，新闻一旦着上“软文”的外衣，就很难摆脱其“商品属性”。尽管国内某些学者认为“新闻是一种特殊的商品”，但是也不能完全曲解“特殊商品”的含义：受众付费向媒体购买信息，媒体理应提供真实的信息，如果媒体在信息的生产过程中再向新闻源索取利益，无法保证信息的完全真实和公正，就是对广大付费受众的侵权，就是媒体摈弃社会责任的一种“寻租”行为，必须坚决予以遏制。

4.低俗报道

如今市场经济下的媒体，一切向消费、向消费者看齐，为了极力迎合部分受众的口味，不惜降低报道格调和品味。西方媒体大鳄默多克曾说：“如果报纸格调低一点，读者数量会多一点”，这句话被国内某些媒体奉为“经典”并身体力行。

低俗报道不仅仅会使媒体丧失社会责任，还会带来很多负面影响。“魔弹说”流行于上个世纪的传播学领域，认为媒体是发弹者而受众是被动的“受弹者”。这个在传统媒体时代被广泛传播的理论，在新媒体时代却广受诟病，一个不争的事实是：现在的受众已经不完全是被动的“受弹者”，他们还会“反弹”，甚至主动“发弹”。从这个意义上讲，那些投其所好的媒体“发弹人”，内心中是否还保留了“魔弹”的影子呢？

5.片面宣扬新闻自由

传媒报道新闻的自由受法律保护，但是所肩负的社会责任也不可丢失。传媒之所以享有新闻自由，其实正是出自其所要承担的社会责任。因此，对于社会责任，传媒不但不可忽视，而且要勇于承担。长期以来，国内部分新闻工作者对西方所谓的“新闻自由”的理解是片面的，或者没有结合当今的中国国情去深度理解，而是浮于表面。

西方新闻自由的主要代表是美国，美国常常标榜其“新闻绝对自由”、“人权绝对自由”，把自己描绘成一个最为完美的“伊甸园”。而事实上，西方的新闻媒体也要受到财团和政府的制约，世界上不存在绝对的新闻自由，各国的新闻媒体都会受到部分权力和各种利益的影响、制约，从而产生出看似“不自由”的一面。社会主义新闻媒体肩负着为国家稳定发展、团结富强服务的神圣职责，认清新闻自由的相对性，就能统一思想，使媒体工作者随时做到严于律己，时刻保持清醒的头脑。

6.理论水平较低

一些都市媒体和城市频道在报道中避免理论和忽视理论的情况严重，媒体作为传播社会先进文化知识的平台，向广大受众普及和传播相关理论，是义不容辞的神圣职责和使命。理论教育始终是我国主流媒体新闻舆论引导的重要组成部分，发挥好新闻媒体的优势，提高理论教育水平至关重要。新闻媒体忽视理论教育，新闻作品淡化理论水准，都是一种变相的社会责任缺失，也应引起业内外的高度重视。

二、社会责任重建的路径

1.公益性路径

探讨媒体社会责任的重建路径，首先必须厘清媒体社会责任的对象。毫无疑问，媒体社会责任的对象是人民，是广大受众。在媒体的早期发展阶段，公益性报道形式是媒体人的一种自发行为，也是一种无意识的松散状态。伴随着媒体的不断发展和社会公益性事业的国际化接轨，媒体从最开始仅仅充当公益性事业的报道者，逐渐演化成公益性事业的倡导者、组织者和推动者。这些饱含着媒体人真情的报道，不仅促进了各类公益性事业的透明化，而且也使各类公益性事业更加规范化。在这一过程中，媒体的公信力、号召力得到急速提升，其社会责任感也得到彰显。

第一，在媒介内容上标注公益符号。要保证提供的媒介内容符合法律和道德规范，即不损害公共利益；提供的新闻产品要具有公益特征，多报道、多策划相关的选题，实现内容层面的公益性。

第二，在传播方式上实现公益模式。在媒体公益性产品的推出方式上，国内外媒体尝试了“分散播出”和“集中播出”两种模式。“分散播出”的模式在国内电视机构中较为常见，主要采取的策略是将具有公益性质的媒介内容分散于各个电视台的频道之中，使各个频道和各个时间段都保持着相对的同等公益性。“集中播出”是指在重要的时间节点，采用栏目化等形式集中推出，或者是单独开辟公益性时间段和频道进行播出，如美国公共电视网(PBS)，这样在编排上就保证了受众接受公益性内容的可能性。

第三，在社会活动中彰显公益特色。媒体不仅是社会组织公益性活动的报道者，同时也应该以社会组织的身份组织、倡导公益性活动的实践。其实，媒体本身已经具备了很强的宣传资源，所倡导的公益活动往往能造成广泛的社会影响。在这方面中央电视台和湖南卫视等颇有建树，这些媒体所倡导的公益性活动无论是形式还是内容都可成为广大媒体的典范。

2. 人文性和文化路径

我国的新闻传播活动经历了从“人文教化”到“人文关怀”的过程。“人文教化”就是个体引导对人类基本精神的理解。丰富个体的人文意蕴，一个重要的形式就是重温经典，走向自由教育、人文通识教育。一般来说，人们谈到的“人文关怀”，并不是一种确定的公认的含义，而常常表达着多种含义，最常见的有三种：一是人文主义教育，二是人文学科教育，三是关于“成人”的教育。无论是哪一种解读，其方法和策略已经自成体系。媒体的人文性关怀，主要侧重点是对生命的关怀，把普通人的生存、发展、情感当作主要报道形式重点推出，从这一点出发，媒体就能深入人的精神世界，体现高层次的人文关怀，从而彰显媒体人的社会责任。

此外，媒体在重建社会责任的过程中，文化路径是其重要选择。第一，媒体能够强化文化传承的意识。当前，举国上下正在掀起一股学习传统文化的热潮，媒体应该讲清楚中华优秀传统文化是中华民族的突出优势，是我们最深厚的文化软实力。第二，媒体能够吸引传统文化的潜在受众。传统文化具有知识性和专业性强等特点，而绝大部分媒体在传播活动中所采取的多元方法，往往能吸引很多受众的关注，从而扩大传统文化的传播范围。

3. 参与高校的人才培养路径

教育部、中宣部 2013 年下发了《关于加强高校新闻传播院系师资队伍建设实施卓越新闻传播人才教育培养计划的意见》(教高〔2013〕7 号)，各省市自治区迅即启动了“卓越新闻传播人才培养项目”，新闻媒体参与高校人才培养已经上升到国家层面，更彰显着媒体单位参与培养下一代媒体从业人员的神圣职责。

媒体单位参与高校新闻传播人才的培养意义十分重大，第一，能够有效加强马克思主义新闻观教育。以马克思主义新闻观统领高等新闻传播教育，把马克思主义新闻观教育融入新闻传播人才培养全过程、各环节，深入推进马克思主义新闻观进教材、进课堂、进头脑，引导学生始终坚持新闻工作党性原则，坚持正确政治立场、政治方向；加强新闻职业精神、职业道德教育，引导学生秉持新闻职业操守，履行新闻工作社会责任，增强做好党的新闻工作的责任感、使命感。第二，能够有效加强人才培养基地建设。计划在全国选择 30 所高校建设应用型、复合型新闻传播人才教育培养基地，培养具有全媒体业务技能的应用型、复合型新闻传播人才；选择 10 所高校建设国际新闻传播人才教育培养基地，培养具有国际视野和跨文化传播能力的国际新闻传播人才。第三，能够推动高校与新闻单位从业人员互聘。

2013年9月至2017年7月，教育部、中宣部拟从新闻单位选聘500名优秀编辑记者到计划实施高校新闻传播院系兼职或挂职任教；从相关高校新闻传播院系选派500名骨干教师到新闻单位兼职或挂职。第四，能够推动人才培养模式改革创新。积极探索高校与宣传部门、新闻单位联合培养新闻传播人才的新模式，共同制定培养目标、设计课程体系、开发优质教材、组织教学团队、建设实践平台。

4.打造精品栏目路径

新闻媒体坚持一流标准，坚持社会效益第一，坚持刊播人民群众喜闻乐见的作品，从而推动节目内容和形式上创新，优化现有优势栏目，打造一批有影响力的精品栏目是实现其社会责任重建的有效途径。回溯历史，好的新闻栏目对启迪人的思想，鼓舞社会的正能量，陶冶人们的情操都具有不可估量的作用。中央电视台在多年以前已经确立了“新闻立台、特色立台和深度立台”的目标，事实也证明，新闻媒体打造精品栏目，不仅能够达到收视率、关注率的目标，同时也能收到社会效益和广告效应的双赢。

5.传统媒体与新媒体融合路径

新媒体时代已经悄然来临，新闻媒体要实现其社会责任的重建，打造与新媒体融合的平台至关重要。因此，如何着力加快传统媒体与新媒体的融合发展，如何进一步破除体制机制和技术障碍，加大新媒体应用开发和整合力度，如何按照互联网思维统一运营新媒体，加快建立统一的用户系统、云媒资系统和数据库，如何打造无缝对接的全媒体直播平台，实现新闻节目在PC、手机、平板电脑的全终端和全时段覆盖等前沿问题，成为当今媒体人思考的重要课题。

参考文献

邱沛篁主编:《新闻采访论》,四川大学出版社 2001 年版。
蔡尚伟等:《广播电视新闻学》,复旦大学出版社 2006 年版。
胡智锋主编:《电视节目策划学》,复旦大学出版社 2006 年版。
徐列编:《在追问中逼近真实》,南方日报出版社 2006 年版。
宋春阳、孟德东、张志攀:《实用新闻写作概论》,复旦大学出版社 2004 年版。
郑兴东、陈仁风、蔡雯:《报纸编辑学教程》,中国人民大学出版社 2006 年版。
蔡雯:《新闻编辑学》,中国人民大学出版社 2006 年版。
黄炜:《新闻采访写作》,上海大学出版社 2006 年版。
薛国林:《当代新闻写作》,暨南大学出版社 2005 年版。
彭兰:《网络新闻编辑教程》,武汉大学出版社 2007 年版。
曾庆香:《新闻叙事学》,中国广播电视出版社 2005 年版。
周胜林、尹德刚、梅懿:《当代新闻写作》,复旦大学出版社 2013 年版。
雷蔚真、朱羽君:《电视采访学》,中国人民大学出版社 2010 年版。
杜桦:《广播节目编导》,中国传媒大学出版社 2009 年版。
董旸:《广播节目策划与制作》,中国传媒大学出版社 2007 年版。
王宇:《现代广播新闻实务》,中国广播电视出版社 2009 年版。
熊忠辉主编:《广播电视节目形态解析》,化学工业出版社 2010 年版。
何日丹主编:《电视文字语言写作》,中国广播电视出版社 2001 年版。
窦含章、李未柠:《政府如何开微博》,中央党校出版社 2011 年版。
中国新闻奖评奖委员会办公室编:《中国新闻奖作品选(2005 年度 · 第十六届)》,新华出版社 2006 年版。
中国新闻奖评奖委员会办公室编:《中国新闻奖作品选(2006 年度 · 第十七届)》,新华出版社 2007 年版。
〔美〕约翰 · 帕夫利克:《新媒体技术》,清华大学出版社 2005 年版。
宫晖:《广播现场报道应注意的问题》,《青年记者》2010 年第 14 期。
王承红:《录音报道——广播新闻的“映像”》,《新闻记者》2008 年第 5 期。

刘灼、陈茜:《“公民记者”在社会新闻中的作用》,《品牌》2010年第4期。

张家英、王一、鲍平:《立足广播优势　抢夺第一报道权第一解读权——“浙江交通之声”突发事件报道的实践体会》,《新闻实践》2009年第10期。

王刚:《安东尼奥尼和伊文思眼中的中国》,《时代教育·先锋国家历史》2009年第7期。

蔡云飞:《略谈虚假新闻的媒体责任》,《新闻记者》2011年第10期。

王敏:《基于媒体的社会责任传播正能量研究》,《传媒研究》2014年3月下半月。

张立:《社会责任论和媒体形象探析》,《科技传播》2014年4月下半月。

李昉:《媒体社会责任的危机与重建》,《视听纵横》2014年第2期。